JN437170

속상해 하지 마시게

김선호 수필집

오늘의문학사

국립중앙도서관 출판시도서목록(CIP)

속상해 하지 마시게 : 김선호 수필집 / 지은이: 김선호. --
대전 : 오늘의문학사, 2018
p. ; cm

대전문화재단과 대전광역시에서 사업비 일부를 지원받았음
ISBN 978-89-5669-912-7 03810 : ₩15000

한국 현대 수필[韓國現代隨筆]

814.7-KDC6
895.745-DDC23 CIP2018014555

속상해 하지 마시게

머리글

“조개는 오로지 껍질만을 남겼다.”는 어느 시인의 작품은 그냥 주마간산으로 지나쳐 버릴 메시지가 아니라고 본다. 대부분 많은 사람들은 뭔가를 남겨 자신을 빛내려 하는 욕망이 있다. 수필집을 발간함도 이에서 멀리 벗어난 것은 아니다.

내 존재에 대한 에피소드. 나는 누구인가. 이런 거창한 물음에 떳떳하게 답할 존재와는 한참 거리가 있는 그저 평범하기 이를 데 없는 존재라는 것이 나의 솔직한 답이다. 그렇다고 존재할 가치가 없음도 아니다. 사실 내 인생의 궤적을 개략해보면 그래도 꽤 쓸모 있는 존재임이 확인된다고 본다.

나 자신 세종임금으로부터 사랑받을 자격이 충분히 있는 존재라 할 수 있다. 굳이 말하자면 세종임금께서 만든 한글을 강단에서 물경 40여 년 동안 가르치는 자칭 한글학자이니까.

또한 일제에 항거하여 이 겨레를 지극히 사랑하셨던 진정한 애국자 ‘섬뫼’ 안창호 선생께서 105년 전에 만든 ‘충의, 용감, 무실, 역행’의 4대 정신을 기치로 내세운 최고의 애국단체요 민족부흥운동 단체인 ’흥사단‘ 단우로서 나라사랑의 얼을 이어받아 실제 실천하고 있는 참다운 제자이니까.

볼품없는 글이라도 엮어 너벗한 책의 모습을 갖추어 밝은 햇빛을 볼 수 있음은 주님의 크신 은총으로 비롯됨이라 여긴다. 그리고 사랑하는 내 안해(아내) '김성옥 율리아나'의 아름다운 배려와 지원 덕이다.

또한 우리 부부가 사랑으로 성심을 다함에 답하듯 반듯하게 자라서 너벗한 사회인으로 각자의 몫을 성실하게 다하고 있는 우리 사랑, 이화여대 정치외교학과 출신인 큰 딸다운 '한별'이와 수수함 속에 젠틀한 사위 '길종필', 요조 숙녀 둘째 딸 '한솔'이, 포병 장교 출신 막내아들 '한결'이와 사근사근 딸 같은 며느리 '전미숙', 어린 것들이 기특하게도 슬겁기까지한 재간둥이 손녀 '해니', '연슬', 손자 '조안', 진정 아름답고 잘난 녀석들이 이 아빠와 할비에게 참답게 살게하는 존재들이다.

끝으로 한 권의 책을 만들기 위해 처음부터 마무리까지 온갖 정성을 다해주신 '문학사랑협의회' 리헌석 이사장님을 비롯한 관계자들에게 감사드린다. 평소 지도하시고 이끌어 주신 최원규 사재동 교수님, 가수원성당 지경준 신부님을 비롯한 교우, 대전 홍사단 백상열 지회장과 단우, 변상호 권영국 김영수 김용복 박종국 이석구 이선희 한상은 장상현 이완순 김우영 허황회 지봉학 등의 문우들과 함께 기쁨을 나누고 싶다.

저를 기억해주시고 이끌어 주시는 모든 분들께 이 미쁨의 자리를 빌어 행복이 늘 함께 하기를 빕니다. 감사합니다.

2018년 여름에 김 선 호

머리글_ …… 4

1부 참답게 살아가야

조개껍데기가 전하는 진리의 소리 …… 11
수통골 문창과정 사람들 …… 13
그녀는 예뻤다 1 …… 30
참답게 살아가야 하는 까닭은 …… 35
그녀는 예뻤다 2 …… 42
사랑받기 위해 …… 47
간밤에 자고 간 그미 …… 52
너를 보내 놓고 …… 55
도덕이 밥 먹여주나 …… 58
때문에 1 …… 62
때문에 2 …… 65
바보 같은 사람 …… 68
방앗간이 없어야 …… 72
불변(不變)의 연인(戀人) …… 77
순간이 가져다 준 행운 …… 80
숨고르기 1 …… 84
숨고르기 2 …… 87
어느 택시 기사님과의 정담 …… 90
제 자식, 손주도 아랑곳 하지 않는 이들 …… 93
좋은 인연, 초특급 속도의 세월 어찌 살 것인가 …… 96

2부 왜들 이러시는지

어느 밥 알갱이의 쓴 소리 …… 103
열림과 소통의 인문 한국 …… 108
군(軍)에게 아낌없는 배려와 지원을 …… 111
군이 병원이어야 하는가 …… 114
그래도 …… 116
내 삶의 여정은 홍사단에서 …… 119
매우 이른 봄 코스모스가 피는 까닭은 …… 121
메아리 없는 작은 친절 …… 125
무죄로 판결이 난 두 인물, 국가에 멸사봉공을 …… 130
바른 운전 습관 …… 133
빠름과 느림, 그 속에 모범시민 …… 137
애국심은 어디로 출장 갔는가 …… 140
애국가 2.3.4절은 서자(庶子)인가 …… 143
애들은 가라 …… 146
어느 별다른, 거룩한 고행 …… 149
왜들 이러나 …… 152
왜들 이러시는지 …… 158
이런 나라도 있다 …… 166
인생은 장애인의 길 …… 169
인생의 핸드링 …… 173
조선일보. TV조선 반성해야 되지 않나! …… 176
중국몽(中國夢)에 말려드는 형국에서 벗어나야 …… 179
참으로 이해할 수 없는 노릇들 …… 183

청춘학교 …… 186
축제의 장이 되어야 할 총장 선거 …… 189
춘설(春雪) …… 192

3부 낮은 목소리로

속상해 하지 마시게. 여보시게! …… 197
오로지 당신만을 따르렵니다 …… 205
낮은 목소리로 …… 211
잃어버린 우산 …… 215
겸손의 미덕 …… 218
가수원 아리랑 …… 220
문학기행과 '주님' 받아들이기 …… 226
사랑이신 주님의 은총 …… 229
아름다운 결혼식 보기 하나 …… 233
아름다운 사람들 …… 241
참으로 행복한 존재 …… 244
하나 되는 삶을 선포하는 의식의 주례자 …… 246
주보(週報)에 따사로운 애정(愛情)을 …… 249
큰 스승님과 바담 풍 인생 …… 252
효행(孝行)은 천주(天主) 신앙으로부터 …… 254

평설 | 리헌석/ 자성(自省)과 애타(愛他)로 참답게 사는 길 …… 257

1 참답게 살아가야

인생에 연장전이 없음을 잘 아는 우리가 바르게살기에도 너무나 짧은 인생을 어찌 그릇된 삶을 살 수 있겠는가. 우린 결코 이런 어리석고 아둔한 삶을 살아갈 아무런 까닭이 없는 것이다. 애오라지 서로 서로 애지중지 해가며 살아갈 까닭밖에 없음은 너무도 마땅한 거다.

김선호 수필집

녹상해 하지 마시게

조개껍데기가 전하는 진리의 소리

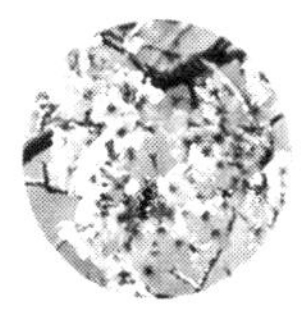

"놀라워라, 조개는 오직 조개껍질만을 남겼다."

―(최승호 시인의 〈시전집〉 전문)

조개는 오로지 껍질만을 세상에 남기고 갔다. 참으로 무욕의 깔끔한 삶의 전형이 아닐 수 없다. 그런데 어김없는 '공수래 공수거'의 인생인 우린 늘 탐욕에 젖어 산다. 덧없이 흘러가는 구름 같은 삶, 새벽 풀잎에 맺힌 이슬 같은 찰나적 삶이 우리 삶이건만 마치 천년 만년 살 것 같이 늘 교만 속에서 되잖은 과욕을 부리며 산다.

"발자국을 남기기 위해 꿩이 눈밭을 걸어 다니지는 않았을 것이다. 그리고 뚜렷한 족적을 위해 어깨에 힘을 주면서 발자국 찍기에 몰두한 것도 아니리라."

(최승호 시인의 〈꿩 발자국〉 부분)

생명체들은 그 나름대로 살다간 흔적이 있다. 그들의 죽은 형체나 분신들, 그 밖의 어떤 형태로든 흔적은 있게 마련이다. 그러나 그들 흔적 대부분은 시간의 흐름 속에서 자연스럽게 없어지고 만다. 참으로 아름다운 자연 현상이 아닐 수 없다. 물론 생명체들 가운데 으뜸의 위격에 있는 사람들도 어김없이 나름대로의 흔적을 남긴다. 다만 사람들의 흔적이 다른 생명체들의 그것과 다름은 역사라는 이름의 흔적이다. 의식적이든 무의식적이든 흔적을 남기고 그 흔적을 역사로 치부하는 존재는 다만 사람뿐이다. 사람이 만들어 가는 역사는 그 어떤 것으로도 적절히 표현할 수 없는 위대한 그 무엇이다. 그 위대함 속에는 결코 위대한 것과는 딴판인 치졸함과 탐욕스러움과 더러운 잡것들이 지천임에도 그러하다.

사람이 만들어 놓은 역사의 흔적들 – 문화 발전이라는 이름으로 만들어 놓은 헤아릴 수 없이 많은 문명의 유산들 – 가운데 기록으로 남길 수 있는 도구로써의 언어는 가장 위대한 흔적의 하나다. 그러나 이것도 따지고 보면 무엇인가 남기고자 하는 사람의 끝없는 욕망이 만들어 낸 산물이다.

호랑이가 죽어서 남긴 가죽은 분명히 쓸모가 있다. 그러나 허명뿐인 인생이 그 삶의 흔적을 죽어서까지 남기는 짓은 또 다른 허욕의 흔적일 뿐이다. 그것도 떳떳하지도 못한 귀거래의 행적을 위선으로 분칠하고 미화하여 자서전, 회고록, 문집 따위로 내놓는 체면없는 짓은 더욱 그러하다. 때문에 우리는 '조개가 죽어서 남긴 껍질 하나' 그 무욕의 청빈한 흔적에서 죽살이의 미학을 배워야 한다. 죽어서까지 무엇인가 남기고 싶어 안달하고 그것을 기억해주기를 바라는 우리의 허욕이 얼마나 부질없는 짓인가를, 우리의 귀거래, 그 흔적이 어떠해야 하는가에 대한 미학을.

수통골 문창과정 사람들

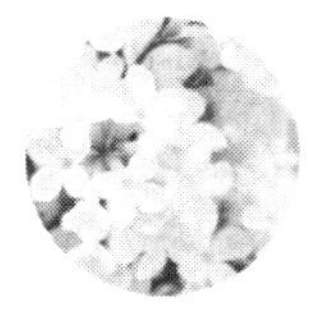

수통골의 한밭 도량에 문예창작마당을 마련하고 숨쉬기를 같이 하는 사람들과 지내고 있는 것이 어언 석삼년. 우리의 눈부신 문창마당이 오늘에 이르게 되었음은 현재 대전 시장으로 있는 염홍철 전 총장에 의한 고고지성의 덕이다. 그리고 시나브로 명실을 다지면서 우리의 문창마당은 오늘날 으뜸자리의 성가를 올리는 마당이 되었다.

물론 문창마당이 열리던 애당초에는 오늘날과 같은 문창마당이 되리라는 것은 상상도 못했었지만, 그만큼 우리의 마당이 열릴 당시의 모든 환경과 조건은 한마디로 척박했다. 그럼에도 오늘에 있어 다른 과정의 수범적 모습으로 자리매김 될 수 있었음은 다름이 아니었다. 전 현직 총장의 각별한 배려와 도움, 교수와 강사들의 오롯한 노력, 문창마당의 주인공 역할에 너무나 충실했던 수많은 수강자들의 아름다운 신심 때문에 가능했다.

짧은 나이테가 믿기지 않을 정도로 괄목하고 상대할 만큼의 주목을 받는 오늘의 문창마당을 말이다. 이렇듯 우리의 글벗마당은 그 이름과 튼실함에 있어서 누구나가 엄지손을 낼 정도로 날 달을 더하고 해를 거듭할수록 일취월장을 했다. 때문에 난 이 계제에 실로 오늘 같은 눈부신 문창마당이 존재할 수 있도록 여러모로 선한 일을 행사해준 모든 이에게 고즈넉이 머리 숙여 경의를 표하는 붓을 들었다.

이런 경우를 만든 이상에 나는 그간 5기 과정을 거치면서 문창마당이 열리는 매주 수요일이 늘 기다려 지더라며, 다가오는 9월의 문창마당 6기가 시작되는 과정에서도 또 거룩한 숨쉬기를 지속하겠다고 스스로 약속한 아름다운 마음의 적잖은 인연들께도 마땅한 고마운 정을 표현하고자 한다. 아니 오늘의 이 글은 오히려 이들 인연들을 화제의 중심으로 하는 이야기가 되어야 할 것 같다.

비록 본의 아니게 이들 사랑스런 인연들의 순정한 속내를 반쯤 뒤집어 놓을지 모르는 내용이 될지 몰라도 말이다. 또 같잖은 나의 속내, 알량한 앎을 들키고 마는 어리석은 작업이 될지라도 나는 마땅히 이들의 편린을 그려낼 것이다. 왜냐하면 나는 어리석게도(?) 이들을 사랑하기 때문이다. 그리고 어쩌면 이 가당찮은 작업이 나에게 지워진 책무일지도 모른다는 막연한 생각도 있고 해서다.

겨우내 얼어 있던 강물이 봄눈 잦아듦 같이 봄바람에 풀리어 삼라만상의 활력소 되듯 문창 과정 안에서 봄바람 같은 여인이 있다. 빗장을 친 마음도 얼어 있는 마음도 봄눈 녹이듯 훈풍 역할을 충분히 해낼 것 같은 여인이 '수춘 강'이 아닐까 싶다. 우리의 '춘이'씨! 다음 6기 과정에 위대한 총무직을 맡아 보겠다고 했지요. 이 사람 또렷하게 밝힙니다만 결코 맨 입으로는 안될겁니다요. 겁주는 거냐구요, 천만 만만에 콩떡 같은 말씀. 또 그렇다고 결코 기죽을 그대도 아니지만 말이요.

문창 과정의 새내기지만 결코 새내기가 아닌 듯, 점잖은 듯하지만 딱히 그렇지만도 않은 사내가 있다. 문창 과정에 정이 들었음인지 6기 과정의 솥밥도 같이 하겠다는 그! 6기 과정 첫 강의 뒤에 있을 친교의 자리를 베풀 기회도 선점하고 있는 스틱 맨. 고종 임금과 사돈의 팔촌에 또 그 사돈의 팔촌을 연상시키는 사내 '종훈'의 다음 행실을 눈여겨볼 일이다.

뭐랄까 적당히 매력이 있을 것 같고 적당히 상대를 요리할 줄 아는 비법도 있을 것 같은 여인, 결코 그렇게 튀지 않을 것 같으면서도 기실은 적당히 튈 것 같은 귈녀, 출석률 100%가 웅변하듯 문창과정에도 애정을 갖고 지내는 여인 그는 누구인가, 바로 '임경 김'! 우리가 사랑해 마지않는 '경임'씨! 이 담엔 안팎으로 얼마나 아름다운 여인이 되어 나타날지, 또 얼마나 활발한 활동을 보여줄지 기대를 해도 되겠지용! 뭐 그렇다고 부담은 갖지 마시구용.

한동안 어느 여인과 쌍둥이 자매가 아닌가 싶듯 내 보기에 너무나 쏙 빼닮은 듯 헷갈리게 만든 당신! 한번의 빠짐만 있을 뿐, 문창과정에 열심인 것도 수범적인 그대. 당신의 깊은 속내는 내 알 바 아니나, 외모나 표정에 구김이 없는 것도 큰 매력으로 봐줄 수 있는 우리의 자매, 어쨌든 긴머리 소녀 시절 몇 편의 시구는 읊고 다녔을 법한 그대는 '희경 님' 아니신가? 다정과 다감함이 그윽한 그대, 화사한 미소가 잔물결처럼 퍼지면 상대의 우수마저도 사그라들 수 있을 것 같은 여인, 어쨌거나 이담엔 그대 같은 여인 몇 명은 데불고 혜성같이 나타나기를 기대해볼 것이용.

5기 과정이 첫 나들이가 아닌 이를테면 즐거운 재수생이 되는 자네, 나에게는 계속 재수생으로 남아 있을수록 괜찮을 인연, 아주 오래전 여고 시절에 만난 인연으로 오늘에 다시 만난 유쾌한 사제의 인연, 단 한 번의 궐석도 없이 열심히 수강하는 매우 수범적인 자네는 과연 이 사람의 제자다운 제자일세. 모쪼록 연대장의 심신도 알

뜰히 챙기는 전형적인 한국의 여인도 되시게나. 물론 자신의 매력도 꾸준히 챙겨가면서 말일세.

산산이 부서진 이름이여! / 허공중에 헤어진 이름이여! / 불러도 주인 없는 이름이여! / 부르다가 내가 죽을 이름이여! //(김소월;초혼의 1연) 김소월님의 사촌 여동생 같은 이름을 가진 여인, 글 솜씨 또한 김소월님의 여동생 수준에 버금갈 것 같은 당신, 문창 과정에 임하는 자세도 수준급이고 인물도 그만하면 수 안 빠질 것 같고, 어쨌거나 앞으로도 문창 과정에 재수 삼수 사수하면서 인생의 참 깊이를 천착해보는 재미를 맘껏 누려 보시구료, 그대! 그리고 첫사랑의 추억도 이모저모로 아름답게 승화시켜 정리한 글도 지어가면서.

지난 4기에 너무나 열심이어서 표창하려 했지만 더 붙들어 놓고 싶어서 표창하지 않은 터여서 미안하기 짝이 없는 그대, 그러나 정작 이번 학기는 일자리 관계로 어쩔 수 없이 적극적일 수 없었던 수강태도가 그저 안쓰럽기만 하고, 그래도 그 바쁜 와중에서도 높은 출석률을 보여준 것은 역시 그대의 성실한 생활 태도를 유감없이 보여주는 것이어서 아주 좋습니다 그려! 좋은 글 쓸 수 있는 능력이 있으니 정진 또 정진하길 빌 뿐이라오. '영찬 김' 아씨!

청정한 산소, 수려한 산수를 한껏 베푸는 남일의 자연 휴양림에서 자연 영육이 깨끗해지는 중에 저절로 이는 홍취를 글로 옮겨 본다는 건 여간한 행복이 아닐 수 없지요. 더욱이 짧은 시간 안에 지은 글로 좋은 평가를 받는다는 것은 대단한 기쁨이 아닐 수 없구요. 고즈넉한 성정을 지닌 것으로 보여지는 그대가 괜찮은 글 하나로 타인에게 기억될 수 있음은 그 또한 괜찮은 사건이 아닌가 싶소이다. 기왕에 문창 과정에 발을 들여놓은 바에는 좋은 글을 쓸 수 있는 소양을 기르는 것 또한 의미 있는 일이 아닐까 싶소. '원채 김' 언님이여!

어느 색깔 있는 안경을 얼굴에 달고 있느냐에 따라 그 사람의 인상이 아주 달라 보이는 게 일반이렷다. 매우 이지적으로 보이는 이 여인의 인상도 아마 안경의 색깔 때문이 아닌가 싶다. 보기에 따라서는 다소 차갑게 보이는 일면도 있는데, 이것도 아마 안경 색깔이 전하는 어떤 이미지 때문일 거라는 생각이다. 어쨌거나 이지적인 이미를 가지는 이 여인은 우리 문창 동네와는 아주 친근한 존재 중의 한 인물이다. 글께나 쓰는 속 실력자이고 학원 일에도 정력을 쏟는 이른 바 맹렬 여성에 속한다고나 할까. 그리고 동료한테 뒷풀이 자리도 제공할 줄 아는 속살 있는 여성이기도 하다. 안 그런가요? '주현 김' 여인!

일단 도덕 하면 이 여인을 감히 제켜놓고는 얘기가 되질 않을 것이다. 순정한 도덕성을 간직한 여인으로서 도덕봉 가든도 이 여인에게 맡기면 대박을 터트릴 텐데, 뭘 몰라도, 그 음식점 주인네가 말이요 글쎄! 또 관상에서도 잘 드러나듯이 아주 재치 총명함이 똑소리 날 지경이요, 의식적이든 무의식적이든 붙임성 흡인력 면에서도 후한 점수를 줄 수 있는 슬기로 뭉쳐 놓은 것 같은 여인, 한 인물하는 여인으로 근자에 펼치고 있는 요식 사업도 잘 되기를 충심으로 빌겠소. 순전히 도덕심 하나로 잘 살 수 있는 여인이여! 그대 도덕심 충일한 여인 '순덕 도' 여인!

이 사람을 어떻게 그려내면 잘 그려냈다고 할 수 있을까. 우선 이 글을 쓰는 이와 아주 잘 아는 처지이니 좀 약 좀 올려도 약발은 쉽게 안 받을 거고, 그래 좀 막말로 해댈 양이면 이 사람은 한마디로 오색하고 잡놈에 속할 만큼의 한 인물이렷다. 말을 바꿔 진솔히 평가해 보자면 다재다능 못하는 거 빼놓고 다할 줄 아는 팔방미인적인 인물이다. 자신을 알아주는 이를 잘 대해줄 줄도 알고 동료의 떳떳치 못한 면도 감싸줄 줄도 아는 꽤 성정도 괜찮은 인물이다. 아무튼 못 하는 거 별로 없는, 뒤집어 말하면 별 소득도 챙김 없는 속살 없이 멋만 아는 한 인물이다. 여보쇼! 뭐 기분 나쁜 일 있소, 그리고 내 말 뭐 그리 틀린 것 없소, 뜹어도 좀 참으소, 윗자리에 있는 것이 내뱉는 말이니까니. '규철 박' 슨상님! 알아 듣갓오?!

안손하기가 심청이 같고 몸 매무새 챙기는 것이 영락없는 정승부인 같다면 좀 지나쳤는가? 어쨌든 내외야 갖춤이 나무랄 데 없듯, 언행 또한 요즘 보기 힘든 요조숙녀 같다고나 할까. 매양 하는 양이 이러하니 다른 어느 것도 일단은 믿음이 가지 않겠소. 문창 과정에도 열심이고, 뭐 요즘은 도덕하고 의기투합하여 일 좀 벌인 모양인데 금덩이 같이 단단한 침묵을 지켜가며 그저 잘되기만을 바라고 또 바라겠소. 내 금묵 아씨를 고조 믿으니까니 말이시. 알그라요? '묵금 박' 아씨님!

얼굴도 전혀 기억나지 않는 '노형 박'씨! 기왕지사 칼을 뽑았으면 두부나 무라도 잘랐어야지. 그래 사내가 돼 가지고서는 단 한번 출석에 도중하차가 웬란 말이요. 가다가 중지 곧 하면 아니 감만 못하단 소리도 못 들어 본 모양이구료. 에이 쯧쯧, 앞으로는 무슨 노릇이든 하다 말다 하다 말다 하지 마쇼.

아주 사랑스런 육손이 따라 강남 갔다가 외롭고 쓸쓸해서 죽을 뻔 했다구요? 그래도 우리의 '민정' 여사 참으로 아주 굳센 뚝심하나로 단 헌 번의 궐석도 없는 당찬 모습의 모범을 보여준 것은 실로 대단한 거요. '민정' 여사 사실 우리 문창 과정이 솔직히 싫지 않았다면서요? 그래요, 앞으로도 부디 재수 삼수 사수 계속하면서 글솜씨 좀 잘 익혀보소. 내 이 사람을 지켜 볼랍니다. 뭐요? 지켜보는 거 하나도 안무섭다구요? 그래요. 그럼 됐어요. 역시 〈미세스 짱 언님〉이라니까는. 우리의 '박 민정' 짱 언님 만세!

그저 눈비가 들이치든, 우박이 내리든, 칼바람이 몰아치든, 전혀 변함이 없는 내가 진실로 사랑해 마지않는 우리 문창 과정의 영원한 올빠 '방 기웅 교수님!' 연배를 따지면야 내가 훨씬 윗 것이지만, 신언서판으로 따지자면 그대 방교수님이 한 수 윗 것이지요. 어쨌거나 나 이 사람은 그대가 있으면 그저 좋지요. 그대도 이 마음 잘 알잖소. 우리 앞으로도 남들처럼 금석맹약 없이 교유하더라도 금석맹약을 쓰레기 같이 버리는 뭇 사람들하고는 본새가 다르듯, 늘 눈물겨운 우애를 나누어 가면서 보람있게 살아 갑시다요. 우리의 방 교수님, 아니 나의 방 교수! 늘 파이팅, 그리고 만, 만세요!

늘 윤기 있는 여인, 때로는 무신경스럽기가 얼음 같고 또 때로는 유쾌하기가 활화산 같은 여인, 또 그리고 때로는 요조숙녀 같은 고요함이 명경 호수 같은 해맑은 여인, 안팎의 윤기 흐름이 박 같이 하얀, 눈 같은 여인, 뜰쭉날쭉 하는 출석 상태가 다소 신경이 쓰일 뿐인 그대, '윤자 백' 언님! 종강에 이르러 '현주' 언님과 문창 식구 밥멕여준 따스한 정에 이 사람 약간은 감동 받았네용! 어쩜 고런 생각을 해 갖고 행동으로까지 옮길 줄을 알았지용? 우쨌거나 당신의 고운 심성의 본새를 보는 것 같아 흐뭇했으이. '자운 백' 언님! 부디 그대도 다른 이쁜 언니들처럼 문창 동네 찾기를 삼차 사차 오차 계속하였으면 해유. 그라시면유 우리의 사랑하는 그대, 반드시 복 많이 받을 것이구먼유. 이 사람 김 교수가 한 말이 참말이냐구요? 정말 믿을 수 없다구유?! 아따 우리 그대! '윤자'언님은 맨날 허구 한

날 속구만 살아남유! 그라구유, 그란지 안그란지는 일단 지내보면 알 꺼 아니갯슈! 정말 내말 믿어 보랑께유. 그란데유, 〈아니면 말구유〉 허는 수 없는 거 아니겠시유. 우리의 이쁜 언님, 윤자 아씨! 안 그런감유!. 그라그유!, 우리 이 담에 꼭 만나유. 6기 과정에서 말이유. 알았지유.

이름 값이 뭐하지 않겠으라우, 전혀 기억이 없는 그대 '신용'씨! 그래 딱 한번 문창 과정에 나와 보고는 영 무소식인 사람, 매사 이런식으로 하지는 않으시겠지요. 어쨌거나 무슨 맘 먹었든 한번 정한 일이믄 꼭 끝까지 겪어보고 좋은 결과를 봐야 하는 거 아니겠소. 멋있어 보일 것 같은 그대 '신용'씨 어찌 어찌하다가 이 글 한번 보시게 되시걸랑 다음 9월에는 살짝 나와 보시쇼, 결코 후회하는 일일랑 없을 테니까는 말아요. 우리 좀 끈끈한 정 나눠 봅시다요. '신용 성'씨!

언뜻 생김새하고는 아주 약간 신경질적인 모습으로 비춰지는 '신형'! 우리 문창 과정이 좋아 삼수도 마다 않는, 그리고 꽤나 인간적이고 생각과 말과 액션이 명쾌한 우리의 '신 형' 지긋한 나이테만큼이나 글재주 또한 녹록치 않은 강남 선생! 선생 있음에 우리 문창 동네가 더욱 발전할 수 있는 것 아니겠습니까요? 다음 6기 때는 번듯한 대표 한번 맡으시어 더욱 생기 넘치는 문창 동네를 만들어 보시면 어떨는지요. 이것이 이 사람의 진솔한 청이고 바람입니다만, 어디 기대 한번 해봐도 실망시키지는 않으시겠지요. 맘 같아서는 문창 동네와 내내 운명을 같이 해보라고 하고 싶지마는 내 맴이 아주 여리어서 그리는 못 하오마는 적어도 이 사람의 이 같은 끈끈한 정만큼은 알아주시기 바랍니다요. 목하! 우리의 '신 경남' 사장 슨상님의 영육간 건강에 파이팅을.

시원스럽기가 마치 클레오파트라가 환생해서 행하는 것 같고 겉 속의 양 또한 영락없는 클레오파트라 같으니 아마도 그대 '근숙' 언님은 전생에 클레오파트라가 아니었나 싶소, 그만! 매사의 노릇이 워낙 크나크고 신선하고 세련되어 막힘이 없는 것이 아주 대단한 장점이지요. 문창 동네에 대한 그대 언님의 열정적 역할 또한 만점이구요. 또 패티 김 같은 폭 넓은 성량으로 부르는 당신의 노래 실력은 어떻구요? 어쨌거나 우리 문창 동네로 보나, 이 사람과 종표 원장하고의 그렇고 그런 관계로 보나, 근숙 언님 그대는 거미줄에 꽁꽁 묶인 아름다운 노예가 되지 않을 수 없게 됐습니다 그려. 원 사주팔자하고는. 아무튼 우정 그대의 시원시원한 삶의 모습을 지켜볼 것이고 아울러 문창 동네에 대한 변치 않는 열정을 지속적으로 걸 기대해볼 참이오. 아니 부담된다구요? 아니 그대 근숙 언님이 이 정도 갖고 부담을 느낄 언님이요? 에이 그만 엄살 떨어요, 닭살 돋으니깐요. 우리의 근숙 언님! 만만세용!

한동안 '희경 김' 누이하고 쌍둥이 자매 같아 도무지 분간이 안 돼 애먹게 한 '선희 안' 누이, 이 사람의 사람 보는 눈, 그 FM같이 정확성 높은 자질을 흐리멍텅하게 만든 책임을 면하기 어려울 게요. 이제에 이르러서는 명경같이 분간할 수 있게 되었지만 말입니다요. 그래요 희경 누이하고 쌍둥이 같이 보이는 게 이 사람에게는 좋은 모습으로 비춰졌던 게 사실이니까, 향후에는 이 문제에 대한 책임 따윈 묻지 않을라요. 대신에 그대 '희선' 누이가 우리 문창 동네의 붙박이 동문이 되어 주는 거요. 이런 청탁은 말이 되질 않는 그저 어거지라구요? 뭬, 이해되고 안 되고 할 게 있소? 아주 어렵게 말하면, 앞으로 꼭 재수 삼수 사수 오수 해가면서 글 솜씨도 빛내고 문향도 늘 맡으시며 지내시라는 거지요. 이제는 안더 스턴? 아무튼 이제와 같이 앞으로도 늘 우리 문창 동네를 애틋하게 가꾸어 나가면서 안팎의 아름다움도 내내 잘 유지해주길 바라네요. 이제 더 할 말없음으로 이상입니다요.

산수 해맑은 천혜의 삶터, 우리 가수원의 요식업 명소인 실로 명실상부한 〈통나무집-로그 하우스〉의 안주인, 우리 식도락가 모두의 연인 '양미경' 언님 참 뭣 같은 김선호 교수 이 사람과 내칠 수 없는 인연줄로 묶이어 그럴 듯한 변명 한번 못한 채 꼼짝없이 문창 동네를 어언 4수째나 다니고 있네요. 진정 이 사람은 양미경 언님의 우리 문창 동네에 쏟는 변치 않는 아름다운 배려와 마음 씀씀이에 대해 머리를 들 수 없이 감사드리고 있네요. 안팎으로 멋스런 우리의 양미경 사장 언님! 언님은 반드시 많은 복 받을 껴! 그리고 우리 한밭대의 동문이기도 한 그대의 바깥양반 또한 당신 땜에 복 받으며 살꺼구먼! 두고 보랑께요, 내 말이 틀림없을 텡께루. 아름다운 심성을 오래오래 간직하며 살아갈 '양미경, 임종빈' 사장 내외 분! 꼭 소원 성취해 보드라구 내두 늘 빌어줄 테니까는.

5월 초였던가, 정시제 강의를 마치고 미리 선약된 장소에서 지인들과 소주잔을 기울이며 하루의 진득한 피로를 마시고 있었을 때였다. 내가 온다는 소식을 접하고 기다렸었노라며 자연스럽게 나의 지인들과 합석한 그대 '웅이'씨! 그 자리 다음에 이어진 노래방에서의 상식을 넘는 그대 언행의 오작동을 아는지 모르는지. 아무런 이상기후도 보이지 않은 나의 지인들에게 보여준 그대의 마땅찮은 노릇은 참으로 이해 안 되는 노릇이었고. 더욱이 그대가 스스로 스승이라 부르던 이 사람 앞에서의 자칭 제자답지 못한 실책은 의당 레드카드 깜이었지 않나 싶소. 모름지기 소망하는 바, 앞으로는 실로 예상할 수 없는 노릇은 각별히 삼가주었으면 싶소. 더욱이 원만한 대인관계가 생명이 되는 그대의 사업으로 보아서도 조심 또 조심해야 될 게요. 지극히 남자다운 모습의 그대, 평상시에 보여줄 그대의 여전한 아름다운 생각, 선한 행동을 유감없이 발휘해 주기를 기대하는 바요. '웅선~씨', 그대!

순전히 인류를 사랑하시고 구하시고자 이 땅에 사람으로 나시어 오로지 인류를 위해 희생으로 사시다가 십자가 형벌로 돌아가시고 부활하시는 영원한 희생적 사랑의 진리를 구현하신 주 예수 그리스도를 감히 사랑하겠다고 나선 우리의 사랑스런 여인, 류관순 사촌 여동생으로 명명되는 아름다운 심성과 미소를 지닌 우리의 연인, 우리의 문창 동네와 아주 끈질긴 인연으로 재수 삼수도 아닌 4수에도 열심한 참으로 열정적인 여인, 이제는 어느 누구도 문창의 맏언니 자리를 넘볼 수 없을 정도의 문창 동네 맏언니일 수 있는 경외스런 우리의 언님, 사랑스런 〈순이〉 누님! 이 사람과 천 언님 교수의 일이라면 단 한 번도 미간을 찌프림 없이 나서준 너무도 감사해야 하는 인정 많고 마음씨 고운 우리가 사랑해 마지않는 '인순이' 누님! 그 아리따운 심성과 행동을 오래오래 견지하면서 우리 문창 동네의 끈끈한 인연줄을 굳게 지켜내는 문창 동네의 영원한 지킴이가 되어 주었으면 싶소. 우리의 사랑스런 연인, 순이 누님! 〈현식〉 서방님의 아름다운 안사람으로서 사랑이신 주님의 무한한 은총 안에서 노상 기쁨으로 살아가는 그대 사랑스런 〈순이〉 누님 되소서! 이 사람 김선호 교수도 아주 가끔씩은 사랑스런 그대를 위해, 그대를 한없이 사랑하시는 주님의 이름으로 기도 드리지요. 우리 〈순이〉누님! 아니 벌써부터 행복에 빠져 있는 거 같네요.

너무도 주관이 분명해서 오히려 밉살맞게 보일 수 도 있는 그대 '임락영' 사장! 이 사람과는 너무도 대화가 잘되었던 그대, 환경 파수꾼의 선봉에 서는 직업으로 동그라미를 벌어들이는 당신, 꽤나 바람기가 있을 것 같은데도 철저히 베일에 가려서인지 아주 건강한 행위만 보여지는 진지한 당신, 주제 지나치지도 않고 결코 으스대지도 않으면서 적당한 자존 속에 문창 동네 사람들에게 밥도 낼 줄 아는 멋스런 사내, 그러나 여보시오! 임락영 씨, 그래 문창 동네에 겨우 1차 머물다가 떠나서 어디 쓰겠다는 거요. 멋스런 사람은 말이요, 상대가 옷자락 잡아 댕길 때 못이기는 척하고 아주 은근하게 머물러 앉는 거요. 당신 아직도 내 보기엔 진정한 인간미 알려면 좀더 문창 동네 머물러 있어야 할 것 같소. 이건 순전히 내가 당신 기억해서 그러는 거지 시쳇말로 당신 꼬드길려고 그러는 거 절대 아니오. 명심하오, 그리고 이 사람의 끈끈한 정도 읽을 줄 알아야 해요. 뭐, 아무리 그래도 안넘어 간다고? 그래! 그럼 당신 정말 빙신인 게요. 알아 듣간? 이 멍충한 호랑 말코 같은, 그러나 친애해 마지않는 친구야! 어쨌거나 앞으로 어디서나 늘 건강히 잘 지내시구려.

'조주행'! 아주 덩치 큰 새가 주행하는 것을 연상시키는 지음의 소유자인 당신은 워낙 해박해서 오히려 아는 게 실로 없을 것 같은 그대, 실로 친애해 마지않는〈조주행〉씨! 교회면 교회, 절이면 절, 향교면 향교, 사이비 종교면 사이비 종교, 그 어느 것의 머리자리를 차지해도 전혀 어색할 것 없을 당신의 그런 당당함과 기인스런 신언서판이 부럽소 그려, 온몸으로 거침없이 내뱉는 호탕한 웃음소리 또한 이품이요, 팥으로 메주를 쑨다고 해도 믿게끔 술술 풀어내는 입담과 화술 또한 신통할 일이고, 그런데 말이시, 우쨌거나 남이사 인정하거나 말거나 내 말로 이 시대의 한 인물 하는 그대를 까닭이야 어디에 있든지 간에 요사이 자주 볼 수 없으니 매우 섭할려고 그러오. 한 인물한 당신! 요즘의 내 이런 기분 알기나 하는 거요? 뭐, 누구 우울증 환자 만들 일 있소? 그 잘 나지도 못한 형색 좀 보면서 삽시다요. 아 〈조주행〉 슨상님! 안그라요, 내 말이 말 같잖소! 뒤로 빼는 것도 정도 것 해야 되는 거지 하냥 그러면 인기가 떨어지는 법이란 걸 잘 알 만한 사람이 와 그라요, 그라기를! 나의 친애해 마지않는 조주행 슨상님! 혹시 이런 것 아슈? 맴이 급작스레 변하믄 금방 어떻게 된다는 거 말아유! 자, 그대! 내 다시 한 번 말해둡니다만 그 잘난 형색이나 보면서 삽시다 그려! 잘 알갔죠.

일찍부터 현숙하기를 원했던 여인이 아니던가? 현숙한 만큼 우리 문창 과정에 열심하리라 믿었던 게 기우였던가? 우리의 현숙한 여인은 두세 번 얼굴을 비치고는 그만이었으니. 뒤늦게 알려진 사연인즉 초등학교에 다니는 자녀의 뒷바라지 때문이었다지요? 사실 문창 과정에서 문학의 향기에 취하면서 글짓는 작업을 계속하는 것이 삶을 윤택하게 하는 것은 틀림없는 것이나, 우선은 자식 교육과 뒷바라지가 더 중요하다 마다요. 그놈의 자식이라는 게 뭔지? 귀여운 애물단지지 뭐겠수! 그래요, 자식은 귀여운 애물단지임에 틀림이 없는 거라구. 그러니 말입니다. '현숙' 아씨! 에두르지 않고 말하는 것입니다만, 이 담엔 쉴 틈 없는 시간이나마 쪼개고 또 쪼개서 건강한 삶에 도움이 되는 글 짓는 작업에 참여해 봄이 어떨지 싶군요? 어쨌든 다음에 만나서 같이 작업할 수 있기를 기대하며, 그대를 다시 만날 수 있게 되도록 그대의 안녕을 빌지요.

백세 천세 아니 만세까지 그윽한 향기를 간직할 수 있는 난이 되어 살아가고 싶을 우리의 '천세'아씨! 늘 생글생글 미소 속에 초롱초롱 눈빛으로 문창 과정에 열중하던 모습이 그립답니다. 말로만 그러느냐구요? 아 그럼 어떡하죠 그날그날 벌어먹고 살기가 바쁜

이 몸이 뭘 어떻게 하겠습니까! 말로라도 품을 팔아야지 별 수 있겠습니까. 어쨌든 말입니다. 앞으로도 얄심으로 나오셔서 아름다운 인생공부 속에 글 짓는 솜씨도 더욱 익히셨으면 싶네요. 아, 그렇게 할 작정이었다구요? 고맙습니다. 우리의 '세란' 아씨! 그럼 선선한 가을날 우리 다시 만날 때까지 안~뇽~.

'최세홍'씨 4기 과정에 이어 5기 과정에 다시 나오셔서 첫 강의를 듣고 하시기에 기대를 했었는데 이게 웬일입니까? 그래 겨우 두 번 비치고 얼굴을 감춘 채 다시 모습을 나타내지 않으니 그래 이럴 수 있소? 매우 섭합니다 그려. 아, 물론 그대가 이미 문필 생활을 하고 있는데 예서 뭘 더 얻을 게 있을 것이냐? 뭐 대충 그런 심산 아니시겠수! 그러나 말입니다. 우리의 '최세홍'씨, 언제부터 우리의 문필가들이 그렇게 셈이 빨라갖구 그 알속대로만 지냈는지요? 이 사람에게도 좀 알려주슈! 우리의 최세홍씨, 우리 당신을 그리워한다구요, 알겠수? 다음에는 그리 헤드를 씨지 말구 그저 나오셔서 가끔 조껍데기 술 한잔 기울이면서 짧으나 짧은 인생문제나 논하면서, 그렇게 지내보십시다 그려! 최세홍씨, 이런 이 사람의 곡진한 제안에 OK? 아, 좋다구요! 그럼 그렇지 우리의 최세홍씨가 누군데! 자 아알 판단하셨수! 그럼 다시 볼 때까지 그대의 영육간 건승을 빕지요.

우리의, 아니, 내가 사랑해 마지않는 〈순이〉씨, 요즘 동그라미 쌓는 재미가 어떠신가, 그대의 키 높이만큼이나 쌓아놓게 되면 이 사람에게도 아주아주 조금은 떼어줄 수 있겠나! 원 참 나도 이 무슨 별 욕심을 부리고 있는 건지 모르겠군? 꿈 많은 여고 시절에 정성 다해 가르친 친애해 마지않는 제자 앞에서 . 그것도 사랑의 매를 아끼지 않은 담임 선생이었던 주제가 말이지. 가장 청렴하기로(?) 소문난 내가 유쾌한 글을 쓰는 중에 이 무슨 추태를 부리는 지 정말 모르겠네! 어쨌든 나의 사랑하는 제자 순이씨! 그간 문창 동네에 호적은 올려놓고도 가치 있는 선생을 표현하는 작업엔 게을리했지요? 이제는 동그라미 쌓아 가는 일일랑 늘 옆에 붙어 계신 서방님께 전적으로 맡겨 놓고, 그대는 문학 속에서 인생의 깊이나 천착하면서 글짓는 공부에 전념해 보는 게 어떻겠소? 좀 생각해보겠다고? 뭘 생각하고 자시고 할 게 있소, 예나 이제나 스승의 가르침이 뭐 잘못된 것 봤소! 여러 말 말고 애 제자 '육순 아씨'는 스승이 하자는 대로만 하면 되는 거지요 그러면 자다가도 떡 먹는 일이 생기는 거라오. 잘 알아들었소? 그럼 다음 학기에 그 사랑스런 얼굴 보여줄 것을 확신하며, 푹푹 찌는 무더운 여름, 사랑하는 바깥어른과 애지중지하는 자녀들 잘 보살피면서 편히 잘 지내기를 바라오.

늘 정겨움이 있는 멋스런 인생, '홍건표' 사장 슨상님! 우째서 요번 학기는 지진아 신세가 됐능가 모르것소 잉! 주어 듣기로는 졸업사진 촬영에 너무 바빠 그리 됐다 합디다만 말입니더. 거 늘 인자한 모습 친근한 모습 보다가 못보니깐서루, 내래 대단히 섭합디다요! 우리 홍사장 슨상님도 그랬더라고라! 웬 시뻘건 고짓말을 그리 해댄다고라! 그래 거짓부렁이 말씀인 줄 알면서도 고조 듣기는 꽤 괜찮구만이라. 앞으로도 고런 듣기 좋은 고짓말이랑은 가끔 해 줘도 쓰갔소 이? 거 흡인력이 남다른 우리의 '홍건표' 사장 슨상님! 다음에는 좀 여유를 갖고 문향 속에서 우덜랑 같이 객쩍은 인생 공부나 하면서 글도 좀 써대는 생활도 했으면 쓰갔구만요. 아따 그리 해보자고요? 약시 내캉 코드가 맞는 우리의 홍사장 슨상님이랑께롱! 그럼 우리의 젊은 올빼 홍사장 슨상님! 다음 6기 과정에서 다시 뵈올 때까지 내내 안뇽하시라요!

우리의 기린아 희제 성님이 좋아해 마지않는 '의란' 아씨! 그간두 잘 지냈지용? 영동에서 용난 희제 친구 따라 우리 문창 동네에 다니기는 다녔지만 뭐 쫌 쓸쓸하고 삭막했다고라. 나 이 사람 대단히 미안해써 해! 희제 성님이 잘 챙겨주지 못하였으니, 나 이 사람이라도 좀 나서서 친구해줬어야 쓰는 간디, 나 이 사람도 남자라는 거창한 이유로 그대 '의란'씨 앞에 썩 나설 수 가 없었구만이라우. 우쨌거나 이 사람 할말 없어해. 뭐, 변명치고는 아주 유치하다고라? 그렇담 변명 안하믄 될 것 아니갓소! 괜히 이쁜 얼굴에 흰눈 깔고 그라셔, 가방 나쁘게끔 말이시. 우리의 희제 성님이 실로 은애해 마지않는 '의란' 아씨! 이 담에도 문창 과정에서 만날 수 있갔지에? 내 말로 인심 쓰는 거지만 말이요! 다음에는 그래도 나 이 사람 있는 애교 없는 애교 다 떨면서 잘 해줄 테니까루 꼭 오시쇼 이! 희제 친구란 눔은 못 믿을 눔일지 몰라도 내는 믿어도 되는기라예. '의란' 씨도 기렇게 생각한다고라? 실로 고맙소 이. 약시 우리의 '의란' 아씨, 사람 보는 눈은 꽤 높당께루. 정말 고맙소 잉! 그럼 우리 다시 만나는 날까지 우리 사랑해 마지않는 그대, 잘 있으시셔 잉! '의란' 아씨, 안~뇽~!

영적인 삶으로나 물질적인 삶으로나 손끝에 물이 오르려면 열심한 삶을 살아야 함에도 요지음, 손끝을 맺는 철부지 속물들이 허다하다. 물론 속바람이 있는 사람들도 아닌데도 그런다. 그러면 이런 허접 쓰레기 같은 삶을 벗어날 수 있는 아름다운 삶, 청량제 같은 삶을 살 수 있는 이른바 너무나 인간적인 삶을 살 수 있는 참 지혜로운 방편은 어디에서 찾을 수 있을 것인가? 이에 대한 이 사람의 명쾌한 대답은 '문학을 가까이 하는 삶, 한 권의 책이라도 꼭 읽어내는 삶, 꼭 기억되고 남겨야 할 가치 있는 삶의 체험을 기록하는 작업의 글짓기를 생활화하는 삶'에서 찾을 수 있다는 것이다.

이런 의미에서 우리의 문창 과정에 당당히 호적을 올리고 문향의 그윽함에 젖으면서 글짓는 작업에 정진하고 있는 이들은 이미 값있는 삶, 윤택한 삶, 훌륭한 삶을 이어가고 있는 지극히 현명한 인물들이다. 때문에 난 이처럼 슬기로운 이들을 사랑한다. 나는 오로지 이들을 지극히 생각하는 애틋한 마음 하나로 이들을 주제로 그려냈다. 이들과 되도록 가까이 생활하면서 내 마음의 렌즈에 영사된 것 중에서 정녕 잊고 싶지 않은 이들의 모습, 이미지 한 조각들을 구상화로 그렸다. 이 작업의 매듭을 지으면서 이들에게 다소 미안한 느낌이 드는 것도 하나의 흔적으로 남게 됐다는 것이다.

이를테면 내 나름대로는 선한 생각을 갖고 이들의 진솔한 이미지를 고즈넉하게 담아내는 중에 어쩌면 봐주기 무엇한 생채기로 남는 흔적 말이다. 이런 까닭에 내가 사랑해 마지않는 이들에게 삼가 바라는 건 나의 본의 아닌 불찰을 아름다운 심성으로 보듬고 해맑은 안목과 밝은 미소로 가볍게 봐줬으면 하는 거다.

각설하고, 나는 이 계제에 내가 사랑해 마지않는 우리의 문창 가족 모두에게 꼭 사랑이신 주님의 이름으로 사랑의 메시지를 전해드린다. 오로지 한결같은 사랑을 베푸시는 주님 안에서 영육의 건강을 유지하면서 자신의 가치 있는 삶을 아름답게 표현하는 글 짓는 작업에도 열심히 정진하시라는 것을! 그리고 9월에 새롭게 열리는 6기의 문창 과정에서도 다시 꼭 만날 수 있는 기쁨의 은총까지도 더불어 누릴 수 있기를 바라는 사랑의 메시지 말이다.

그녀는 예뻤다 1

여전히 그윽하게 사랑해마지 않는 내 그미처럼 우리 그녀는 예뻤다. 생김새, 하는 짓 모두가 너무도 사랑스러웠다. 이 사랑스럽기 이를 데 없는 그녀에게 우린 여지없이 반했고. 인기척 없는 빈집처럼 노상 고요하기만 한 우리 가정에 함박 웃음꽃을 피워놓았던 셋째 공주 같은 예쁜 그런 소녀가 우리 곁을 떠났었다.

우리 삶을 지탱해주는 산소 같은 그녀, 사랑스럽고 예쁜 그녀가 우리의 생활공간에 없는 그 적적함이란…. 이토록 그지없이 귀엽고 깜찍하고 예쁜 그녀의 존재는 어느새 우리 가족의 절대적인 사랑을 받는 존재로 자리하고 있던 터였다. 이후, 이런 그녀가 또 다시 우리의 곁으로 화사하게 돌아온 거였다. 마치 지루한 가뭄 끝에 찾아온 은총 충만한 단비 같이. 우리 가족의 연인, 바로 그녀와의 화사한 조우는 끊어짐 없는 즐거움이 어김없이 생산될 것이라는 확실한 보증수표.

굳이 믿게 되는 까닭 하나 있다. 그녀와의 어설픈 이별이 있기 이전, 몸소 겪었던 아주 유쾌한 즐거움의 생생함 때문이다. 그것은 짧은 만남의 시간 속에서 우리 가족이 웃음꽃 시들지 않는 건강한 집안 분위기를 그녀가 선사했기 때문이다. 애오라지 사랑스럽기 그지없는 우리의 그녀는 화기애애함마저 시나브로 침잠되는 우리

가족 삶의 뜨락에 실로 윤택함을 가져왔다. 그녀는 건강한 삶의 생기, 즐거움을 샘솟게 하는 웃음꽃을 한껏 펼치게 한 뛰어난 개그우먼 이상이었다. 때문에 우린 주체할 수 없도록 그녀가 사랑스럽기 그지없었다.

본시부터 우리는 그녀를 사랑하지 않았다. 딱히 무어랄 수 없는 생태적인 속성이 그녀의 족속들에게 그리 호감을 느끼지 못했던 것 아닌지는 모르겠으나. 아무튼 우린 그랬다. 둘째 딸 한솔 공주는 그 이후로부터는 그녀의 족속들만 보면 금시 알레르기성 과민반응을 일으키듯이 무척 꺼리는 터였다. 그러나 아이러니하게도 우리 첫째 딸 한별 공주와 막내 한결왕자는 그녀의 족속이라면 그저 가리지 아니하고 좋아들 한다. 대체 그 조화 속은 알다가도 모를 노릇이러니. 그리고 더욱이 우리의 왕자님은 화제의 주인공인 그녀를 데리고 온 주제로 그녀를 아끼는 진정한 주인이러니 일러 무삼하고. 어쨌든 내 아내와 둘째 딸, 그리고 나는 그동안 그녀와 그녀의 족속들을 경원해 왔던 게 사실임은 물론이었다.

우리 가족이 너무도 사랑해마지 않는 그녀, 그리 머지 않는 날에 두 번째 이별이 있을 그녀, 실로 사랑하는 그녀와의 울적한 이별을 떠올리면 이제도 벌써 가슴 저며 오는 아픔이 인다. 허니 어쩔 건가! 만남과 조우는 반드시 이별을 데불고 있는 것을. 그래서 난 두 번째의 짧은 조우를 통해서 보게 되는 그녀의 깜찍하고 멋스런 모습과 행태를 그린다. 그것은 한편의 아름다운 이야기를 엮어 앞으로 겪게 될 이별의 슬픔을 이제의 즐거운 기쁨으로 카타르시스해 보려는데 제대로 될지가 걱정이라면 걱정이다.

우리 가정을 눈 깜짝할 사이에 스위트 홈, 훈풍이 감도는 분위기로 바꿔놓은 사랑스런 귀염둥이 그녀, 잠시일지라도 우리 가족의 한 자리를 어엿하게 차지하고 있는 명과 실에 조금도 엇나지 않는 그녀, 그녀의 참다운 신분은 오래 전 중국의 황실에서 서태후가 키웠다는 이른바 사자개(獅子狗)로 불림을 받았던 아주 고명한 견공(犬公)의 자랑스런 후예, 생후 8개월 된 암컷 〈시츄〉다. 우리의 귀염둥이 그녀, 시츄는 사자개로 불림을 받은 것 같이 생김새가 사자처럼 얼굴은 물론 몸 전체에 풍부한 털을 지니고 있어서 견공 가운데 정녕 황족 같은 느낌을 갖게 한다.

뿐 아닌 것이, 평소의 앉는 양이나 걸음걸이도 황실의 강아지 족속답게 제법 의젓하고 우아함이 제격이다. 아주 극히 예외적인 경우를 제외하고는 성격도 온순하여 헛 짖음도 적어서 안손함에 있어 그지없음이 태생적일 터 어찌 사랑을 받지 않을 손가. 우리 집의 셋째 공주 격인 귀염둥이의 하는 짓은 하나같이 예쁜 짓, 사랑스런 짓이고 나오는 것은 찬하는 탄성이요, 기쁨을 주체할 수 없는 웃음이며, 행복이 이런 것이구나 하는 즐거운 분위기가 넘쳐 남이다.

우리 가족이 밖에 나갔다 돌아오면 귀여운 이 녀석, 앞발을 번쩍 일으켜 바지에 탁 얹고서는 온갖 사랑스런 짓으로 안아달라 재롱을 부린다. 또 어쩌다 자정 너머 들어올 경우 식구에 대한 미안한 마음으로 숨소리마저 죽여 가며 들어올 때가 있는 이때에도 우리의 순진무구한 예쁜 공주 시츄 녀석은 어김없이 방가방가하는 양으로 반김을 나타낸다. 이런 속셈 없는 반김의 애틋한 양을 보면서 세상에 이런 반가운 마중이 어디 있을까 싶은 감격에 속눈물이 나곤 한다. 기실 말이지만 연정이든 혈연지정이든 뜨거운 사랑의 만남인들 이토록 까닭 없는 순정한 반김이 있을까 싶은 생각이 든다. 이런 귀여운 공주한테 우린 미안함 때문에 적잖이 곤혹스러울 때가 많다.

되도록 우리 공주에게 뒤탈 없는 음식을 제공해야 됨을 아는 우리 식탁 앞에 고즈넉이 앉아 먹거리 주기를 애잔하게 바라보는 양을 대하고 있노라면 정말 미안함에 빠지게 된다. 마치 인정머리 없는 인간의 추한 면이 여지없이 드러나는 것 같아서 말이다. 정녕 민망하기 그지없는 민망함이다. 우리 공주의 사랑스러움은 다 헬 수가 없다. 우리 부부가 누워 있을 때 거리낌없이 배 위에 사뿐히 올라와 당당히 앉거나 눕거나 하는 양이라든지, 우리 부부 침대에 뛰어 올라와 같이 잠을 자려고 드는 강심장 행태라든지, 이 귀여운 녀석을 안거나 들쳐 업거나할 때에 응석 어린 소리를 내며 우리의 볼이나 입술에 혀를 부지런히 갖다 대는 애교 9단 같은 짓이나 어느 양태 하나 귀엽고 사랑스럽지 아니한 게 없으니 참으로 매력 만점의 공주 아닌가!

우리 공주 녀석 자존심도 또한 강하다. 제가 가지고 노는 돼지 인형을 우리가 가지고 있거나 빼앗는 시늉이라도 보이면 누워 있다가도 벌떡 일어난다. 그녀는 앞발 들어 옷을 헤집으면서 제 뜻이 이루어질 때까지 으르렁대며 달려들곤 한다. 제 주인에게도 지지 않는 집요함도 매력이다. 적당한 운동이라도 시킬 양으로 냇가에 데불고 가 걷게 하면 어찌나 빠른지 오히려 우릴 운동시키는 것 같은 착각이 들 정도로 맹렬한 성향을 보이기도 하고….

더러는 녀석을 친근감 있게 부르는데도 슬쩍슬쩍 곁눈질만 하면서 못보고 못듣는 체 무관심한 양으로 은근한 자존심을 보이는 교만성도 부려 고소를 금치 못할 때도 있다. 이 공주 녀석과 지내면 지낼수록 참으로 귀엽고, 깜찍하고, 사랑스럽고, 그럴싸하고, 우아하고, 자존심 강하고, 온순하며 점잖고, 매력 넘치는 그녀 시체 말로 인기 짱인 공주라는 생각을 갖게 한다. 아무튼 애교 9단의 매력 넘치는 그녀는 우리 셋째 공주로 자리매김 되어 조금도 손색이 없다. 생기발랄한 어린 공주 〈시츄〉로 인해 우리 가족이 느끼는 행복은 어떤 것으로도 따질 수 없이 크다.

다만 이제부터 걱정이다. 그것은 참으로 매력덩어리 이 귀여운 공주 녀석을 정성껏 따사로운 정을 지속적으로 기울일 수 있을까 하는 거다. 우리 가족에게 주는 사랑과 애교로 빚어내는 웃음으로 얻는 유쾌한 즐거움의 한쪽만이라도 갚을 수 있을지 마음 쓰인다. 보내 놓고 후회하는 우리 인생의 삶이 늘 그러하듯이 너에 대한 미안함에 가슴 조일까 걱정이다. 아! 이제 너를 지극히 사랑해 마지않는 언니 오빠와 함께 엄마 아빠는 어엿한 예쁜 공주로서 생기발랄한 재기 한껏 펴는 속에 가족의 사랑을 듬뿍 받으며 건강하게 지낼 수 있도록 정성 다하는 것만 남은 것 같다.

우리 예쁜 공주 〈시츄〉, 우리 건강한 가족 속에서 파이팅이다. 만세!

참답게 살아가야 하는 까닭은

내가 이태까지 숨쉬기 운동을 지속하고 있는 까닭은, 아주 같잖은 그러나 나름대로는 특별할 수 있는 건강한 생각의 믿음 그것 때문이다.

하늘 밑 너른 땅, 그 가운데 실로 빼어나고 아름다운 금수강산 터 대한나라, 만왕의 군왕께서 성령으로 내어준 자랑스러운 이 땅에 태어나고 존재한다는 것 자체가 은총 충만 아닌가. 하느님 모상대로 생겨난 그 자체가 숭고한 존재임에도 갖은 핍박 속에 고귀한 삶을 지옥 같이 살고 있는 동토에 태어나지 않고, 그런 곳에서 살지 않는 것 자체도 행복한 삶이고, 사람 잡는 살인귀에게 경애하는 어버이, 친애하는 지도자 동지, 어쩌고 저쩌고 하지 않음 또한 사람살이다운 삶이어서 좋은 것이다.

한 평생 내내 살인적인 무더위와 칼바람 냉기 속에서 고통받으며 살 수밖에 없는 그런 나라에 태어나지 않고 살지 않으니 또한 따뜻한 삶이 아닐 수 없고, 노상 짙은 안개, 밤낮의 경계마저 흐리무리한 백야가 지속되는 곳이 아닌 해맑은 터에서 살 고 있으니 이 또한 청명한 삶이어서 좋다. 오아시스 없는 사막, 흙탕물조차도 맘껏 구할 길 없는 척박한 환경 속에서 사는 삶이 아니어서 정녕 좋은 것이고, 상습적인 해일이나 광풍, 지진 등 위협적인 환경 속에 늘 불안을 안고 사는 그런 삶이 아니니 좋다.

자연자원 빈국을 초극하는 가운데 세계의 부러움과 질시 속에 모범국가의 전형을 유감없이 보여주며 자신 있게 사는 삶이니 또한 좋은 것이고, 이제나저제나 온 누리, 어느 분야이든 그 어느 인물들과 견주어 볼지라도 그 인물됨에 있어서 마땅히 으뜸의 자리에 있는 이 겨레의 훌륭한 인물들, 또한 결코 아전인수이거나 국수주의 것의 잣대로 보지 않아도 단연 빼어난 이 나라 이 겨레의 진정한 장인정신의 기상과 숨결에 의해서 찬연한 빛을 발하고 있는 무수한 문화유산이 있는 이 땅에 존재하는 자긍심 때문에 자못 살맛이 새록새록 나는 것 아니겠는가!

물론 우리의 이 빼어난 참살이 역사와 문화유산을 속절없이 폄훼하고 과거사 바로잡는답시고 의도적인(?) 놀보 심보로 마구 망가뜨려 놓는 영락없는 망나니 같은 꼬락서니들이 설치어 대는 실로 부끄러운 현실, 하지만 이러하듯 하늘 밑 너른 땅 가운데 그 어느 나라 그 어느 곳보다도 사람 삶의 환경 안팎이 정녕 빼어나 이름하여 금수강산, 이 명당의 터전에서 살아가는 광영적인 은총을 늘 충만히 누리는 것이기에 난 이태까지와 같이 숨쉬기 운동을 결코 게을리 하지 않는 참 삶을 이어가야 하는 까닭이 있는 것이다.

내가 이승에 오게 된 것은 나 스스로 이승에 오고 싶어 온 게 아니고 부모님의 성애, 그 지고지순한 행위 속에서 자연스레 오게 된 것이다. 하여 내 삶은 내 마음대로 마감할 수 있는 것 또한 아닌 것 마땅하다 할 것이다. 절대자에 의해 맺어진 인연의 성스런 행위로 비롯되어 태어난 삶이기에 나의 삶은 전적으로 절대자의 것이란 등식이 성립된다 할 것이다. 까닭에 난 절대자의 성령에 따라 숨쉬기 운동을 자연히 이어가야 하는 숙명을 지닌다 할 것이다. 그런데도 난 이런 너무도 극명한 천리를 깨닫지 못한 까닭에 어린 시절과 아주 젊었을 적 한 때, 각박한 이승과의 연을 다하겠다는 아주 강렬한 충동을 누차 가졌었던 어리석음을 지녔던 적도 있었다. 이런 내가 치기 어린 행태에서 올곧은 생각과 바른 삶의 태도를 견지하는 참삶의 숨쉬기 운동을 하고 있는 까닭은 그 어떤 값진 보화의 소유욕에도 흔들리지 않을 내 삶, 이 삶에 결코 흠결 없이 바르게 이어갈 나름대로의 자긍심을 갖고 있기 때문이다.

난 우선 실학과 금석학의 대가이시고 서필의 위격에 있어 단연 으뜸이신 추사 김정희 선생의 후손이라는 한 가지 사실만으로도 자긍심을 유지하면서 숨쉬기운동을 계속할 수 있는 까닭을 삼는다. 성역화한 님의 고택 동네가 내 어릴 적 삶의 그리움을 때때로 그려내는 고향인 것 또한 우연치 않은 사실이고.

이 겨레의 빼어난 기상과 자존심을 여지없이 망가뜨려 놓은 일에 침탈에 분연한 기운으로 겨레의 드높은 자존을 되세우는 일에 값진 삶은 다 바친 참다운 스승으로서 오늘에서도 만인의 추앙을 받으시는 인물의 분명한 으뜸은 섬뫼 안창호 선생이실 것이다. 애오라지 이 나라의 독립 쟁취만이 삶의 전부이셨던 선생께서 1913년 5월 13일 미국 샌프란시스코에서 '충의, 용감, 무실, 역행'의 4대 정신을 몸소 실천할 수 있는 충성스럽고 의로운 젊은 남녀를 규합하여 만든 '흥사단'은 명실상부한 민족부흥 운동단체다. 이 겨레의 진정한 자존심의 상징으로 뚜렷이 각인되고 있는 '흥사단'은 94년* 이라는 유구한 연륜을 기록하고 있는 오늘에 이르러서도 오롯이 애국애족의 신성한 단체, 그 으뜸 명성에 걸맞은 단체로 튼실하게 존재하고 있음은 주지의 사실이다.

지향하는 바와 행위가 일치하지 않는 가운데 오로지 바르지도 않은 시류에 영합하며 사리사욕에 걸신들린 것 같은 사이비 단체가 시냇가 모래알만큼이나 많은 이 시대에 참겨레 사랑의 화신이신 도산 사상을 어김없이 굳건하게 실천하고 있는 '홍사단'. 이 시대를 바르게 선도하는 진정한 결사체임을 누군들 부인할 수 없을 터. 실로 거룩하고 의로운 겨레나라 사랑의 구심체로서의 그 소임과 역할을 다하고 있는 '홍사단'의 참 인물로서 살아가는 소임을 다하기 위해서라도 난 지속적인 숨쉬기 운동을 해야 하는 까닭이 있다.

뿐만 아니라 내가 사는 이유의 또 한 가지는 살거리에 대한 자부심이다. 시쳇말로 목구멍이 포도청이라는 살거리를 해결해 가는데 필요조건이 되는 도구는 수를 헬 수 없을 정도로 부지기수다. 그 중 이눔과 식솔들의 살거리를 충족시키는 도구과목은 바로 '한국어문학'이다. 많고 많은 직종 가운데 난 '한국어'를 가르치는 것을 천직으로 삼고 산다. 내 교만한 생각으로는 여러 직종 가운데 가장 기본이 되면서도 고결하고 으뜸의 위격에 자리하는 직종의 하나가 한겨레의 사상과 행동을 어떤 모습으로라도 지어내는 그 나라의 말과 글이 아닌가 싶다. 하늘 밑 너른 땅 수많은 나라의 말과 글 가운데서도 우정 이 겨레가 갈닦아 아름답게 지켜 쓰는 한국어가 뚜렷하게 빼어나고 뛰어나다 할 것이다.

온 누리에 무수히 많은 글 가운데 그 글이 탄생한 연대와 만든 주체가 극명하게 드러난 글은 삼척동자도 아는 바와 같이 오직 자랑스러운 우리 '한글'뿐이다. 또한 이 한글이 온 누리의 글자 가운데

홀소리 닿소리의 낱내 수가 가장 적고, 가장 과학적이고, 실용적이고, 체계적이고, 아름다운 글자라는 것은 세계인이 다 아는 바이다. 이 빼어난 한글을 만드신 분이 성군 세종 임금이시고, 이 한글로 표현되는 한국어를 대학에서 가르치고 있는 자체가 광영된 것이라 할 수 있다. 아마 모르긴 해도 하늘에 계신 세종 임금께서는 당신이 손수 만드신 위대한 글 한글을 가르치는 것을 천직으로 삼아 열심을 다하는 이런 나를 변함없이 사랑하고 계실 것이라고 얼핏 생각도 가끔씩 해보기도 하고 실로 수많은 작업 중에서도 가르치는 작업, 그리고 수없이 세분화한 교과 과정 가운데 이 겨레의 생각과 행실을 부유케 할 수 있는 한국어를 선택해서 가르침에 나름대로 최선을 다하고 있는 나는 참으로 행복한 자임에 틀림없다. 이런 자랑스러운 사실이 난 여전히 숨쉬기 운동을 지속적으로 이어나가고 있는 까닭이라면 까닭인 것이다.

내가 이 땅에 존재해야 하는 이유가 어찌 이뿐일까! 지금에 있어 내 육신의 부실함이 기실 움직이는 종합병원 같은 정도인 사실을 어쨌거나 부인할 수 없음은 물론이다. 연이나 영적인 건강함엔 어느 뉘에게도 뒤지지 않으리라는 자신감을 갖고 있는 것 또한 사실이다. 내 자신이 오늘 날 그래도 어엿하게 자존을 갖고 지낼 수 있는 것도 실은 육신의 부실함을 영적인 건강함으로 이겨내는 나름대로의 굳센 의지의 견지 때문인 것이다.

어쨌거나 난 암울했던 일제 강점기 때와 6.25 동란 때에 걸쳐 사상 면으로나 행실 면으로나 아무 흠결 없는 친가, 외가의 음덕과 건강한 영육을 가진 나 자신의 강점으로 하여 국제신사로 불리는 자랑스러운 자유 대한의 진짜 사나이, 의젓한 장교로 신성한 국방의 의무를 다하는 광영도 알차게 누렸다. 젊은 날 이런 멋진 삶의 궤적이 이놈이 이제까지도 건강한 숨쉬기 운동을 이어올 수 있는 바로미터가 된 셈일 것이다. 영육의 건강함과 아무 흠결 없는 주위 환경 때문에 가능했던 국군의 간성인 장교생활, 진짜 사나이 삶을 영위할 수 있었음은 이제의 회억으로 반추해 보아도 참으로 은총 충만함 그 자체였던 것이 아닌가 싶다.

하지만 내가 이태까지 나의 삶을 자신 있게 그려오는 삶을 영육간 건강하게 살아갈 수 있는 까닭을 고백한다면, 어쩌니 해도 절대자 하느님 사랑 안에서 하느님 뜻에 따라 착히 사는 여정의 참다운 산실인 가톨릭에 귀의하여 살아가는 일일 것이다. 타 종교를 폄하하고자 하는 마음은 추호도 없으나, 지난 날 물정 없는 기웃거림으로 개신교 여러 교파와도 만나 보았고, 자취로 만난 고교 친구 놈에 의해 얼떨결에 끌려가 통일교도 한번 접해보았고, 엄니 따라 불교에도 접해 보았지만, 딴에는 신통한 게 없었던지라 비신론자를 자처하며 지냈으니 별스러운 깨우침도 있을 리 없었음은 마땅했다.

그러나 각별한 인연은 중학교 때 퍽이나 보기 좋게 보이던 모습 때문에 끌려 다니고 싶었던 성당이어선지 마침내는 천주교에 귀의했으니, 천주교에 입교한 지 이십여 년이 지난 이제에 보면 이 선택은 참으로 잘 한 선택이었다는 생각이다. 속된 표현으로 나는 하느님의 끗발을 권세삼아 사는 사람이다. 이를테면 위세와 지체 높은 판검사 나으리들은 차치해 두고라도 교통경찰 한 사람과 안면을 트고 지내면 혹여 운행 중 갑작스러운 곤란을 겪게 될 때에 때로는 도움을 얼마간은 받을 수 있을 터이다. 하물며 천지를 주재하시는 만왕의 군왕이신 하느님과 늘상 소통하며 지내는 이놈의 드높은 지체는 일러 무삼한 것 아닌가 말이다. 일찍부터 내가 이 땅에서 자신있게 숨쉬기 운동을 계속할 수 있는 까닭은 바로 절대 권력자이신 분과 내통하며 호가호위와 같은 힘과 끗발을 행세할 수 있기 때문이라 할 수 있다.

나는 참으로 행복한 존재다. 내 자신이 스스로 오고 싶어 온 이 땅, 이승은 아닐지라도 내가 자긍심을 갖고 활기찬 숨쉬기 운동을 열심히 할 수 있는 까닭을 알고 한 세상 지내는 존재이니 참으로 슬기로운 삶을 사는 실로 행복한 존재가 아닌가.

* 흥사단 : 2018년 현재 105년에 이름

그녀는 예뻤다 2 _ 그 두 번째 이야기

우리 그녀는 여전히 예쁘다. 외모만 그런 것이 아니라 모든 게 예쁘다. 또한 사랑스럽기 그지없다. 눈에 넣어도 아프지 않을, 귀엽기가 이를 데 없는 사랑스런 존재다. 피치 못할 일로 하여 하루 이틀 정도를 같이 있지 못하게 될 때가 있는데, 이 정도의 이별도 서러울 만큼 사랑스런 모습이 눈에 선해 애틋하게 만드는 그런 존재다.

이 사랑스런 존재는 우리 가족의 어엿한 공주로서 자리매김되어 아낌없는 사랑과 대접을 한껏 받고 있는 '이쁜(예쁜)이' 공주 '시추(애완견)'다. 우리 집을 지금과 같이 유쾌하고 화기애애(和氣靄靄)하게 살맛나는 분위기를 한결같이 자아내고 있는 일등공신은 따로 설명이 필요 없는 명견(名犬) '시추', 우리의 '이쁜이'다.

이쁜이가 없었던 지난날의 우리 집이 상상이 안 될 만큼 이쁜이는 참으로 보배로운 녀석이다. 오늘에 있어 이쁜이 없는 우리 가정생활은 결코 생각하고 싶지도 않은 우리 가정에 건강한 활력을 자아내 주는 끔찍이 아낌 받는 으뜸 존재다. 그리고 이 녀석 우리 '이쁜이' 공주의 하는 짓들을 보면서 느낄 수 있는 건 마치 사랑 받기 위해 태어난 존재 같다는 생각을 갖게 한다.

이를테면 이런 거다. 외출이나 운동하기 위해 외출복을 갈아입고 현관에 나서면 잽싸게 튕겨 나와 온몸을 흔들거나 앞발을 들어 안아 달란다. 이 같이 데려가 달라는 애소(哀訴)의 행동을 어김없이 늘 해 보인다. 역시 외출에서 돌아오면 현관에 들어서기가 무섭게 꼬리를 흔들어 방가방가 하면서 앞발을 들어 달려들면서 연신 안아 달라 법석을 떤다. '오, 그래! 우리 이쁜이'하면서 반갑게 안아주면 한동안 혀를 들였다 냈다 하며 얼굴에 기습 뽀뽀를 해대어 당황스럽게 만들 때도 있다. 그리고는 내려달라는 행동을 연신 해대는데 모른 척 계속 안고 있으면 고개를 외로 돌리며 마주보기를 피하는 등 깜찍스러운 연기를 보인다. 귀엽기가 이를 데 없다.

아내나 내가 누워 있으면 바로 옆으로 다가와 제 몸을 눕혀 제 턱을 우리 팔에 얹혀 놓고 눈만 뜬 채 미동도 않는다. 어쩌다 배 위로 올라오라고 하면 잽싸게 올랐다가 금세 내려간다. 일단 내 배에 오르게 되면 곧바로 주저앉힌 채 두 앞발을 꼭 잡고 쉽사리 놓아주질 않는다는 걸 누차에 걸친 경험으로 알고 있기 때문이었다. 그리고 눈치가 9단인 이 녀석, 배 위에서 내려간 뒤에는 다시 배 위로 올라오라 명하여도 딴전을 피우면서 일체 응하지 않는, 결코 얄밉지 않은 고집스러운 면도 보인다.

이건 말만 견공이지 웬만한 사람의 능청 이상을 떠는 것이기도 해서 간간이 놀라움을 자아내기도 한다. 제 먹거리 시간이 다 되었는데도 주지 않으면 콧방귀를 연신 해대면서 먹거리 그릇이 있는 쪽으로 우릴 유도해 간다. 그래도 응하지 않거나 모르는 척하면 가까이 다가와 꼬리를 흔들면서 짖어댄다. 그리고는 맴맴을 계속 돌며 먹거리 줄 것을 거세게 요구한다. 저도 살아보겠다고 먹거리를 어김없이 요구하는 걸 수도 없이 대하면서 난 언뜻언뜻 삶이 무엇인가라는 풀리지 않는 숙제를 놓고 공상에 곧잘 빠져보기도 한다.

이런 이쁜이 녀석이 사람 못잖은 애정 차별을 확실하게 보이는데 우리 가족 가운데는 미세한 차이는 있지만, 내 아내와 둘째 딸을 우선 좋아하고 나는 볼 것 없이 꼴찌에 두는 걸 안다. 아주 간혹 들르게 되는 군 장교로 있는 아들이 그 순서상 우선함은 물론이지만. 왜냐하면 아들이 이 이쁜이 녀석을 맨 처음 데리고 들어온 장본인이니 그러함은 견지상정(?)일 것이기 때문이렸다. 역시 가끔 다니러 오는 한별 첫째 공주도 이 녀석을 그지없이 예뻐하건만 이쁜이 쪽에서의 인정 순서는 애비와 거기서 거기이다. 이쁜이로부터 이런 푸대접에 가까운 대접을 매번 받는 우리 첫째 공주의 불만도 이에 비례하는 건 또한 별반 다르지 않음도 사실이고.

우리 가족 모두의 전폭적인 사랑을 무한히 받는 이 녀석, 집안에서는 비교적 거칠 게 없지만 때로는 주눅이 들거나 겁을 먹는 경우도 없지 않아 깨소금 맛인 적도 적잖이 있다. 이를테면 용변 보는 장소에서 좀 벗어나는 곳에 실례를 했을 경우다. 이 경우 어김없이 아내나 한솔 둘째 공주로부터 호된 꾸지람을 듣기 마련, 한 눈치 보는 이 녀석 미리 알고는 소나기 잠시 피하고 보자는 심사처럼 어딘가 몰래 숨어 있다. 그러다가 부드러운 목소리로 저를 부르면 느릿걸음으로 슬머시 다가와 아주 다소곳한 양을 연출하는 것이다.

이 주눅 든 모습이란! 사람 뺨치는 이쁜이의 연출된 겸손한 모습에 질색하게 된다. 그 모습이 어찌나 안쓰럽게 보이고 귀엽게 보이는지 우린 이런 이쁜이의 모습을 보면서 오히려 웃음을 참을 수가 없게 되곤 한다. 아마 꾸짖음 대신에 머리를 쓰다듬어 주면서 다음 용변을 잘 보라 하면서 웃음 짓는 우리의 모습을 보며 깨소금 맛은 매번 우리의 이쁜이 공주가 대신 보게 되는 것인지도 모를 노릇이지만.

또 이 녀석 제 병을 돌보는 병원에만 데리고 가면 어김없이 제일 겁먹고 주눅 든 모습과 행동이 보인다. 그래선지 똥오줌도 여지없이 싸고 도무지 엄마 품, 그러니까 아내의 품에서 떨어지지 않으려 발버둥을 쳐대며 겁을 먹는 꼬락서니를 보이게 되는 것이다. 역시 장난기가 샘솟는 깨소금 맛을 보게 되는 것 중의 하나라 할 수 있다.

그러나 어쨌든 우리 이쁜이 공주 우리 가족에게는 한시라도 없어서는 아니 될 보배로운 존재임에는 틀림이 없다. 하나 아쉬움이 있는 흠결이 있다면 너무 식탐이 많은 나머지 뚱순이, 뚱녀의 별명을 떼지 못하는 거다. 물론 그럼에도 불구하고 밖으로 데리고 나가 운동을 시킬 때는 빠르기가 날쌘돌이 저리 갈 정도로 뚱뚱한 게 전혀 문제가 되지 않지만. 그래도 우리 가족은 자꾸만 뚱순이가 되어 가는 게 걱정인 것이 또 하나의 걱정이라면 걱정인 것이다. 사람이나 축생이나 뚱뚱하면 병치레가 잦게 마련이고, 그만큼 이별이 빠를 수 있기 때문이다. 양쪽 귀를 머리띠로 묶어 내면 마치 귀엽고 앙증맞기 이를 데 없는 토끼 같고 뽀삐 같은 우리 사랑 이쁜 공주에 대한 애틋하고 살뜰한 얘깃거리가 어찌 이 뿐이랴만 예서 이만 줄이려 하는데 이런 뜻은 이른바 미완의 아름다운 표양, 그 보기를 삼는 뜻도 있다 할 것이다.

의외로 사람답지 못한 삶이 많은 이 시대 이 사회에서 난, 아니 우리 가족은 보다 사랑스럽고 귀엽기 그지없는 우리 가족의 막내 공주로 어엿하게 자리매김된 이쁜이 때문에 늘 행복한 삶을 누리며 산다. 비록 언어가 소통되지 않는 축생에 지나지 않을지라도 그 하는 짓은 어줍잖은 사람보다 인간적이기에 우리 가족은 우리의 이쁜 공주를 결코 사랑하지 않을 수 없는 지경에 처해 있다 해도 지나침이 없다 할 것이다. 어느 누구라도 우리의 이쁜 공주의 일거수

일투족을 대하고 있으면 저절로 나는 웃음과 기쁨을 만끽하지 않을 수 없음을 경험하게 될 것이다.

동방예의의 으뜸 나라라는 이 사회가 오늘날 얼마나 삭막하고 살벌해졌는가는 두말할 필요 없다. 무미건조하기가 이를 데 없는 이런 시대에 나는 애완견인 우리의 어릿 공주 시추를 통하여 우리네 인간의 삶이 어떠해야 하는지 반추해보기를 자주 하는 편이다. 정녕 그 하는 짓과 모습에서 우리가 배울 점이 많이 있음을 고백하지 않을 수 없다. 과음을 하고 아주 뒤늦게 귀가하는 내가 뭐 대단하고 그립다고 내가 올 때까지 현관 쪽을 한정 없이 바라보면서 기다림을 지속하는가 말이다. 그리고 현관을 들어서는 나를 향해 두 발을 두 손 삼아 과분한 환영으로 맞이하는 순정적 행위가 얼마나 사랑스런 행위인가 말이다.

이 한 가지의 사실만 가지고도 우리 식구 그 누구보다도 더 원초적으로 인정적인 존재인지를 알 수 있는 것 아닌가 말이다. 웬만한 사람들이 흉내도 낼 수 없는 아름다운 행위를 우리의 사랑스런 존재 시추 공주는 늘 습관적으로 행한다. 이러한 순수의 아름다운 존재 우리의 이쁜이 공주를 어떤 강심장으로 사랑하지 않을 수 있겠는가 하는 거다. 우리 이쁜이 공주에 대한 나의 이런 사랑의 얘기를 또 예서 줄이지 않을 수 없다. 왜냐하면 아무리 순수한 녀석이라 할지라도 지나치게 칭찬하면 혹여 교만해지지 않을까 하는 우려가 있기 때문이다.

마무리로 내 놓은 나의 간절한 소망은 이것이다. 이 시대 우리 사회의 삶의 표양이, 적어도 우리 이쁜이 공주의 순진무구한 생활의 궤적과 같은 참 삶의 표양을 생활화해갔으면 하는 것이다.

우리 이쁜이 만세! 이 나라, 이 겨레 만세!

사랑받기 위해

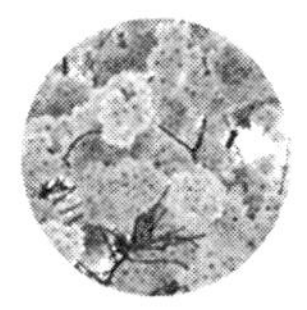

사람은 누구나 사랑받기 위해 태어난 존재다. 바꾸어 말하면 그 누구도 미움을 받으며 살아갈 까닭이 없다는 것이 된다. 사람살이가 이리 되어 가야 함에도 기실은 그러하지 못함에 삶의 비애가 웅크리고 있으면서 갈등과 반목 따위를 시도 때도 없이 만들어 내는 것이다. 시쳇말로 '9988234'하기를 소망함이 대부분 우리의 속내임은 분명하다.

이러한 소망을 그런 대로 이루어 내는 삶을 살아가려면 평소 삶의 모습이 너무나 인간적이어야 함이 마땅하다. 이를테면 늘 애기애타(愛己愛他)하는 노릇이 이어지는 삶이 그것이라 하겠다. 인생에 연장전(延長戰)이 없음을 잘 아는 우리가 바르게살기에도 너무나 짧은 인생을 어찌 그릇된 삶을 살 수 있겠는가. 우린 결코 이런 어리석고 아둔한 삶을 살아갈 아무런 까닭이 없는 것이다. 애오라지 서로 서로 애지중지(愛之重之) 해가며 살아갈 까닭밖에 없음은 너무도 마땅한 거다.

때문에 정말로 감내키 어려운 까닭으로 미워할 수밖에 없는 상대가 있다 하면, 그보다 더욱 아름다운 노력으로 거둔 성공적인 삶의 본새를 보여줌이 멋스런 대응이랄 수 있다. 또는 그리 쉬운 일은 아니지만 절대자가 늘 가르쳐 주시는 사랑과 용서로 복수(復讐)하는 대응도 있고, 까닭이야 어떠하든 온갖 미움과 시샘도 다툼과 반목도 없고 남 탓도 없는 삶이 이른바 인간적인 삶이다. 무한한 용서와 화해, 격려와 배려가 넘쳐나는 아름다운 삶, 살맛나는 삶의 누리가 진정 우리가 살아가야 하는 참스런 삶의 누리다.

아름다운 삶 속에서 우리가 맹세코 견지해 나아가야 하는 또 하나의 반듯한 덕목은 무욕(無慾)이 아닐 수 없다. 다르게 이르기는 집착(執着)을 멀리하는 노릇이겠다. 대개의 치욕과 아픔, 갈등과 반목, 인구에 부정적인 모습으로 회자(膾炙)되고 심지어는 은팔찌를 끼게 되는 심각한 까닭은 하나같이 되지도 않을 '집착'에서 비롯한다 할 것이다. 이 집착이 모든 근심과 슬픔, 만병과 죄악의 근원인 것이다. 뭇 사람과 누리를 제 마음대로 쥐락펴락하려는 데서 생기는 명예욕도 그러하고, 뭇 이성 등을 탐하는 애욕도 또한 그러하고, 여러 가지 탐욕들이 생기고 취하는 모든 것들이 지나친 집착증 같은 데서 비롯되는 것을 동자(童子)도 안다.

이러함에도 아이러니하게도 뭇사람들이 하나같이 이 탐욕의 늪에서 벗어나지 않는다. 오히려 도치삼아 달려듦이 일반 아니던가. 모르고 모를 일이렷다. 하여간 정녕 아름다운 삶을 소망하는 이가 한결같이 멀리하고 경계해야 하는 노릇이 집착임은 무론(毋論)이다. 어쨌든 이러한 집착의 결여와 실망, 실패 속에서 사람들은 무던히도 속상해 하는 것이다. 이러함에서 초연할 때 비로소 속상하지도, 속을 상하게 하지도 않을 수 있는 것이다.

진실로 성인군자(聖人君子)의 반열에 있지 아니하고서야 우여곡절(迂餘曲折), 판도라 같은 삶의 행진에서 무수하게 비롯되는 '속상함'의 질곡에서 헤어날 수 없는 건 당연한 거다. 우리의 문제는 아름다워야 하는 우리의 삶을 갉아 먹는 해악적인 요소가 되는 '속상함'을 늘 쾌청한 기상 상태로 바꾸어 영육 간 건강한 삶을 살 수 있는 덕목을 즐기는 일이다.

아마도 우리가 우리의 삶을 늘 건강하게 견지할 수 있는 삶의 철학, 그 하나의 덕목을 제시 실행함에 있어 마땅한 것을 찾고자 한다면 매사 늘 '기쁘게 잘 사는 것, 그것을 적극적, 지속적으로 즐기며 사는 것'이 어떨까 싶다. 〈莊子〉에 "낙출허(樂出虛)"라는 말이 있다. 인간의 행복, 즉 '즐거움은 빈 데서 생긴다.'

다시 말해서 '텅 빈 마음, 무욕, 가난한 마음 따위에서 나온다.'는 것이겠다. 해맑은 하늘만큼이나, 명경지수(明鏡止水) 같거나, 마음이 가난하거나 한 사람은 참으로 행복을 알고 그것을 즐기는 사람으로 진정 행복한 사람이다. 이른 바 '천재는 노력하는 이를, 노력하는 이는 즐기는 이를 이기지 못한다.'했다. 사람살이에서 소탈한 의식주(衣食住) 외에 욕심을 삼가는 가운데 자신의 하는 일에 열정을 쏟으며 그 일을 즐기듯이 지내노라면 이게 바로 떳떳하게 사는 길이고 기쁘게 사는 길이 아닌가 말이다. 오래 사는 것보다 기쁘고 즐겁게 잘 사는 것이 우리가 소망해야 하는 소중한 삶, 가치 있는 삶이듯이.

기쁘고 즐겁게 사는 방법의 또 하나는, 늘 애타(愛他)하는 마음으로 남들이, 이웃이 잘되기를 바라고, 그리 되도록 도와주면서 축복해주는 삶일 것이다. 이러한 이타적인 삶, 애인하는 삶의 지속은 그 순정한 마음과 행위의 쓰임이 남을 위한 것에서 비롯되는 것일지라도 결국은 자신의 축복으로 메아리처럼 되돌아오는 것이다. 샘물도 지속적으로 퍼내야 맑은 물이 솟아오르듯이 그침 없이 이어지는 절대적인 선행, 아낌없는 베풂이 이웃도 살리고 자신을 행복하게 만들어 가는 즐거운 삶이 되는 것이다. 사실이 이러 할진데 우리 어째 아니 기쁨의 원천, 참 행복의 비롯됨을 마다할 수 있으며 저버릴 수 있겠는가! 마땅히 그리고 지속적으로 해야할 참된 노릇이 아닐 수 없는 것이다.

우리 겨레의 영원한 스승 '도산 안창호' 선생께서는 단말마(斷末魔)적으로 온갖 악행을 저질렀던 일제 때에 이 겨레에게 한결같은 언행으로 실천해 보이셨던 것이 '빙그레 웃는 얼굴, 훈훈한 마음'의 견지(堅持)이셨다. 얼음도 끝내 녹일 수 있는 훈훈한 마음과 그 미소는 삶의 누리를 건강하고 아름답게 만드는 창조주께서 인간에게 준 크나큰 은총의 선물이다. 세간에 개나 고양이도 웃을 수 있다지만, 글쎄 진정한 미소, 훈훈한 마음의 소지는 애오라지 사람만의 특권임을 부인할 수 없는 것이다. 이런 특권의 행사를 우린 너무 외면하거나 무시해온 것 또한 일반이었다. 생각하면 진실로 어리석기 그지없는 습관화의 전형이었음이 사실이다. 각설하고, 아름다운 미소와 훈훈한 마음은 까칠하기 이를 데 없는 우리 삶의 누리를 한결 부드럽게 만들 신통한 묘약이 아닐 수 없는 거다. 개도 첨지가 되고, 귀신도 돌아선다는 그 위세가 하늘에 이를 듯한 돈으로도 살 수 없는 게 웃음이고 미소다. 그 누구도 저버릴 수 없는 우리만이 한껏 누릴 수 없는 미소와 유머를 벗 삼아 기쁘고 즐겁고 유쾌한 삶의 행진을 이어가야 하는 책무와 권리이기 때문에, 우리는 마땅히 행사해야 하는데 인색해서는 아니 되는 것이다. 그 어떤 그물에도 걸리지 않는 봄바람 같이 훈훈한 마음을 간직한 미소를 정겨움으로 행사해야 하는 것이다. 사람 도리의 기본인 '겸손', 늘 남을 소중히 여기는 배려 속에서 더욱 그 향기가 그윽해지는 겸손의 후원 속에서.

우리에게 주어진 삶이 더없이 소중한 것임을 모르는 사람은 절대 없을 것이다. 그러함에도 우리는 곧잘 잊거나 무심결로도 우리의 거룩한 삶을 너무도 소홀히 여기거나 자학을 서슴지 않으며 그 어느 것과도 견줄 수 없는 삶의 시간을 죽이며 사는 게 어리석은 우리네 인생이랄 수 있는 것이다. 어느 누구랄 것도 없이 인생은 허무한 것이라느니, 찰나적이라느니, 사는 게 사는 게 아니라느니 하나같이 비감에 사로잡히면서도 그런다. 너무도 무감각한 아이러니가 아닐 수 없다.

간밤에 자고 간 그미

우리 한밭대학의 평생교육원 문예창작 과정은 여러 면에서 참으로 유니크하면서도 쏠쏠함의 재미가 있는 과정이랄 수 있으리라. 학기마다 강의를 이끌어 가는 교수진이 십수 명에 이르는 점이 우선 타 대학과 다른 점이다. 한 학기로 끝나는 이 과정이 13학기에 이르는 이제까지 물경 10학기 이상 연속적으로 수강을 이어가는 수강생이 상당수에 이른다는 것 또한 별스런 바다.

매주 강의가 끝난 뒤에 강의를 진행해가는 교수진들이 스스럼없이 지갑을 열어 베풀어내는 후덕한 먹거리 잔치 모임을 13학기 7년여 동안 어김없이 이어가고 있음 또한 기네스북에 오르고도 남을 터다. 이 같은 정겨운 뒤풀이 오찬 모임에서 문학적 양식의 이삭을 거두는 소득 또한 강의 외적인 것에서 건지게 되는 것도 쏠쏠함이다. 정겨움 새록새록 이는 지경의 친교의 마당자리에서 풍성한 술안주거리로 풀어내는 입담들이 글감으로 재생되는 쏠쏠함이 이러한데 문답법형태의 강의 마당에서 가히 거침없이 풀어내는 톡톡 튀는 견해의 독특함이 어떠할지는 불문가지다.

얼마 전 문창교실에서 '생각의 나무를 키워보기' 주제로 강의를 진행했을 때 한 수강생이 발표한 유니크한 면을 보면 얼마나 참신 쏠쏠함이 넘치는 우리의 문창교실인가가 자명해질 것이다. 여러 명제를 가지고 자신의 생각들을 발표해 가던 중 '간밤에 자고 간 그미(그녀)'라는 명제에 대한 발표 내용이 단연 촌철살인 같은 일품이었다. 충분히 에로틱함을 유발할 수 있는 명제였기에 일테면 뭐 '산딸기'류나 '변강쇠'류 같은 발표가 될 것이겠지 우정 그려보았었다.

그러나 정작 발표내용은 우리의 거시기한 생각이 얼마나 유치찬란한 거시기였던가에 대한 일침과도 같은 발표였던 것. 우리는 여지없이 발표한 수강생 - 총각시절 여고에서 가르친 내 제자 - 으로부터 알밤 한대 맞은 셈이 돼버렸다. 솔직히 '간밤에 자고 간 그놈'의 명제에서 내가 대개의 수강생들에게서 듣게 될 건 다소 음험(?)한 수준의 내용일 것이라는 거였다. 왜냐하면 대개는 '그믐칠야 같은 간밤에 자고 간 그놈' 때문에 하얀 밤을 보냈을 그미, 그미는 그놈이 다시 그리울 수도, 그렇지 않을 수도, 또는 원망스러울 수도 있는 거였기 때문이었다. '자고 간 그놈'이 그 어떤 대상이냐에 따라서 그럴 수도 있겠고, 그 정황이나 그때의 분위기 등이 어땠느냐에 따라서 가름이 될 것이기에.

그놈은 어느 날 밤인가 '그믐밤에 홍두께 내미듯' 우리 침실, 아니 내 침실에 후다닥 뛰어 올라와 자고 간 이래 거의 빠짐없이 계속해온다는 것이다. 서방님이 약주한 날이면 침실을 같이 쓰기가 뭐해서 달리 쓰는 것이 습관화해버린 게 화근이 돼버린 것이란다. 이늠은 눈치가 구단이어선지 서방님이 딴방을 쓰는 날이면 어김없이 내침실로 뛰어 들어 온다는 것이다. 그것도 아주 슬며시 기어 올라오는 것이 아니라 마치 여봐란 듯이 높이뛰기로 달려온단다. 참으로 염치도 체면도 없는 후안무치한 놈 아니고서야 어찌 이럴 수가 있느냐다. 그런데 자신은 이런 놈이 전혀 얄밉지도 않고 오히려 이런 불한당 같은 놈이 기다려진다는 것이다.

이런 내용을 발표하면서도 전혀 얼굴 붉힘이라든가 계면쩍음도 없는, 아주 천연덕스럽고 자연스러운 모습의 제자를 보면서 나 자신은 물론 모두는 잠시일지언정 참으로 어이없게도 침묵만을 지켰느니! 그러나 마치 화룡점정 같은 다음 말을 듣고서야 배꼽 빠질라 못에 걸어놓고 그러하듯 강의실은 한바탕 웃음바다에 빠졌다. 까닭은 당차기가 그지없고 그 뻰질나기가 주살 같은 그눔은 다름 아닌 늘상 애지중지 옆에 끼고 지내는 '견공' 즉 '개돌이'라 하니 말이었다. 참으로 기발하고 유니크한 면이 돋보이는 발표였던 것이다.

웬만한 예지와 감성으로는 그리 쉽게 캐낼 수 없는 그 독특한 생각의 풋풋함에 실로 나는 잔잔한 감동도 먹었다. 이처럼 늘 따사로운 정감이 흐르는 속에 생동감 넘치는 글벗 생활을 이어가는 우리의 문창교실은 이름하여 신이 나는 교실이랄 수 있다. 실로 다양한 강의 행태를 통해 유니크한 사색(思索), 풋풋한 감성이 자랄 수 있는 수련을 스스로 즐기는 교실이기에 그러하다. 거개의 사람들이 글 짓는 작업은 머리에 쥐가 나는 작업이라며 극구 외면하는 게 일반이렸다. 가히 수긍이 가는 말이다.

그래도 우리의 문창교실은 분명 솔솔한 재미가 제법 나는 유니크하면서도 생동감 있는 교실임에 틀림이 없다. 때문에 우리의 교실에서 만큼은 쥐가 나 머리에 불유쾌한 먹장구름이 일어날 일은 결코 없을 터이다. 다만 생각의 나무를 열심히 키워 문재를 드높일 일만 있을 뿐이지.

너를 보내 놓고

우리 집 셋째 공주 격인 너 땜에 엄마 아빠는 수개월을 쪽잠자다시피하며 너를 곁에 두려다가 끝내는 너를 종이 뒷장 하얀 세상으로 보내기로 했느니. 엄마 아빠 맘 어떠했겠니. 니 몸은 비록 우리 곁을 떠나갔지만 네게 쏟은 정성과 네가 우리에게 베푼 말로 다할 수 없는 사랑은 겪어보지 않은 그 뉘들이 이해하겠니. 우리 사는 날까지 가슴 속에 한자리 차지하고 있을 사랑스런 '김 이쁜' 해맑은 하얀 세상에서 아무 고통 없이 맘껏 행복하게 살거라.

그 뉘가 버린 지도 모르는 너를 육군 장교인 아들이 집에 데리고 들어 왔을 때는 우리 부부는 물론 특히 네 둘째 언니는 기겁을 하며 한동안 너를 멀리 했었지. 근데 너의 그 귀엽고 아름다운 재롱과 행동이 가족 모두를 미쁘게 만들어 너를 마침내 셋째 공주로 삼기로 하고 10여 년간 동고동락을 같이 했지. 너에게 제일 기겁을 한 둘째 언니가 널 제일 예뻐해 주었고, 엄마 또한 널 극진히 끼고 살았지. 특히 먹성이 좋은 너는 우리 식구 식사 때만 되면 당당히 밥달라고 발광을 하다시피 매달리고 애원하고 큰소리로 호령도 연신 해댔지.

그리고 아빠가 약주를 들고 늦게 귀가 하면 너만은 의리 있게 날

밤 새다시피 현관 앞에 앉아 있다가 아빠가 들어서면 영락없이 내 바지가랭이를 네 손으로 붙잡고 안아 달라하여 내 볼에 수없이 뽀뽀세례를 퍼부어 대고는 네 잠자리로 들어가 잠자고는 했지. 너무나 사랑스런 우리 '김 이쁜' 공주. 그런 네게 이 아빠는 '시'와 '수필' 십 수 편으로 너를 찬미 찬송했지. 너는 그래도 글쟁이 아빠를 만나서 네 삶의 행적을 노래할 수 있게 된 것을 행복한 줄 알아야 한다고 공치사도 좀 했지. 그런 너의 수명이 사람 나이로 90을 훨씬 넘는다 해도 여전히 니 행동이 좀 굼뜨고 기침을 자주하고 먹성 좋은 녀석이 하루 이틀 좀 거르는 거 빼고는 예쁜 우리 셋째 공주의 품위를 잘 유지 했었지.

그러던 너가 시나브로 아니 급격하게 몸무게가 줄어들고 먹거리에 입도 대지 않는 여러 날 수시로 횟수가 잦아졌지. 몇 초 간격으로 하는 기침이라지만 그래도 들리는 정도였는데 거의 들리지 않을 정도가 됐고 차마 못 봐줄 몸부림치는 기침 자체였다. 두 눈이 안 보이는 건 물론이고 귀도 완전히 먹어 거의 죽지 못해 사는 고통 바로 그것이었다. 사람 같으면 어떠한 형태로든 피울음의 고통을 호소라도 할 수 있을 터인데 우리 공주는 그리도 못하는 처지. 엄마는 뜬눈으로 밤새기가 생활이 돼버려 집식구가 어찌될까 노심초사의 삶, 그것의 연속이었다. 이렇게 정이란 무서운 것인가! 괜스레 받아들였다는 당치 않는 후회도 해보게 됐다.

이렇게 사람이란 나약하고 간사한 존재인가. 그간 우리 '김 이쁜'이로부터 받은 즐거운 나날이 얼마였던가. 못난 엄마 아빠 만나서 더 오래 같이 살다가 자연으로 회귀할 우리 셋째공주의 박복함을 각별히 긍휼히 여긴다. 하여 여기 우리 '김 이쁜'이가 그래도 기운이 좀 있을 때 이쁜이를 기려 쓴 '詩'를 밖으로 外出시켜 우리 가족이었던 이쁜이와의 因緣에 대한 최소한의 禮를 갖추는 추모의 情表로 대신해둔다.

우리 그녀는 여전히 예쁘다/ 아흔이 넘는 나이일지라도/ 예쁜 그녀가/ 우리 부부 속을/ 들었다 놓는다/ 눈 깜짝 깜짝도 양반/ 지난 해 추석날 밤/ 하늘가 맴도는/ 국 끓이는 콜록콜록/ 우정 둘째 딸 한솔이의 기지로/ 야간 응급병원에서/우리 부부 알아 본 그녀/ 그러나/ 우리 예쁜 그녀의 망나니 짓은/부러 부리느니/ 영역표시 곳곳 때때 없는 찔끔질펀/ 먹거리 거부 시위 며칠몇날/ 그러다가도/ 구걸행각 쌈닭 저리 가라고/ 그녀의 럭비공 행각에/ 투미한 우리 부부/ 어제가 오늘이었을 지경/ 종이 한 장의 이별/ 시나브로 다가오는가/ 우리 예쁜 그녀 뒷바라지에/ 우리 부부 세월 출장 보낸 듯/ 정신줄 놓고 지내지만/ 아름다운 뒤태로/ 종이 한 장 저 편 속으로/ 스러지길 바랄 뿐/ 바람이 자고 갈 그날에.

김선호 시집- 〈 연정하모니pp66-67."여전히 예쁜 그녀지만"〉 전문

도덕이 밥 먹여주나

TV를 시청하던 안해가 그런다. 그러고 보면 "당신은 참으로 40여년의 교직생활을 복받으며 해온 거유." 한다. 무슨 뜬금없는 소리냐니까 "빛나라 은수"에 나오는 여고생 주인공이 제 얼굴과 제 손을 자해해놓고 담임선생한테 뒤집어씌운다. 그래 놓고는 오냐오냐 키운 할미, 학교에 영향력 있는 할미를 통해 새내기 선생에 갑질 행세하는 줘박고 싶도록 미운 짓만 골라하는 여고생. 그 극중 인물을 통해 이른바 시청자의 말초신경을 자극하며 극중 초반을 이끌며 시청률을 다잡아 가는 드라마를 보고 하는 말이었다. 그랬다. 나도 저 새내기 선생 입장이라면 꼼짝없이 망신살이 퍼졌겠구나 싶었다.

사실이 아닌 허구의 세계를 그린 것이 미디어의 세계라지만 어느 정도는 픽션이 아닌 팩트를 그리는 것도 맞다고 할진대, 오늘의 도덕심에는 분명 개털 같은 털이 난 게 맞다. 어느 사이에 우리의 도덕심은 자유민주주의를 부르짖으면서 진정한 민주주의를 구가하고 누리는 현명한 삶이 아닌 방종, 무인방약의 제 멋대로의 헝클어진 삶을 살아왔다고 해도 틀린 지적은 아닐 것이다.

얼마 전 KBS 1TV 토요 아침 방송 시니어 프로그램 "황금연못"에

출연한 한 노신사도 그랬다. 전철에서 한 아이에, 임신을 한 임산부가 고통스럽게 서 있어서 경로석에 앉아 있는 청년에게 자리양보를 부탁했더란다. 그랬더니 젊은 친구 벌떡 일어나 핏대를 세워 대한민국에서 자리양보하란 법이 어딨냐면서 다음 역에서 자신과 같이 내려 한판 붙자더란다. 그 젊은이가 말한 역에 도착하자 내리라며 독촉하는데 코레일 경찰 두 명이 올라와 데리고 가 시시비비를 가리고 노신사에게 앞으로는 조심하라 하고 돌아 가셔도 좋다고 했다면서 세상이 이 지경이 됐다고 토로하는 것을 보고 필자도 고개를 끄떡거릴 수밖에 없었다.

필자도 이와 비슷한 것을 많이 보았기 때문이다. 버스 맨 뒷좌석에 떼거지로 몰려 앉아 다리를 앞 여학생이 앉고 있는 의자에 척 올려놓는다. 그리고는 내가 그동안 교직생활에서 듣지도 못한 돼먹지 못한 욕지거리를 해대며 난장을 치고 있는 거다. 그러나 필자나 그 어느 누구도 제지하려하지 않았고 오히려 그들 눈에 꽂힐까봐 애써 외면하는 게 고작인 풍경이었다. 또 버스 안에서 대학생인 듯한 남녀가 부둥켜안고 진한 애무에 키스를 하며 신음소리를 낸다. 그 얼마 전에 탑승한 약간 술을 마신 듯한 노년의 두 사람이 눈꼴신 광경을 보다 못해 호통을 치니까, 대뜸 달려들어 폭력을 행사할 기세다. 기지가 있는 운전기사 분이 파출소 앞에 정차하고는 신고하겠다 하니 기세등등했던 녀석들이 줄행랑을 치는 꼴도 보았다.

요 며칠 전엔 팔순이 넘어 보이는 이쁘장한 할머니가 지팡이를 짚고 버스에 올라 타셨는데, 우연히 여고생으로 보이는 두 여 학생 앞에 손잡이를 잡고 서 계셨다. 그러나 스마트 폰도 보지 않고 있었는데도 전혀 자리를 양보하지 않는 것이었다. 그래서 필자가 일부러 큰소리로 "할머님 연세가 어떻게 되셨나요?" 하고 여쭈었더니

할머님, 빙그레 웃으시면서 “왜, 나하고 연애하려고?” 하는 뜻밖의 농담을 하시기에 얼떨결에 ‘네!’ 하고 대답했는데 그래도 그 두 여학생들은 끝까지 자리에서 일어나지 않았다. 몇 가지 예를 들어 보았지만 이런 일들이 이 나라 방방곡곡에서 비일비재하지 않겠는가. 참으로 기막힌 작금의 도덕심에 개털 난 노릇들이 아닐 수 없다.

내가 대학 교수 현직에 있을 때 주워들은 얘기인데 말인즉 가르치는 선생과 배우는 우리는 등록금으로 맺어진 사이, 그 이상 그 이하도 아니라는 것이다. 이 말은 그러니까 교수여 제발 잔소리 훈계 그만하고 가르칠 것만 가르치지, 딴소린 말라는 실로 씁쓸한 말인 것이다.

사실 교육 현장을 들여다보면 학생 인권이다, 교수 강의 평가다 하여 외래교수는 말할 것도 없고, 전임교수들까지도 학생들 입맛에 맞는 말만하며 학문 장사를 하는 마치 장사꾼 같고 학생은 그 학문을 사는 사람들 같다는 좀 지나친 생각마저 들게 할 정도가 아닌가 싶은 게 현실이다.

필자가 젊었을 때를 회억하면 제법 호기 있게 교육자다운 표상으로 가르치고 훈육을 했다고 가끔은 자부심을 갖기도 한다. 그러나 이제의 필자는 버스 안에서조차 선뜻 학생들이나 젊은이들에게 “어른에게 좀 자리를 양보하는 게 어떠하냐?”고 자신 있게 나서지 못 한다. 참으로 비겁한 지성이다. 아니 지성도 아니다. 몸 보호하기에 급급한 게 사실이다. 참다운 스승이 차츰 적어지고 있다는 생각을 지울 수 없다.

‘맹자’에 “불쌍히 여기는 마음이 없으면 사람이 아니며, 옳지 못함을 부끄러워하고 미워하는 마음이 없으면 사람이 아니며, 사양하는 마음이 없으면 사람이 아니며, 옳고 그른 것을 가릴 줄 아는 마음이 없으면 사람이 아니다." 라고 했다. 그렇다. 꼭 이리 실천은 못할지라도 이에 버금가는 마음자세만이라도 갖고 사는 자유로운 민주시민이 되어간다면 아마도 아름다운 사회가 정착되지 않을까 싶다.

때문에 1

"진실은 도망가지 않는다." 모 유명인사가 자신의 회고록이 문제가 되고 기자들이 질문을 던지니 그 답말로 한 말이다. 그런데 좀 잠시 착각하고 한 말 같다는 생각이다. 때로는, 아니 많은 경우 진실은 자꾸 도망가고, 허상 거짓말 따위가 진실의 자리에 '사실'로 버젓이 자리잡고 심지어는 '역사'로도 당당히 기록되고 있는 게 작금의 현실이다. 이야기 실타래의 첫 시작이 되고 주제로 삼고자 하는 거는 '때문에'이다.

'나'로 비롯되는 두 가지 긍정적. 과시적 '때문에'와 이 반대의 '때문에'가 있다.

요즘 대부분 시민들이 국회의원이 필요 없다고 하는 일명 '국해의원'. 꼭 그런 건 아니지만 아주 정치에 진절머리가 난 대다수 시민들은 차라리 정치란 게 없었으면 좋겠다고들 한다. 필자도 일부 동의한다. 해도 해도 너무하니까 풍전등화 같은 국가의 현실은 내 알바 아니라는 듯 자신들의 이해득실과 소속당의 당리당략에 휘둘리는 꼬락서니들을 보면 차라리 정치만 없어줘도 낫겠다는 생각이 나는 게 사실이니까. 그런데 각자 의원들은 지역에 내려가서 이 지역이 이처럼 발전해가는 것은 자신(나) 때문이라고 역설한다. 그리고 경로당이니 어린이집 등을 찾아가서 달란트 이상의 연기를 잘 도 보인다. 결국 나 때문에 잘되고 있다는 것이고 계속 자기만 밀어 달라는 얘기들이다.

반대로 뭐든 잘못되면 분명 자신 때문에 그리되었음에도 온갖 핑계를 대며 나 때문은 절대 아니라는 것이다. 그리고는 궁색하면 음해란다. 그리고는 입을 한일자로 꾹 닫아버리고 모르쇠로 일관 한다. 왜냐하면 그동안 여러 경험상 모든 것은 '시간'이 해결해 준다는 걸 너무도 잘 알고 있는 귀신들이니까.

다음은 '너'로 비롯되는 두 가지 '때문에'다.

너로 비롯되는 때문에서 대부분은 긍정적 요소보다는 부정적인 요소로 쓰는 경우가 허다하다는 사실이다. 오늘 날 우리네 사는 국가사회 현실에서 목도(目睹)하는 여러 가지가 웅변하고 있는 것이다. 유행가 가사에도 "바로 너 때문이야." 이 나라 최고 지도자가 되겠다는 자들이 자신들에게 불리하면 '용공'으로 몬다. 무서운 독재시대라느니 눈감고 아옹. 세계에서 국민수준이 제일 높은 국민을 우습게 아는 아주 오만한 행태다. 그리고 역시 측근을 내세워 말하고 자신은 책임을 모면하려 객관자적 위치에 서려한다.

그도 안 되면 기억 없다, 모른다며 모르쇠 작전으로 입을 다물고 예봉을 피해 역시 시간을 벌어 잊혀지기를 바라는 떳떳하지 못한 언행을 보인다. 조그마한 책임도 지지 않으려는 책임회피성 면모와 오로지 큰 권력만을 누려 보겠다는 용꿈 꾸다 미꾸라지로 남을, 실로 한심한 지도자들. 제발 '너때문에'라는 남탓 그만들 하고 부끄러운 줄 좀 깨달았으면 좋겠다. 그리고 '네탓, 너 때문에" 내가 여기까지 올 수 있었다. 큰 인물 될 수 있었다라는 넓은 아량들을 품으면서 대성들 하기 바라는 바다.

턱도 없고 깜도 되지 않는 이들! '너' 때문에 내가 피해를 입는다며 남탓만 하는 옹졸한 '너 때문에'의 피해망상꾼들이 하루 빨리 정신 차렸으면 하는 바람! 이것이 이 글을 쓰는 이 미생의 까닭이다. 필자 같은 미생들이 여기저기서 올바른 글을 써서 인간적인 향기가 향긋하게 나면서 천리만리 퍼져 이른바 나라 위한다는 이들에게도 눈에 띄어 조금이라도 옳게 생각할 수 있는 계기가 되었으면 '인향만리'의 의도와도 맞아떨어지는 게 아닐까 하는데.

때문에 2

우리는 ' 때문에' 태어났고 ' 때문에' 살고 있고 때문에 사라져 간다. 때문에 우리는 ' 때문에'를 벗어나서는 존재할 수 없다. 이처럼 ' 때문에'는 우리 삶의 시공간 그 자체라 할 수 있다. 그런데 이처럼 위대한 철학적 낱말을 긍정적이기보다는 부정적 요소로 우리의 삶을 스스로 옥죄고 있다.

마치 漢나라 회남자(淮南子)에 '새옹지마(塞翁之馬)'를 너무도 모르고 사는 것처럼 남의 불행, 국가의 불행을 자신의 이득, 이권으로 즐기며 살고 있는 것 같다. 아주 못된 심성이고 버릇이고 개인의 불행과 국가의 불행을 자초하는 어리석은 노릇이라 아니할 수 없다.

이즘 이 나라는 풍전등화 같은 위태로움에 빠져 있다. 지금으로선 탈출구가 보이지 않는 것 같다. 그리고 이 어려운 국가적 불행을 '忠義. 勇敢. 務實. 力行'하는 도산(島山)의 정신으로 과감하게 일떠서 이끌어갈 수 있는 큰 어른, 대 지도자가 보이지 않고 스스로 나타나지도 않는다는 슬픈 현실인 것이다.

이 정부를 못미더워 하는 이들은 타는 불에 기름을 더 붓는 것처럼 지나칠 정도다 싶은 언행을 보인다. 수장에게 갖은 아양과 아부,

아첨을 부려 권세를 누리던 이들은 재빠른 배신으로 냉혈적이고 몰인정한 꼴불견 민낯과 언행을 서슴없이 보여준다.

여기엔 오로지 너 때문이야. 그러니 눈앞에서 사라져 줘야겠어 하는 극히 비인간적인 비인격적인 책임묻기와 떠넘기기의 셈법과 술수만 난무하고 있는 것이다. 이들 앞엔 상대에 대한 최소한의 배려와 국가의 안위에 대한 생각은 눈꼽만치도 없다 할 수 있다. 확인되지 않은 떠도는 루머겠지만 수장을 비호하는 말을 하다가는 칼침 맞을 수도 있단다. 사실이 아니겠지만 이쯤 되면 이 나라 禮儀之國은 시체나 다름없는 거다. 어찌 우리 아름다운 나라 대한민국이 적 앞에서 십분 십렬이 되었는지 참담하고 기막히다.

이런 면에서 볼 때 얼마전 조선일보 '류근일 선생'의 칼럼이나, 토요일(11.4)자 연세대 사회학과 '류석춘 교수'의 칼럼은 대단히 의롭고 용기있는 선비정신이 물씬 풍기는 좋은글, 양심을 울리는 대지성인의 고언이라 감히 찬하지 않을 수 없다.

필자는 버스를 탈 때마다 가슴이 어린애같이 콩당거린다. 버스에 오르며 카드를 대며 운전기사님께 '감사합니다'(속뜻:태워주셔서) 꼭 인사를 드린다. 자랑삼아 말씀으로 나는 단 한 번도 인사말을 거른 적이 없다. 콩당거리는 소리는, 기사님도 필자처럼 '응답해 주실까' 하는 기대감이다. 에코, 곧 응답이 있을 때의 기쁨은 이루 형용할 수 없는 기쁨이다. 게다가 '급행 1번 2605호 성준모 기사님'은 부처님 같은 외모에 목사처럼 안경을 쓰고 화사한 웃음을 담아 '어서 오세요, 감사합니다. 안녕히 가십시오.'를 반갑게 해준다. 그의 후배 급행1번을 운전하는 석대경 기사도 어김없이 인사를 한다. 201번 어느 기사님도 그러신다. 존함을 묻지는 못했지만. 이런 기사님들의 인사를 들으면 승객들은 정도 차이야 있겠지만 그 하루가 즐거울 거라 생각된다.

여러 분야에 이런 따뜻한 마음 상대를 배려하는 마음으로 생활화해가는 모습에 너(당신) 때문에 즐거웠어. 살맛이 나. 참 좋았어. 지내는 살맛나는 응대 때문에 나의 삶, 우리의 삶, 국가 사회가 아음다운 정경, 비록 무릉도원(武陵桃源)은 아닐지라도 참삶의 모습들이 농익었으면 싶다.

제발 이 무지렁이 필자의 바람은 악마구리 같은 이 현실에서 좀 숨고르기를 해서, 진정된 상태에서 이 사회 나라가 올바로 나아가야할 방향과 대책이 무엇인가를 편가름에서 벗어나 정녕 국민을 위해 어떤 일부터 우선해야 하는가. 머릴 맞대고 좋은 묘수를 찾아내주어 미쁨을 선사해 주는 것이다.

바보 같은 사람

참새가 방앗간을 그냥 지나가나. 먹거리가 유혹하는 방앗간을 그냥 지나간다는 것은 우스운 노릇이다. 탈이 났거나 정상이 아닌 참새나 그냥 지나갈지 모르나 지극히 정상적인 참새는 그럴 까닭이 없으렷다. 참새는 명민하다. 허수아비를 보고 달아날 존재가 아니다. 오랜 학습 효과 때문이겠지만 요즘은 대포 소리에도 놀라거나 달아나지 않는다. 참새만 그런 게 아니라 약아빠지기가 견공을 뛰어넘어 웬만한 사람을 가지고 노는 조류가 까치와 까마귀다.

실제로 오래 전에 포항의 어느 사찰에 들른 적이 있었다. 법당 앞마당 구석에 견공이 있었는데 까치 십여 마리가 개를 조롱하고 있었다. 그 광경을 보는 우리는 재미가 쏠쏠했지만 30여분의 신경전 끝에 결국 견공은 주저앉아 버리고 승리한 까치는 다른 데로 날아갔다. 견공을 가지고 노는 것이 웬만한 정상배 무리들의 얕은 꼼수보다 나아 보였다.

사람이 짐승만도 못하다고들 말한다. 사실이 그런 경우가 허다하다. 자신이 키운 반려자 같은 애완견이 병이 들고 키우기가 귀찮다고 매정하게 버리는 경우가 비일비재하다. 그런데 버림을 받은 견공은 버림을 받은 곳에서 찾아줄 까닭이 없는 비인간적인 주인을 언제까지고 기다리는 모습은 애처롭다. 주인을 신뢰하는 마음이 더욱 가슴을 뭉클하게 만든다.

다음세대의 생존을 위해 자신을 자기가 생산한 새끼의 먹거리로 내맡기는 그 숭고한 희생정신을 보노라면 정녕 짐승만도 못한 사람 놈들이 이 지구촌에 얼마나 많은지 모른다. 뿐만 아니다. 건강, 튼튼한 건강 유지와 치유를 위해 몸과 마음을 다해 많은 시간과 온갖 노력, 엄청난 돈을 써가며 애를 쓰는 게 일반이다. 그런데 아이러니하게도 그 반대의 생할을 습관적으로 하는 경우 또한 적지 아니 많은 게 또한 엄연한 사실이다. 한참일 때에 몸과 마음을 챙김 없이 성공과 돈의 노예가 되어 충성을 다한다. 하여 살만한 여력이 생길만 할 때는 중병을 얻어 고생하거나 불의의 사고나 여타 사정으로 나머지 삶은 덧없는 삶, 후회로 사는 삶을 이어 가는 예들이 너무도 많다. 얼마나 어리석은 사고思考요 행태의 삶들인가를 목도하노라면 참으로 '난 참 바보 같이 살았군요.'라는 대중가요가 마음을 후벼 파는 거다.

하나의 실례를 보면 그렇게 잘살아야겠다고 하면서, 정작은 자신이 잘 알면서도 건강을 해치는 어리석은 노릇들을 습관처럼 즐긴다. 이른 바, 삼호삼기(금)三好三忌(禁) 같음이 실증적이다. 바로 주(酒), 색(色), 연(煙)이 그것이다. 술과 이성, 끽연 등에 빠지면 서까래 썩는 줄을 모르는 남가일몽 같은 몸과 넋을 다 바치며 탐닉한다. 그만큼 삶의 전부를 맡길 만큼 좋아서 못산다. 그러나 꿈같은 이런 삶에서 깨어나고 보면 실로 멍청한 자신의 그간의 삶이 얼마나 어리석은 것이었던가를 알고 후회한다. 때로는 줄타기만큼이나 아슬아슬하고 참담한 삶이 된다. 좀 더 실체적으로 따져 들어가면 이 세 가지 즐김의 이면은 악마나 귀신하고 살아야 하고 죽을 수 있는 불행의 인(因)이요, 연(緣)이 도사리거나 비애를 낳는다. '술'! 술

하면 술을 좋아하는 이들에겐 애인보다도 더 좋은 친구 같은 존재다. 그러나 지나치면 반드시 그 만큼의 혹독한 댓가를 치러야 함은 불문가지다. '색'! 곧 '이성'은 동서고금을 통해 인간의 삶에 있어서 얼마나 대단한 존재인가. 이 이성이 사람살이의 거의 전부를 지배한다고 해도 지나치지 않는다. 좋은 이성과 만나면 행복의 열매를 얻게 된다 하지만, 그렇지 못한 이성과 만나 저질러서는 아니 될 후안무치한 노릇을 일삼으면 그 후과는 이루 말할 수 없을 정도로 자신의 삶을 망가뜨린다. 실로 삼가고 또 삼가야 되는 인륜과 도덕으로 무장해야 탈이 없을 관계의 존재이다. '연'! 거개가 다 아는 흡연도 마찬가지이다. 흡연과 도에 지나친 연애를 하다보면 자신의 몸이 자신도 모르게 망가져 도저히 되살아날 수 없는 치명적인 결과를 안는다.

그러므로 이 세 가지가 우리의 삶에 있어서 얼마나 중요한 몫을 차지하는가는 역사적인 삶이 말해준다. 아름답게 적당히 즐기면 영육(靈肉) 간의 삶을 윤택하게 살찌운다. 그러나 잘못 탐닉에 빠져 살다보면 그 결과는 상상할 수 없을 만큼 삶을 망가뜨리는 악마 같은 존재가 된다.

사실 이런 사실의 인연을 잘 알면서도 나는 의지의 박약에서든 인간적인 정에 약해서든 바보 같은 노릇에서 아직도 벗어나지 못하고 산다. 참으로 내가 생각을 해 보아도 바보 같은 놈이라는 걸 부인할 수가 없다. 젊어서부터 '술'과 연애에 빠진 결과로 아직도 술의 유혹과 인정의 유혹을 이겨내지 못하며 지낸다. 첫머리에서도 얘기했지만 참새가 방앗간을 그냥 지나칠 수 없다 했다. 그랬듯이 나 자신이 술의 유혹에서 벗어나지 못하는 정녕 바보 같은 생활을 지속하고 있다. 정말 못 말리는 내 자신을 나도 너무 잘 안다.

그러면서도 술과의 연애를 끊지 못하는 어리석은 습관에 빠져 있다. 이 연애를 계속 진행하다가는 그 결과가 어찌될 거라는 점을 훤히 알고 지내면서도 말이다. 술 좋아하는 지인들 때문에 그 정에 마음이 약해지고 내치지를 못하고 함께 불행을 자초하는 술과의 연애, 그 깊은 늪에서 헤어나지를 못하고 있다. 참으로 고백하노니 난 참 바보 같은 아니 바보가 틀림없는 주책이다. 언제까지 이 연애의 늪에서 허우적거릴지 나 자신도 모른다. 안해가 그리 싫어하고 자신의 영육을 좀먹고 결국은 불행으로 이끌 이 어리석은 노릇을 지속해 가는지 나 자신도 정녕 이해가 아니된다.

이 칠푼이와 다름없는 못난 놈을 아는 이들이여! 제발 바란다. 호곡할 정도로 이놈을 꾸중하고 혼을 내 주기를 청원한다. 하여 머지않은 날에 나날마다 해맑은 영육으로 새 아침을 열어가는 슬기로운 놈이 될 수 있도록 관심과 배려. 보살펴줌을 마다하지 않기를 두꺼운 낯짝 내세워 소망하고 또 소망한다. 결코 바보 같은 자가 될 수 없는 본태성 참 인물로 지인들과 늘 정겹고 참답게 살아갈 수 있도록!

방앗간이 없어야

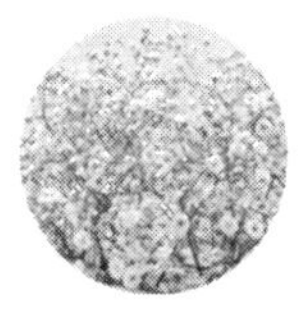

좋은 글짓기의 한 조건을 충족시키는 데는 예닐곱 정도를 꼽을 수 있다. 그 가운데서도 '간결성, 독창성'(참신성) 등이 필요, 충분 조건의 요소를 이룬다. 더욱이 우리가 숨 쉬는 오늘의 사회는 실로 숨 가쁘게 돌아간다. 넋을 잠시라도 잃어버리고서는 치열한 적자 생존의 대열에서 뒤떨어지기가 십상이다.

그러하기에 글(월:문장)도 간결해야 인구의 주목을 받을 수 있다. 냉면 가락처럼 길게 쓰면 똑바른 독자들은 바로 외면한다. 바쁜 세상에 중언부언 늘어뜨리는 글은 지은이의 수준을 금방 알아차릴 수 있기 때문이다. 이 시대가 긴 글은 읽지 않으려는 풍토가 한 몫도 한다. 그래서 서점에서도 장편 대하 소설이나 훈계조의 장문들은 선호하지를 않는다. 수필 류의 책들도 그 안의 글들이 대략 원고지 분량 4.5매 정도로 끝맺음한 것을 선호하는 편이다. 그렇다고 해도 전달하고자 하는 핵심 내용을 미처 표현하지 못한 간결성만 내세운 글은 더욱이 경계해야 마땅하다. 괜한 시간과 노력만을 허비한 웃기는 꼴이 된 헛수고의 글로 인식될 수밖에 없기 때문이다.

마찬 가지로 제 주장이나 철학 사상이 없는 글이나 책도 자연히 독자로부터 외면의 대상이 된다. 이를테면 '너 자신을 알라!' 고 소크라테스는 말했다. '사람들을 가르치지 마라! 백해무익하다.'고 노자는 말했다. 곧 무지의 지를 깨달은 것이지만. 어쨌든 자신의 글에 인구에 많이 회자되고 있는 이들의 표현을 앵무새처럼 따라하지 말라는 것이다. 가급적이면 자신의 생각이나 철학 사상을 담아야 한다. 그러니까 이미 남들이 말해놓은 것은 진부한 것이고 새로울 게 없으니 말이다.

이른바 자신의 목소리를 내야 한다는 말이다. 그렇다고 해서 다수의 호응을 얻지 못하는 수준 낮은 말들을 구사해서는 아니된다. 누가 보고 읽어서도 과연 그렇구나 하고 인정할 수 있는 '독창성, 창의성' 있는 표현을 하라는 것이다. 좀 더 발전적인 말을 쓰라는 거다. 일테면 '백문이 불여일견'이라는 말은 누구나 할 수 있다. 이런 진부한 표현보다는 한발자국 더 나아가는 '백견이 불여일행'이라는 표현이 한결 새롭고 발전적이라는 말이다. 또 '윗물이 맑아야 아랫물이 맑다.'라고 하는 것은 이미 가치가 없는 말이다. 이런 표현보다는 '윗물은 썩었어도 아랫물은 맑다.' 라는 말이 더 호응을 얻을 수 있는 말이고 한 발자국 더 나아간 표현인 것이고 새로운 느낌을 주는 표현이 된다는 말이다.

또 예전에 왜구들이 이 땅과 겨레를 집어 삼키고는 폄훼해서 지껄인 말 중에 '조선인은 마치 모래알 같다.'고 했다. 뭉칠 줄을 모른다는 것을 빗대어서 한 말이다. 그리고 '자신(왜구) 들은 찰흙과 같다.' 했다. 그러니까 자신들은 똘똘 뭉칠 줄 아는 사람들이라는 점을 은근히 자랑해서 한 말이다. 정말 어처구니가 없는 말임에 틀림이 없다. 그런데 큰 문제는 이른 바 꽤나 학식과 덕망이 있다는 우리의 지식인들마저 마치 기정사실처럼 생각없이 저들의 주장을 받아들이고 자책해 왔다는 엄연한 꼴불견 노릇을 했다는 것이다. 완전한 패배의식이고 그저 남산골 샌님같이 먹물만 먹었지 신선하고 진취적인 선비정신은 지니고 있지 않았음을 자인한 셈이었다.

우리의 한심한 식자층들의 민낯이 드러난 어리석은 행태가 아닐 수 없다. 그래 왜구들이 한 말이 일견 그러하다고 보자. 저들의 주장과 선전 선동을 인정한다 치자. 여기서 우리가 조금만 깊이 성찰하고 초극하면 저들의 납작코를 여지없이 뭉개버릴 수 있음을 깨닫지도 공부도 하지 않은 것이다. 필자의 기막힌 반전의 카드를 보자. 필자의 견해를 저들 앞에서 공개하고 밝히면 저들의 면상은 금새 일그러지고 벌개져서 아차! 얕은 꼼수를 부리다가 큰 코 다쳤구나 하고 식식댈 꼬락서니를 볼 수 있었던 거다.

자! 필자가 생각에 생각을 더해서 얻은 저들을 제압할 견해요 우리의 뛰어난 속성의 바로미터다. 저들은 자신들을 아주 차진 찰흙과 같은 민족이라 했다. 물론 그래서 결과적으로 경제적 동물이 돼서 남들은 돌보지 않고 저들만 잘났다고 똘똘 뭉쳐 잘 사는 나라로 발전해 갔다. 결국은 호랑이 무서운 줄 모르 고 까불대다 꽁무니 물리고 잡힌 개 같은 신세로 세계의 웃음거리로 전락당한 이력도 가졌지만. 저 잘났다는 찰흙에다가 이질적인 모래를 그것도 아주 많이 섞어보자. 그러면 결국은 어찌 되는가. 불문가지가 바로 이런 것이다. 모래 성분 때문에 차진 성분이 맥을 못추고 아무 짝에도 써먹지를 못할 쓰잘머리가 되어 버리고 만다. 그러나 모래알 같아서 한 개의 모래는 단단해서 괜찮지만 두 알 이상의 모래는 붙지를 못하고 따로 국밥 같은 처지가 될 수밖에 없다. 그랬다. 저들은 그런 교활한 심보로 교만을 떨고 으스대며 비웃는 저질의 행태로 우릴 절대적으로 폄하 폄훼를 했다.

그렇다. 역사가 증명하는 사실이다. 그런데 저들이 우릴 깔보고 무시하기 위하여 반도 국가의 특성이라며 내세워 주장한 것이 허구임을 뚜렷한 증거로 반박과 쪽바리 근성을 천하에 보여주 고 있는 것이다. 자 모래는 저들만 아는 협량한 소인배 속성을 지닌 것이 아니다. 오히려 지구촌 모든 종족과 나라와 함께 어울려 잘 살아 나가는 장점의 특성을 지닌다. 곧 모래에다가 이질적 요소인 시멘트와 철근을 쓰면 100여 층의 고층 빌딩을 세운다. 가히 화합적이고 조화롭고 아주 자연친화적인 존재가치로 각광을 받는 게 아닌가. 하나만 알고 둘은 모르는 지극히 편협한 사고를 가진 왜구들이여, 보라. 너희는 오늘 날도 너희만 잘 나고 잘 산다고 뻐기고 있네만, 지구촌 모든 나라와 국민들은 다들 안다네. 너희와 대한민국 가운데 어느 나라가 진정 세계 여러 나라와 겨레들과 아름다운 몸과 마음으로 어울리며 나라답게 잘 살아 나갈지를.

좋은 글짓기의 조건을 충족시키는 요소 가운데 '간결성, 독창성'을 가지고 나름대로 평소 내 자신의 균형 잡힌 하나의 주장, 철학사상을 세워 보았다. 어떤 소재나 제재 화재를 가지고 주제를 정하고 자그마한 이론이나 생각을 정연하게 펼쳐낼 수 있음을 보여줬다고 여긴다.

다만 늘 그래왔듯 이 글을 써 나가는데서까지 언제나 머릿속에서 떠나가지 않는 참으로 안타까운 염려와 걱정이 있다. 슬기롭고 정 많은 이 땅의 겨레, 커다란 하나의 피붙이들이 볼썽사납게 죽기살기로 부딪히며 살아갈 것인가 하는 거다. 벌써 오래 전에 사라져 바닷속 깊이 침잠되어 있을 그 몹쓸 낡은 이념의 대립으로 서로를 원수처럼 싸움박질로 스스로 망해가는 길로 자초하고 치달리는 거냐다. 세계 열강들의 힘겨루기의 한 가운데 놓여 있는 우리는 실로 정신 바짝 차리고 한마음 한뜻으로 나아가지 않으면 절대적으로 살아남지 못할 처지에 있음을 모르지 않는다. 이러함에도 초등학생도 알고 있을 정말 이해할 수 없는 죄짓는 짓거리로 낮밤을 지낸다. 우리가 언제부터 이리 막무가내 무지막지한 노릇 일삼는 천치들이 되고 있는지 실로 기막힐 뿐이다. 웃대가리들이 모두 미몽에 쌓여 선망받던 우리들이 도매금으로 지구촌의 비웃음을 사는 처지가 되고 있는가.

어찌 떳떳하게 머리를 들고 다닐 수 없을 정도의 천민들로 만들어 이끌고 가는지 그 못된 심보들 낯짝들이나 제대로 보며 구겨진 자존심이나 되돌려 놓으라 일갈하고 싶은 심정이다. 정녕 못됐다. 가만히나 있게, 그저 놔두기나 했으면 하는 바람뿐이다. 한마디로 '현대판' 시일야방성대곡'의 심사다. 맘껏 울고 싶어도 울지 못하며 사는 국민들의 마음이나 바로 읽었음 싶다. 제발 웃대가리들 너네들이나 심층수 마시어 정신 도로 차리고 그 잘난 벼슬 값이나 제대로 해나가기를 바라는 것은 결코 우리들 근심 많은 백성만의 호사한 생각 아닌지 도무지 모르겠다. 으하하하! 어라, 필자도 미쳐 가는지 싶다. 웃대가리 미친 녀석들 닮아서. 안 되지, 암 그럼, 아니 되지, 결코 아니 되고 말고.

그나저나 방앗간이 없어야 서생원들이나 참새 멧새들 같은 철면피들이 찾지나 아니할 터인데. 그러나 정작 이리 되면 다 같이 숨들이나 쉬며 끈질긴 명줄이나 이어갈 수 있으려나 모르겠네 그려!

불변(不變)의 연인(戀人)

우리의 삶을 핑크빛으로 설레게 하는 존재 중의 존재는 아마도 애인이거나 연인일 것이리라. 이 존재에 매혹되게 되면 이 동안에는 이 존재에 의해 영육 간 삶이 좌우지됨은 필연이라. 때문에 맹목적이고 분별없는 열애보다는 미래의 삶이 윤택하게 되는 실로 지혜로운 열애여야 함은 무론(毋論)이다. 아무튼 삶의 여정에 홍역처럼 반드시 치러내야 하는, 그 결과에 따라 행불행을 가져오는 사랑과 연애, 흠숭의 대상이 되는 연인지간의 관계도 시공에 따라 반드시 변하게 되어 있는 게 또한 어김없는 진리이다.

인간사에 변하지 않는 게 어디 있으랴마는, 그래도 변하지 않는 게 있다면 동서고금 고상함과 비속함의 존재 가림 없이 자신을 필요로 하는 이들에게는 삶의 지혜를 고스란히 베풀어 주는 절대자에 버금가는 존재, 이 존재는 바로 책이 아니겠는 가. “사람이 지치는 것은 부지런히 움직일 때가 아니라, 아무 것도 하지 않을 때이다. 게으름을 피우면 정신적으로 황폐해진다. 책은 나이 든 사람에게는 가장 좋은 벗이 되고, 젊은 사람들에게는 가장 좋은 자극제가 된다. 우리보다 현명하고 성숙한 마음을 지닌 책과의 사귐은 우리 인생의 중대한 출발점이 될 수 있다. 경우에 따라서는 새로 태어나는 계기가 될 수도 있다.”고 ‘새무얼 스마일즈’는 그의 ‘인격론(人格

論)'에서 설파했다. 그러하다. 실로 고전이요, 명저요, 신품으로 평가 받는 불후의 작품이 되는 이 책은 분명 동서고금 불변의 연인이다. 또한 좋은 붕우(朋友)가 되어 주고, 그 어느 금은보화도 비견될 수 없는 값진 보석이고, 인생의 참스런 반려자가 된다. 주지하는 것과 같이 책을 본다는 것, 곧 독서라는 것은 그 속에 드러난 온갖 사람을 읽는 것이고 이해하는 것이다. 이른바 책은 독심술(讀心術)을 익혀주는 훌륭한 교사인 셈이다. 참 좋은 책은 역사 이래의 훌륭한 인물들과 만나게 한다. 이 기막힌 존재는 시공을 초월한 그들의 늘 살아 있는 목소리를 통해 위대한 사상과 접할 수 있게 해주고, 참인물이 되는 길을 진지하게 안내해 준다. 이는 정녕 인류의 참다운 스승과 다름 아니다. 아울러 책의 가치를 한껏 보배롭게 만들어 주고 있는 훌륭한 인물들은 죽어도 결코 죽지 않는 마치 불사신과 같은 존재로 인구에 추앙을 받으면서 청사에 빛을 내는 존재, 불멸의 속성을 지니는 존재로 생동한다.

분명 인생의 좋은 동반자로서, 슬기로운 삶의 안내자로서의 역할을 너무도 성실히 해오고 있는 변함없는 연인, 우리의 책은 마치 성자와 같은 존재라 할 수 있다. 그러나 현실은 어떠한가? 인생에 있어서 실로 절대자적인 이 존재를 늘 가까운 벗으로 연인으로 대해야 하건마는, 안타깝게도 척을 진 존재처럼 한없이 홀대하고 무시하고 있는 실정이다. 실제적인 삶의 행태가 진실로 책과 가까이 하기에는 버거운 피곤한 직업군이 없는 건 아니다. 이런 경우는 차치한다 해도 운명적으로 책과 늘 붙어 지내야 하는 대학인들의 상당수가 아예 담을 쌓고 외면하고 있는 기가 막힌 현실이 애석한 것이다. 수강하는 책마저 복사해서 쓰거나 그마저도 하지 않는 껍질만 대학생인 경우가 의외로 많다는 사실들이 우리를 슬프게 한다.

작금 이 같음이 팽배한 사실 속에서 이 나라가 지속적으로 발전이 되리라고 기대한다면 이는 우물 앞에서 숭늉을 찾는 것이나 다름없는 실로 무망한 노릇이 아닐 수 없다. 결단코 배달겨레의 존재들이 이래서는 아니 되는 것이다.

이제 우수도 지난 본격적인 새봄, 생활하기 쾌적한 절기가 되었다. 삼라만물이 약동하여 신천지가 펼쳐지는 은총 충만한 이 시기, 곧 대학들은 개강이 된다. 이 나라의 미래를 책임질 또 다른 지성의 후예 새내기들도 캠퍼스 생활을 막 시작할 시기가 된다. 때에 모름지기 대학생활의 선배로서, 학문탐구의 선 경험자로서 대학의 주인공들인 학생들에게 진솔한 메세지를 전하는 바다. 이 시대가 그 어느 때보다도 평생교육을 필요로 하고 그 실행이 왕성하게 전개되고 있는 터이네만, 책과 가까이 하는 존재로서의 품격이 저 신라시대의 '성골'에 해당하는 그대들이 우정 책과 눈코 터지는 열애(熱愛)에 빠지는 열정적인 대학생활을 해 나가기를 소망한다는 당연한 욕심을 말이다. 나이 든 교수로서, 학문지도의 참스승이기를 스스로 만들어 가며 대학생활을 함께 해 가고 있는 필자의 이 당연한 소망이 결코 헛되지 않기를 정해년(丁亥年) 벽두에 사랑 자체이신 주님께 기도해 본다. 내가 진정으로 신뢰하고 은애(恩愛)해 마지않는 덕명골의 자랑스러운 우리 한밭대학교의 대학인 그대들이여! 늘 파이팅의 기운으로 열심히 지내보자꾸나! 난 특별히 선택받았기에 본대학의 어엿한 주인공이 된 그대들에게 거는 기대가 크다. 진솔함으로.

순간이 가져다 준 행운

아주 오랜 예전에도 그랬다. 석사, 박사 학위 영득하려고 서울에 오가면서 가끔 있었던 노릇이다. 내 스승이신 국어학의 대가 '부암 김승곤' 선생님을 모시고 가끔 주(酒)님과의 연애를 했다. 여고(女高)에 재직 중이던 나는 다음날의 수업 때문에 당일로 오갔다. 때문에 나는 늘 새마을호 티켓을 예매해 다녔다. 선생님 뫼시고 주님과 연애에 빠지다 보면 늘 걱정인 것이 제대로 열차를 탈 수 있을까 하는 염려였다. 주님과의 연애가 무르녹는 때가 되면 선생님 모르게 시계를 자주 본다. 얼마 뒤에 일어나야 승차에 늦지 않을까 해서이다.

이제는 연애 즐김을 마치고 일어서야 되겠다 속으로 다짐하고는, "저어~ 선생님! 저 그만 출발해야 될 것 같네요." 그럼 선생님께서는 못내 서운해 하시면서도 "그래 그래야지. 자 일어서자." 하시면서 못난 제자를 보내주고는 하셨다. 그러나 어떤 때에는 "아니 김박(나를 그리 부르심) 딱 두 잔만 더하고 일어서는 게 어때?" 하시며 주의 유혹에 말려드신다. 그러면 이놈은 "그래요, 선생님. 그리 하시지요." 하고는 다시 눌러 앉는다. 그리하다가 이제는 시간이 촉박해서 도저히 더 머물러 있다가는 아니 되겠다 싶어 자리에서 벌떡 일어선다. 그리고 면구스럽게도 "죄송합니다, 선생님! 저 이만 가야합니다". 그리하고는 인사도 제대로 하는 둥 마는 둥 냅다 줄행랑을 쳐서 거친 숨이 찬 상태로 간신히 승차를 하고는 안도의 숨을 길게 내쉬며 희열에 빠지곤 해왔다. 간발의 차이로 열차에 승차함이 다반사. 이러구러 어렵게 서울을 오가며 배운다는 것이 실로 어려운 노릇이지만 학생 못지 않게 열심히 공부를 해야 한다는 일념으로 정진했다.

그러나 이런 중에도 가끔씩 갖게 되는 주와의 연애에 너무 깊이 빠진 탓에 열차를 놓치고 이미 떠나 버린 열차를 속절없이 원망하며 허탈해 하기 여러 번. 이럴 때마다 서울역 앞에 대기하고 있는 장거리만 뛰는 총알택시를 타고 생명의 위태로움을 느끼면서 집엘 내려오곤 했다. 심지어는 주(酒)와 연애를 즐겨하시는 선생님의 뜻에 따르다가 어쩔 수 없이 선생님 댁에서 잠을 자고 제대로 차려주신 아침밥 먹고 내려온 적도 더러 있었다. 무엄하게도.

결국은 주님과 열애를 하다가 서울역으로 눈썹 휘날리며 치달린 그 찰라의 결과에 따라 열차를 타느냐 못 타느냐의 행불행이 좌우된다. 뭔가 배운답시고 이리 대전~서울을 오가며 치열하게 노력한 결과로 교수가 되었다. 그리고 40여년의 교직 생활을 마감하는 명예로운 정년퇴임을 했다. 물론 실로 영예로운 황조근정 훈장도 타고.

이제는 하릴 없이 집지키는 백수, '가백'으로 지내고 있는 신세. KTX속도 보다도 빠르게 지나가는 시간에 젊은 혈기 열정적으로 보낸 시공이 바로 엊그제 같은데 물경 3.40여년이나 지난 시절이었다니. 참으로 앞만 보고 치달리는 시간이 야속타.

그런데 이번에도 그랬다. 정녕 눈을 깜짝하는 것도 긴 것인지 실로 찰라에 KTX가 우릴 프렛홈에 주저앉게 만들고 무정하게 떠날

순간이었다. 그런데 이 웬 행운? 천하일색 여신女神의 도움으로 승차의 미쁨을 가지게 되다니. 사연인즉 영육간 상태가 별로인 이 몸이 얼마 전 토요일(2017. 12. 9일) 오후 2시에 '시사문단이 펼치는 2018 문학상, 신인상' 시상 및 송년 모임에 참석을 아니할 수가 없었다. 능력도 부족한 필자가 여러 새내기 문인들에게 시상을 하고 축사도 하며 기념식을 마칠 때까지 자릴 지켰다. 내노라 할 수준의 기념식을 끝내고 뷔페식의 잔치가 벌어졌다. 그런데 이상하게도 주님이 없질 않은가? 해서 평소 터놓고 지내는 황현종 시인에게 농담 반 진담 반으로 "잔치 집에 주님이 없어서야 되는가! 어렵겠지만 참이슬을 만들어서라도 가져 오시게." 하였다.

그랬더니 황시인 순순히 응하고 밖에 나가더니 번갯불에 콩 볶아 먹듯 아주 빠르게 여러 주님을 모시고 왔다. 놀랍기도 하고 고마움에 눈물나기도 하는 결에 여럿이 주님과 연애를 했다. 대전으로 가는 열차 승차 시간이 가까워지는 줄도 잊고서. '큰 일 났구나, 이거 열차를 타지 못하겠는 걸!' 혼자 중얼거리며 문우들에게 인사도 제대로 못하고 천사표 오혜림 시인과 같이 시사문단의 문학회장인 박효석 시인의 안내를 받아가며 부리나케 서울역에 당도했다. 5시 10분 발 부산행 열차 승강기 앞에 선 나는 역시 건강이 염려되는 오혜림 시인을 기다리는데, 아서라 이거 큰일이 내 눈앞에서 펼쳐지고 있는 것이 아닌가! 한창 물이 오른 연회(宴會)를 뒤로하고 공기 가르며 치달리는 경주마 되어 간신히 열차 앞에 섰는데, 아, 승강기 문이 덜커덕 닫히는 게 아닌가. 아 이건 아닌데, 기막혔다. 지붕의 닭 쳐다보는 견공 신세가 된 것이다. 우리 오혜림 시인이 힘겹게 도착했는데. 이제는 도로아미타불이다 하며 낙담했다.

그러다 얼 차리고 승강기 안을 보니 무전기를 든 여 승무원이 보이는 게 아닌가. 천우신조(天佑神助)인가 싶어 닫혀 있는 승강기 문을 여러 번 세차게 두드렸다. 그래도 안에 있는 승무원은 물끄러미 나를 쳐다만 볼 뿐 아무런 조치를 취하지 않는 것 같았다. 그래도 행여나 싶어 더욱 세게 계속 승강기 문을 두드렸다. 그런데 아. 이게 무슨 행운인가? 곧 출발할 열차의 승강기 문이 다시 열리는 게 아닌가. 이런 행운의 일도 일어나는구나! 아주 잠시 꿈인가 생시인가 싶었다. 오시인과 나는 조심스레 올라탔다. 그리고는 우리 오시인은 금시에 털썩 주저앉고 말았다. 기진맥진이 단번에 정신줄을 놓은 것이다.

몇 호차 뒤의 빈 좌석인지는 모르나 일단은 오시인을 앉히고 나는 우리가 앉을 6호차의 좌석을 찾아 앉았다. 승차하지 못하여 잠시일지나 체면 불구 땅바닥에 털썩 앉아 있을, 우릴 태워준 행운(幸運)의 여신(女神)인 여승무원에게 누차례나 머리 숙여 고맙다고 인사를 했다. 사실 이름도 성도 모르는 여승무원과 기관사님이야말로 찰라의 행운을 가져다 미쁨을 선사한 참다운 행운(幸運)의 신(神)이고 여신(女神)임에 틀림없다 여긴다. 어언 2018년에 접어들어 1월을 넘고 2월을 달리는 이제까지도 그 분들의 맘결이 어찌나 아름다운지 잊을 수가 없다.

'순간, 찰라가 가져다 준 행운'에서 얻은 교훈이 있다. 앞으로 꼭 지켜야 할 점으로, 이는 발등에 불이 떨어져서야 얼을 차리는 바르지 않은 습관을 삼가서 슬기롭게 시간을 선용하는 여유로움의 행동이다.

숨고르기 1

지구가 숨쉬기 어려우니, 사람도 숨쉬기가 어렵다. 특히 연일 최고 온도를 갈아치우는 8월 중순 요즘은 더욱 그렇다.

지인(知人)들이 필자한테 요즘 어떻게 지내느냐고 묻는 경우가 더러 있다. 그 때마다 건네는 말이 '숨쉬기 운동'만 열심히 합니다 라고 한다. 사실이 그러하다. 나는 뚜렷하게 하는 운동이 따로 없다. 진솔한 말씀은 너무 이 핑계 저 핑계의 게으름으로 운동할 맘과 행동이 따로 논다는 거다. 그러니 '숨쉬기 운동'만 열심히 할 뿐입니다 라고 하는 것은 너무도 순진무구한 응대인 것이다.

사실 필자의 게으름을 변호하자는 것이 아니라 숨쉬기도 쉬운 게 아니라고 생각한다. 우선 여러 나쁜 환경 요인으로 지구는 몸살, 아니 폭발할지도 모를 지경으로까지 매우 곤혹스러워졌다고 할 수 있다. 이런 사태는 지구촌 곳곳의 상상도 못하는 대형 참사로 나타나는 현상들이 웅변한다.

멀리서 찾을 것이 없다. 우리 한반도의 약 50배가 되고 남한의 100배가 되는 커다란 땅덩어리인 중국 때문에 우리가 입는 직 간접적 피해는 아주 심대하고 막대하다. 차츰 넓어져 가는 사막에서 시도 때도 없이 날아오는 황사로 인해 입는 피해, 수많은 공장과 자동차에서 양심까지 드러내놓고 뭉개듯 배출해 내는 여러 가지 불량 가스와 초 미세먼지 따위로 인한 피해, 서해를 오염시키는 여러 요인들, 이루 열거하기 힘든 물리적, 정신적, 신체적으로 입는 우리의 피해는 정말 심각하다. 이러하니 숨쉬기가 얼마나 중요한가를 알 수 있을 것이다.

다음으로 우리 사는 사회를 조용히 들여다보면 참으로 가관(可觀)인 것이 기막히고 기막히다. 그야말로 정상적인 우리들이 보던, 남의 나라 사람들이 보던, 그야말로 실소(失笑), 냉소(冷笑), 썩소를 자아내게 하는 꼴볼견이 금쪽같은 세월을 죽이고 있다.

다수가 순박한 사람이면서 "흰 밀가루로 분칠한 늑대 여우"에게 홀리질 않을 고등교육을 받은 이들이 제대로 '숨고르기'하면 올바른 이성으로 냉철한 판단, 결정을 내릴 수 있는 것들을 핏대를 세우며 분란을 일으키는 게 이제는 습관화가 되었다.

이를테면, '사드' 문제만 해도 그렇다. 국가 안보의 사활이 걸린 온갖 정보들이 적 앞에서 무책임한 무뢰배들에 의해 공공연히 노출됐다. 뿐인가? 이른바 이 나라 최고 지성이라는 이들이 적의 신문에 대놓고 기고(寄稿)하여 나라를 욕되게 하고, 국정을 책임진다는 의원이라는 나리들이 적을 이롭게 할 수 있을 수도 있는 짓이나 해서 양 쪽에서 망신당하는 몰염치한 짓. 어찌 보면 자신들의 입신을 위해 국가운명에는 개념치 않는 듯한 소탐대실일 수 있는 노릇에 스스로 앞장서는 지도자들의 처신을 보면서 이것이 오늘날 세계 속의 각광받는 대한민국의 허상이 아닌가 싶어 부끄럽기 그지없다.

사실 따지고 보면 모두 자신들의 처지나 입장에서 보면 그 주장이나 행태가 그리 어긋났다고는 볼 수 없을 것이다. 그러나 이해 상대들이 좀더 '숨고르기'를 해가면서 흥분을 가라앉히고 진지하게 이성과 감성으로 풀어나가면 물리적 정신적 상처를 입혀가면서 적 앞에서 추한 꼴은 보이지 않을 것이다. 언제부터인가 우리는 자유라는 이름으로 자신들의 이익 앞에서는 도를 넘는 방종과 탈법, 떼법, 무법을 습관화해왔다. 역사가 보여주듯이 우리는 서로들 무리지어 다투다가도 외침의 조짐이나 침략이 있으면 강철같이 뭉치는 현명한 겨레였다. 그런데 어쩌다가 자유민주주의가 자유방임주의가 되어 맹목적으로 견해와 이해 목적이 다른 상대는 적으로 간주 이전투구를 일삼는지.

문제는 최첨단 시대에 살아남기 위한 나름대로의 생존책이겠지만 너무 상대를 배려하고 이해하려는 애틋한 심성이 출장간 탓이겠다. 그리고 성정이 너무 급해졌다. 그러니까, 호흡이 빨라졌다는 애기다. 그러므로 필자처럼 게을러서 다른 운동은 못할지라도 '숨쉬기 운동'은 제대로 해야 된다는 것이다. 주제어 겸 제목처럼 '숨고르기'를 운동처럼 잘 해야 한다.

그러므로 '숨고르기!' 죽살이의 좋은 습관으로 자리매김 되도록 각별히 노력해야 할 것이다.

숨고르기 2

문학은 쉽게 말해 '인생을 표현하는 것'이다. 어떤 인생인가? 물론 '가치 있는 인생'이다. 그러므로 '문학은 가치있는 인생을 표현하는 것이다.' 아울러 문학은 그 시대를 반영한다. 고려시대의 문학을 보면 고려시대의 시대상을 알 수 있고, 조선시대의 문학을 보면 그 시대상을 알 수 있다.

가령 '이별의 정한(情恨)'을 노래한 작품을 보면 그 시대상과 면면히 흐르는 겨레의 정서를 읽을 수 있다. 대표적으로, '가시리', '진달래꽃', '아리랑'을 잘 이해하면 우리 한국여인의 슬기로움과 끈질김, 그리고 강인함을 알게 된다.

특히 심층적 분석으로는 아니 그러하지만 표피적으로 드러난 면만으로 나타난 '진달래꽃'의 '女人'은 좀 나약한 면을 보여 주지만, '가시리'에 나타난 '女人'은 아주 슬기롭고 기다릴 줄 알고 끈질기고 강인한, 그래서 결국엔 자신의 뜻을 이루는, 우리가 수범적으로 삼아야할 '이 겨레의 대표적인 女人像'이라 할 수 있겠다. 물론 이 논지는 필자의 오랫동안 지켜온 견해이고 심상이다.

이렇게 볼 때 우리나라의 20c,후반부터 21c 오늘에 이르는 불과 짧은 70여년만에 세계가 주목하는 명실상부한 대한민국으로 우뚝 설 수 있었다고 보는 것이다.

속언에 '그 어머니에 그 딸(자식)'이란 말이 있다. '가시리 여인' 같은 현명한 슬기로운 여인이 '한국여인'을 또 '한국의 어머니상'으로 이 나라 겨레를 꿋꿋하게 키우고 지켜왔기에 오늘의 자랑스러운 대한민국이 존재한다고 필자는 감히 밝히고 있는 것이다.

필자의 이 논리가 앞으로 열어가는 몇 가지 사례들의 좋은 바로미터가 되는 것이다.

굳이 모계사회였던 신라(新羅), 늠름하고 임전무퇴로 뭉친 결사대 '화랑'들은 접어두기로 하자. 왜냐하면 최근의 구겨졌던 국민의 마음을 확 뚫어주고 시원하게 해준 사연들이 많기 때문이다.

세계가 선망하는 나라답게 이 번 '리우' 올림픽에서 거둔 207개국 가운데 8위. 금메달 9개(목표치:10) 획득, 그 뒤에 나라의 선양을 위해 불철주야 흘린 피땀, 그 위대한 숨은 공로자들, 이 모두 누천년 흐르는 아름답고 강건한 어머님의 피나는 훈육이 있었기에 가능했다 여기는 것이다.

71주년 광복절을 맞이하여 SNS나 인스타그램 등을 통해 애국정신을 불러일으킨 충심 뜨거웠다. 이처럼 젊은 연예인들의 아름다운 심성과 모범적 국가관의 모습을 스스로 구현해내는데 칭송을 마다할 수 있을 것인가.

'6.25 인천상륙작전'을 성공시킨 이름 모를 '소년학도병들'과 '임병재 중위' 휘하 해군첩보부대의 'X-Ray'작전에 조국의 이름으로 거룩하게 산화하신 분들의 의로운 충혼. 언제고 머리 숙여 감사드려야 마땅함이다. 어찌 오늘을 사는 우리가 사분오열로 님들의 마음을 갈기갈기 찢어 놓을 수 있단 말인가. 즘생이 아니고 개망나니가 아니라면.

각 대학의 창업 동아리 또한 우리의 미래를 밝게 한다. 고등학교부터 해오던 동아리를 이어오는 창업 동아리부터 이 나라의 경제와 신성장동력을 불러일으킬 청신호적인 것이 의외로 많다. 다만 정부나 지자체에서 지원하는 지원금이나 챙기고 사라지는 얌체족, 비 양심족이 젊은 나이에서부터 우후죽순 생겨난다는 게 가슴 아픈 일이지만. 우리 속언에 '구더기 무서워서 장 못 담글까' 하는 말을 새겨들으면 걱정은 금물이라는 생각이다.

'진짜 사나이'에서 야구의 영웅 박찬호 선수가 훈련적응검사의 하나인 오래 달리기에서 너무도 어려워 포기하고 싶은 생각이 든다. 그러니까 입을 앙다물고 '할 수 있다'를 반복한다. 그를 보는 꿈나무들은 큰 용기를 얻게 되는 모습이다.

취업난, 취업난 하지만 조금만 생각과 관점을 돌리면 취업의 자리는 널려 있다는 사실이다. 그 좋은 사례의 한 본보기가 '해외 취업'이다. 해외 취업의 성공사례는 얼마든지 많다. 눈을 크게 뜨고 멀리보고 책을 많이 보고 정보수집에 열중하면 우리 젊은이들의 꿈을 펼칠 수 있는 기회와 자리는 예를 갖추며 기다리고 있다는 사실이다.

바삐 서두르지 말고 평정심을 유지하기 위하여 숨고르기를 잘하면 무엇이든지 할 수 있다. 그리고 성취의 즐거움을 만끽할 수 있다는 것을 유념했으면 싶다.

어느 택시 기사님과의 정담

2017년 8월 15일(광복절) 오후 3시 성모병원에서 가수원의 집에 가기 위해 택시를 탔다. 평소 같으면 큰 리무진(버스)을 탔을 것이다. 왜냐하면 출퇴근 시간도 아니고 집에 가봐야 빈 공간만이 나를 받아들여 줄 것이기 때문이다. 내 반 쪽 안해가 허리를 다쳐 4주째 입원하고 있어 반길 것은 어느 것도 없다. 집안의 책들이나 안해가 닦고 기름칠해 번들거리는 집기들이나 공기가 반겨줄까. 그럼에도 나는 요즘 습관적으로 택시를 무심코 이용한다.

택시 기사님께서 "손님 어디까지 가시느냐?"고 물으시길래 "가수원 육교 밑에요. 아, 비가 오면 주민자치센터 앞에요. 아니, 비가 아니 와도 가수원 육교 밑에서 유턴해서 첫 번째 계단 밑에서 세워주세요." 기사님 "예 알겠습니다." "제가 번거롭게 해드려서 죄송합니다." 공손히 말씀하였더니 이분은 더 공손하게 "손님은 '갑'이고 저는 '을'인데요." 하는 것이다. "아, 천만의 말씀입니다. 기사님께서 모르시고 하시는 말씀입니다. 제 말씀 좀 들어 보세요. 가령, 이 예는 그리 좋은 예는 아니지만요. 이를테면 어느 기사님이 가정 형편이 말이 아닌데다가 어젯밤에 마님하고 대판 전쟁을 치루고 아침밥도 들지 않은 공복인 채 운전하시다가 에이 이눔의 세상 하고 다리를 들이받아 끝났다면 손님은 어떻게 됐겠습니까."

그리고 "분명 기사님께서 '갑'이시고 '제'가 '을'입니다. 때문에 기사님께 잘해 드려야 마땅한 도리입니다. 저 방금 전에 이 택시에 오르면서 기사님께 '감사합니다' 하고 인사드린 것 생각나세요." "아 예. 생각납니다. 그렇게 깊은 뜻이." "기사님 제가 드리고자 하는 말씀의 취지와 본심은 약자에게 보다 다가가고 따뜻하게 대하고 살펴야 한다는 얘기입니다. 제 자랑 같습니다만 저는 대전여자상업고등학교 교사 초임 시절 야간 학생을 가르쳤었습니다. 수업을 마치고 버스를 타고 집에 가는데 버스 안내양이 '오라이' 하고 승차하고는 곧바로 졸고 있는 모습을 보았습니다." "그래서요." "그래서 제가 내릴 때 '안내양 피곤하죠, 그래도 어떻게 해요. 수고해요' 하고는 버스가 멀어질 때까지 우두커니 그 모습을 쳐다보았습니다. 그 이후부터 습관이 되어 버스, 택시 기사님이나 아파트, 병원, 서울역, 길거리 청소하시는 분, 남들이 하기 싫어하는 일들을 묵묵히 그러면서도 열심히 일하시는 분들을 위해 '인사'로나마 천분의 일 만분의 일의 고마움의 정표를 하는 거죠."

기사님 말씀, "뭐 하시는 분인지는 모르시지만 참 존경스럽네요." 하시는 거다. "참으로 기막히는 거죠. 뭐가 존경스러운 일인지요. 그렇게 보아 주시는 기사님 마음씨가 더욱 아름답네요."

어느 사이에 목적지에 도착해서 택시 요금을 치루려니 8100원이 나왔다. 10,000원을 드렸더니 2000원을 내 주신다. 이러시면 100원을 손해 보셔서 아니 되는데, 아니 괜찮으시단다. 나는 그럴 수 없다며 뒷주머니에서 100원을 꺼내 드렸다. 기사님께서 하시는 말씀, 선생님 같은 분만 많으면 우리나라 정말 좋은 나라 될 거라면서 '선생님 파이팅'을 외치면서 다음 손님을 맞이하기 위해 시내 방향으로 떠났다.

비록 바쁠 것도 없는 백수가, 반겨 줄 이도 없는 빈집을 가기 위하여 버스를 이용하는 것이 더 나을 수도 있었다. 그러나 무시 못할 습관으로 택시라는 대중교통수단을 이용해서 생긴 미쁜 일. 둘만이 함께 한 공간 안에서 '갑'과 '을'이 아닌 동등한 인격체로서 정겨운 말들을 주고받으며 잠간만이라도 아름다운 정을 나누었다면 그 자체로서 자그마한 행복을 누린 것이 아니겠는가. 이래서 우리 사는 세상은 그래도 살만한 세상이라는 거다. 이 늙을 미쁘게한 이름도 성도 알 수 없는 맘결 따뜻한 택시 기사님! 늘 행복하세요, 건강하시고요.

제 자식, 손주도 아랑곳 하지 않는 이들

도대체 기막혀서 필을 어떻게 이끌어 가야 할지 난감하다. 촛불집회의 폐회는 아마도 반년 정도면 좀 가닥이 잡히지 않을까, 아름다운 눈으로 어림짐작 해볼 수도 있다. 물론 갈수록 양극단으로 치닫는 감정이 훨씬 대극으로 치달릴 수도 있을 것이다. 그렇다고 해도 어쨌거나 일단은 한시적인 사안이기에 걱정이 덜하다.

그러나 이 겨레 나라의 명운과 광명, 암흑으로 오래도록 점철되면서 급기야는 저 월남과 같이 나라가 지구상에서 없어지는 치욕과 거덜나는 결과를 초래할지도 모르는 '역사' 교육은 중요하고 또 중요하다. 그래서 어느 문제보다도 정말 신중하고 또 신중하게 애국심을 가지고 진보와 보수가 머리를 맞대고 올바른 역사교육 교과서를 만들어야 한다. 그리고 여기에는 사감과 작당, 이념 패거리의 장난과 무조건 '모 아니면 도'라는 식, 적을 대하듯 뜻과 생각 이론이 다르면 하이에나마냥 물어뜯으며 죽살기로 살의를 풍기며 막무가내로 다룰 그런 내용이 아니다.

그런데 소위 국정을 다룬다는 국회의원들이 하는 짓거리가 너무도 한심하고 목불인견이다. 국회의원 하는 못난 짓이 어디 어제 오늘의 일이 아니지만 국가의 명운을 좌우하는 역사를 너무 생각 없고 양심도 없고 오직 파당에 의해 멋대로 함부로 '역사교과용 도서

다양성 보장에 대한 특별법(국정교과서 금지법)' 야당 단독으로 의결했다. 관심 있는 이는 다 아는 바와 같이 이것은 더불어 민주당 간사 '도종환' 의원이 대표 발의한 법안으로, 사실상 중, 고등학교에서 검인정 교과서만 쓸 수 있도록 제한한 악법이다. 국정교과서를 사용할 수 없게 하는 자유민주주의국가에서는 있을 수 없는 염치없는 법안이다. 겉으로는 세계 각국이 그러하다며 왜 우리나라만 국정교과서도 써야하는가 하는 눈감고 야옹하는 이른바 국민수준 알기를 '손안에 공깃돌, 개밥의 도토리'로 아는 몰염치의 극치를 보여주는 치기어린 추태다.

국회의원이 하는 짓도 꼴볼견 기막혀서 숨넘어갈 지경인데 "국정교과서를 즉각 폐기하지 않으면 교과서 집필을 거부하겠다."며 20일 단체 행동에 나섰다는 내용을 '조선일보(2017.1.21. 토A23면 사설)'를 통해 접했다. 집필진들의 아량과 고집과 수준과 국가에 대한 애정이 이 정도면 볼짱 다본 것이다. 이들이 써내는 교과서 내용과 의도와 수준, 그리고 목적이 어떠한지는 이 무지렁이 필자도 알 정도면 이 나라 국민 대다수는 저들의 속내를 다 읽고 있다고 봐야 한다. 참으로 한심한 사람들이다. 직접 상관없는 이들은 그렇다 치고 자기들의 자식과 손주들이 이 나라 구겨지고 폄훼되는 역사를 배우고 어찌 자존심과 세계를 제패하는 세계 속의 1등 시민으로 자랄 수 있겠는가. 실로 제 자식 손주 스스로 바보 만드는 웃기는 아이러니 아닌가.

이들의 못 말리는 생고집, 떼고집, 옹고집, 훗날 이 겨레 나라에 남겨질 자신들의 광영스럽지 못할 행적이 두고 두고 남겨진다면 얼마나 후회스러울까 염려는 아니되는지 같은 시민의 한 사람으로서 걱정이 된다.

이 민초가 오로지 바라는 바는 이들의 바보짓에 나라가 망하지 않는 것, 거덜나지 않는 것, 우선 그 것이 이제의 소망이고 염려다. 이점에서 조선일보의 20일자(토) "檢定 필자들 집필 거부, 이참에 검정 교과서도 확 바꾸자"는 '사설'은 時宜適切한 그리고 조선일보를 사랑하는 독자들의 마음에 다소나마 위로가 되는 글이었다고 여기는 바다.

좋은 인연, 초특급 속도의 세월 어찌 살 것인가

국립 한밭대에서 정년퇴임을 한 나는 요즘 나름 의미 있는 나날을 엮어 가고 있다. 피를 나눈 형제들이 결코 부럽잖은 친형제 이상의 인연으로 지내는 변상호(희곡작가), 권영국(수필가), 이완순(시인, 소설가), 장상현(에베역 장군, 시민대학 교수), 김우영(소설가), 박덕환(수필가) 등 여럿의 형 아우들이 있다. 이들 형제들 중에 둘째형인 '희곡작가 겸 명칼럼리스트 김용복 형'의 '애타(愛他)' 정신의 삶이 이루어 낸 아주 좋은 인연들과 유쾌하게 보내기 때문이다.

그런 '용복 형'의 주선으로 수강하는 강의가 있어 매주 한 번씩 시민대학을 찾는다. 참으로 보람있는 강좌이다. 그리고 가르치는 교수는 무론(毋論), 수강자 면면이나 수강하는 태도도 수준급. 이런 연고로 얼마 전(2017, 10월말경)에도 시민대학을 찾아 '재밌는 고사성어(故事成語) 이야기'(장상현 교수: 매주 금요일 오후 2:00 ~ 4:50)를 수강했다.

수강을 마치고 집으로 가기 위해 교보생명 옆 버스 승강장에서 버스를 기다렸다. 마음 같아선 택시를 이용하고 싶었다. 기실 내 영육이 말이 아닐 만큼 부실했기에. 하지만 가수원 은아 아파트 301동 같은 라인 4층에 사는 '시인 이선희 형'이 버스를 타고 가자 하기에 대체로 그랬듯이 형의 제안대로 버스를 기다렸다. 막상 버스가 와 버스에 승차하려니 빈자리도 없었다. 그래서 나는 재빨리 하차하면서 택시를 타고 가자고 형한테 얘기해서 결국은 내 본래 마음먹은 대로 택시를 탔다.

나는 늘 그래왔듯이 기사님 옆자리로 올라타 앉기를 좋아한다. 내가 늘 택시를 이용할 때 기사님 옆에 타는 까닭은 움직이는 정보원이랄 수 있는 기사님과 대화하기 위해서다. 딴은 안전을 생각하면 뒷자리에 타는 것이 현명하다. 그런데 뒷자리에 있으면 생각으로는 마치 내 자신이 윗사람 행세하는 것 같고 대개의 경우는 목적지에 가는 동안 서로 침묵으로 지내다 내리게 되어서다. 기사 옆자리에 타고 가면 서로 정담 속에 세상 돌아가는 얘기 나누다 보면 목적지에 이르렀을 땐 서로 오래된 친구처럼 되어 기분 좋게 수인사 주고받으며 헤어지게 되는 미덕 때문이다. 때로 기사님 가운데는 까닭모를 불편한 심기에 대화할 분위기를 싹뚝 자르듯 대하는 기사님도 더러는 있다. 그럴 때는 나도 덩달아 멋쩍은 기분이 되는 수도 있다. 그러나 대부분의 기사님들은 기분좋은 만남에 따스한 안녕의 인사로 보냄이 일반이다.

이 날도 나는 어김없이 기사님 옆에 탔다. 얼마 후 나는 좀 나이가 들어 보이는 기사님께 웃음을 띠며 말을 걸었다. 기사님! 고려대학교 아니 연세대학교가 어찌 되시나요? 기사님 나를 한 번 쳐다보고는 아무 말 없이 운전에만 진지. 말없이 그저 운전만 하고 있는 기사님 생각, 이놈(필자)이 내(기사님)가 좀 나이가 들어 보여 걱정하는 속내로 쓰잘머리 없는 수작을 거는 거야 하는 맘인지 여전히 묵묵부답이다.

아마도 그런 생각에서 달갑지 않은 내 물음에 대꾸할 까닭이 없어 말을 하지 않는 것 같은 느낌이 들은 나는 잠시의 침묵 뒤 스스로 내 연세대학교를 밝혔다. 기사님, 다시 나를 쳐다보고는 역시 답이 없다. 그래서 나는 다시 말을 이어 갔다. 기사님 제가 그렇게 안 보이시나요, 나이가 더 들어 보이시나요? 하며 너스레를 떨었다. 그랬더니 빙긋이 웃으면서 자기도 나와 같은 나이란다. 그리고는 나 보고는 자기보다 아랜 줄 알았단다. 뭐하며 살았길래 자기보다 그리 젊어 보이냐는 거다. 그래서 나는 그리 봐 주셔서 고맙다. 그러나 속은 부실하다. 겉모습만 그렇지 움직이는 종합병원이랬더니 믿기지가 않는단다. 이후부터는 나와 기사님은 목적지에 이를 때까지 오랜 친구가 만나서 정담 나누듯 청산유수의 대화가 오갔다.

기사님과 내가 나눈 얘기의 골자는 하나같이 '시간이 아니 세월이 넘 너무 빨리 간다.' 는 거였다. 기사님 말씀, 남들은 시간이 안 가서 지루하다는데 웃긴다는 거였다. 기사님 얘기로는 자신은 이틀 일하고 하루 쉬는데 정말 정신없이 시간이 빠르게 간단다. 왜냐하니까 오늘 일하면 내일 쉬는 날인데 낼모레 운전을 위하여 쉬는 날 차 청소를 하고 하체(下體)를 굳세게 만들기 위하여 운동하고 친구 만나 한잔하고 잠자면 하루 뚝딱 가버린단다. 이틀 일하는 첫날 하기 싫은 운전 잡으면 시간가는 줄 모르게 휘딱 가버린다. 다음날, 오늘 하루 일하면 내일 또 쉬는 날이어서 열심히 손님 찾아다니다 보면 또 후딱 가버린다며 몸은 자꾸 어려워지고 세월은 빠르고 다람쥐 쳇바퀴 돌 듯하는 생활 지겹다 한다.

내 하는 말, 기사님은 행복하신 거다 자신의 할 일이 있어 바삐 산다는 거 그래서 눈 코 뜰 새 없이 시간이 가버리는 거 어찌 보면 정녕 행복한 생활 하는 거다. 그리고 그리 정신없이 산다면 이제부터는 마나님하고 들고 싶은 음식 잡수시러 다니고 함께 여행도 하면서 좀 놀면서 여유를 갖고 편히 살라 했다. 하였더니 뭔 말씀을 그리 하느냐. 그럴 시간도 없고 노는 것도 놀 줄 알고 놀아본 사람이 노는 것이지, 놀 줄 몰라 놀지도 못하고 놀 여유도 없단다. 그도 그렇다. 사실은 나도 지나간 그 많은 시간 뭐 그리 잘해본 것도 제대로 학문도 연애도 놀기도 해보지 못한 따지고 보면 허송세월 아까운 시간만 축낸 무녀리, 무지렁이 삶을 지낸 데 불과했다. 그래 놓고는 이제 와서 시간이 너무 초특급 속도로 흘러 기막히다. 각도 심한 내리막길이어서 빨리 가는 것만 한탄하고 있는 넋두리 내 삶이 그저 부끄럽기 그지없다.

물론 가장 기본적인 서로 이름도, 어디 살고, 어찌 사는지도 모르면서 몇 번씩 승차해서 눈에 익은 좋은 인연으로 만난 여러 기사님과 이 주제에 주인공이 되는 같은 띠 동갑의 기사님들 바라기는 좀 영육 간 병들지 않게 쉬엄쉬엄 쉬시면서 늘 좋은 손님과 만나면서 복된 삶을 사시기를 바라는 마음이다. 이 헛껍데기, 무녀리도 이후부터라도 아름다운 몸과 마음으로 될 수 있는 한 아름답고 멋지게 삶을 영위해 나가도록, 하여 남은 인생이나마 후회를 덜하는 그린 듯한 생활을 해 나가리라 스스로 다짐해 본다.

저를 아시는 모든 분에게 사랑이신 주님의 은총이 충만한 가운데 보람있는 삶을 지내기를 주의 이름으로 빌어 본다. 마무리로 이 나라 이 겨레를 책임지고 이끌어 가는 여러 분도 제발 서로 상처 주고 남 탓하며 허송세월 하는 무녀리 지도자가 되지 않기를 진솔한 영육으로 바라고 또 바란다. 아울러 아름다운 이 나라의 안녕을 위해 살신성인하는 참다운 열정을 다 바쳐 줄 것도 바란다.

2 왜들 이러시는지

그대들은 구원받기 어려운 망나니 같은 철부지 행태로 우리를 쓰레기, 오물 이상으로 무시하기도 하고, 노상 온갖 죄질을 거리낌 없이 저질러들 댔다. 하지만 우리는 망나니 행태를 일삼는 그대들에 대한 저주나 원망 따위는 하지 않는다. 이 같음은 그대들이 우리의 지나온 역사를 보아서도 잘 알 수 있을 터. 다만 우리는 늘 구상유치하기 이를 데 없는 그대들의 대오 각성하는 진솔한 깨우침이 있기만을 소망할 뿐이다.

김선호 수필집

속상해 하지 마시게

어느 밥 알갱이의 쓴 소리

아주 잘난(?) 요즘 사람 그대들이여, 지난 날 그대들이 정체성을 잃고 흐느적거리며 지낼 때, 늘 해맑은 영육으로 깨어 있기를 주창한 행동하는 양심, 예지의 지성 '함석헌' 옹과 '씨알의 소리'를 기억들 하는가. 그저 똥배만 키웠지 무지하고 몽매하기가 그지없는 그대들이 어찌 기억이나 하겠는가. 해서 요즘 이 땅의 그대들이 좀 부유해졌다고 그대들 식탁의 으뜸 식량으로 혁혁한 공로를 쌓아온 우리들 알곡 존재를 수없이 홀대하였다. 이에 그 배부른 짓거리들을 '씨알의 소리'처럼 정의의 소리로 올바로 꾸짖고 경계로 삼는 '쓴 소리'좀 하려한다.

우리 고귀한 알곡들이 알량한 그대들 먹거리가 되기 위해 얼마나 고초를 감내해 왔는가는 어리석은 그대들일지라도 모를 리 없을 터. 허나 그대들은 그대들의 생존을 위해 존재해야 하는 우리에게 필설로 다할 수 없는 황당한 짓을 해댔다. 지극히 소중한 우리의 꿈과 희망, 그리고 권리와 의무를 번번이 짓밟아 왔다. 한마디로 되어먹지 못한 성정의 그대들은 그대들을 위해 이제나 저제나 오로지 희생으로 일관해 온 우리의 삶을 놀부 심보와 같이 짓뭉개 놓기 다반사였다. 얼마간의 눈코치만 있어도 온갖 풍상과 천신만고 끝에 그대들의 먹거리 되는 고단한 우리의 삶을 이토록 무지하게 짓밟지는 않을 것이었다.

자고급금, 인구에 자주 회자되는 말로 '몸 아픈 고통은 참을 수 있어도 배고픈 설움은 참을 수 없다'했다. 도대체 그 고픈 설움이 뭔지도 모르는 철딱서니 없는 것들은 가엾기 이를 데 없는 철부지들이다. 더구나 모든 먹거리의 맏형 격인 우리에게 복 나갈 짓만 해대다 그저 끝내는 설거지 물통 속에 처넣기나 하고, 음식물 쓰레기로나 냅다 버리는 것들은 제대로 된 성정의 사람이랄 수 없다. 그저 영락없는 망나니 같은 족속들일 뿐이다. 까닭에 우리의 숭고한 희생적 삶을 무참히 앗아간 그대들은 어김없는 망나니형 철부지, 그 어두운 멍에에서 결코 자유로울 수 없는 슬픈 존재가 될 수밖에 없다. 그대들이 치욕스러운 오명에서 벗어날 수 있고 없는 건 그대들의 육신 안으로 건강한 혈육으로 거듭나 그대들 삶과 함께 하려는 우리의 꿈과 소망을 이루게 해주는 성실한 실천 여부에 있다.

이제까지의 그대들은 분명 사람은 사람이로되 그대들의 유치한 식사 습관으로 인해 도무지 사람 같지 않은 사람이라는 오명을 이고 지냈던 것이 사실이다. 그대들이 희생의 삶을 생명으로 하는 우리를 슬프게 한 결과다. 우리는 그대들이 오명으로 얼룩진 치욕적인 삶을 사는 걸 결코 원하질 않는다. 그대들의 치욕적인 삶의 연속은 우리들 삶의 슬픈 역사가 되기 때문이다. 이러한 삶은 결코 서로가 바라는 삶이 아니다. 그대들은 모름지기 사람 같은 사람들이어야 하고, 우리는 그대들의 건강한 삶을 영속케 해주는 거룩한 희생적 삶의 위업을 지속적으로 이어 나가야 한다. 우리들 씨알의 숭고한 삶이 그대들의 혈육 안에서 그대들 건강한 삶 속에 함께 하는 것이 우리가 바라는 성공의 삶이다.

그대들을 사랑해 마지않는 우리가 그대들이 싫증낼 것을 잘 알면서도 미주알고주알 잔소리를 거듭하는 것은 오로지 그대들의 일용할 풍성한 양식이 되고, 나아가서는 그대들 육신의 튼실한 근간이 되는 피가 되고 살이 되고자 함이다. 하여 그대들의 생이 다하는 날까지 함께 하려는 소망일뿐이다. 그러나 아이러니한 것은 우리의 진지한 소망이 도중에 늘 물거품으로 사라지는 비극을 늘 달고 산다는 것이다. 이것이 우리의 태생적인 숙명이라 해도 벗어나고픈 비극이 아닐 수 없다. 비극의 비극은 우리의 의지와는 상관없이 사람들의 성정과 제 2의 습성 형태에 따라 결정되어지는 슬픈 우리의 생애에 있다.

더욱 슬픈 생애는 고단한 삶의 여정 끝자락에서 사람들이 남김없이 취하는 사랑 받는 먹거리가 되지 못하고 최고 정점에서 추락되고 마는 데 있다. 사람들의 건강을 지키며 그들과 함께 그들의 생이 다할 때까지 그들의 피와 살로서 승화되지 못하고 기구하게도 설거지 대상으로나 타락하여 더러운 신세로 생이 마감되는 삶이 슬프다. 천신만고를 감내해 낸 영광된 여정의 노력이 일순간에 도로아미타불 되고 마는 애통한 삶 말이다. 설상가상, 우릴 위해 온갖 시련 속에 고귀한 희생을 바친 우리의 배냇 동기인 뿌리, 줄기의 형제들과 부모 같은 농자님들에 대한 미안함이 우리의 애달픈 삶을 더욱 가위 눌리게 하는 것으로 고통을 더한다.

각설하고, 그대들은 구원받기 어려운 망나니 같은 철부지 행태로 우리를 쓰레기, 오물 이상으로 무시하기도 하고, 노상 온갖 죄질을 거리낌 없이 저질러들 댔다. 하지만 우리는 망나니 행태를 일삼는 그대들에 대한 저주나 원망 따위는 하지 않는다. 이 같음은 그대들이 우리의 지나온 역사를 보아서도 잘 알 수 있을 터. 다만 우리는 늘 구상유치하기 이를 데 없는 그대들의 대오 각성하는 진솔한 깨우침이 있기만을 소망할 뿐이다. 오로지 그대들을 위한 먹거리로서의 사명을 다하기 위해 희생적 삶을 사는 우리는 예서 더 바랄 게 없다. 우리 일생이란 것이 하나의 밀알, 그 어미 속에서 태어나 도중에 쓰러지지 않고 끝까지 살아남아 그대들의 먹거리 되는 순교적 삶이 우리의 최대 영광된 삶인 것을.

요즘 좀 살게 됐다고 해서 일부 입맛 간사한 것들이 결코 제 건강에 별 도움이 되지 않을 인스턴트 식품의 꾀임에 넘어 가서 우릴 홀대하는 풍조가 역력한 게 한심하다면 한심한 것뿐이다. 자고로 조강지처 무시하고 버린 놈 치고 잘되는 놈 없다 했는데 글쎄 우릴 홀대하고 건강하게 명줄대로 잘들 살지 걱정이다. 괜한 염려인지는 모르겠지만. 아무튼 우리는 이제껏 그래왔듯이 우리를 선호하는 사람들의 입맛에 맞는 더욱 품격 높은 먹거리 되기 위해 고진감래하는 희생적 삶만 잃지 않으면 될 일이다. 하면 우리의 이 같은 희생적 삶의 여정은 결코 헛되지 않은 여정이 될 것이다. 우리 씨알 형제들이 사는 이 세상은 그래도 제대로 된 사람들이 보다 많이 살아감을 아는 터이기 때문이다.

씨알로부터 밥 알갱이 되기까지의 우리 삶이 매우 고단한 여정임을 갓난이 말고는 철부지도 아는 바이다. 우리의 고단한 삶은 사람, 그들의 생존을 위해 지속된다. 허니 사람들은 우리를 마땅히 은애함이 옳다. 이런 우리를 이유야 나변에 있든 홀대하는 건 죄악이다. 우릴 홀대하는 자는 멀쩡치 않은 사람이다. 그간 우린 사람 같지 않은 자들에게서 수없이 홀대를 받아왔다.

우리는 사람들을 위해 끝까지 존재한다. 때문에 우린 사람들에게서 사랑 받을 의무와 권리도 있다. 때문에 우린 우릴 맘대로들 홀대하고 농락해온 망나니 같은 철부지 족속들에게 복 나갈 작태, 거지꼴 될 짓거리들을 삼갈 것을 무언의 쓴 소리로 일갈해둔다. 그래 언제까지 하느님께 두려움 모른 듯이, 하냥 망나니 같은 철부지 짓으로 구제 받지 못할 삶을 살 것인가를. 제발 바랄 테니 모름지기 사람다운 사람으로 거듭나 철 좀 들라고….

열림과 소통의 인문 한국*

21C 벽두(劈頭)의 오늘날 세계는 '인문학'의 매력에 빠져 있다고 해도 지나친 표현이 아닐 것입니다. 그 예로 미국 '국방성'에서는 안보의 해법을 '인문학'에서 구하고 있고, 미국 각 대학에서도 인문학의 인기가 대단하다는 것을 우리는 잘 알고 있습니다. 이는 우리나라에서도 마찬가지로 대학입학 경쟁률의 선두는 대체로 '인문학 관련학과'들이 차지하고 있음은 주지의 사실입니다. 뿐만 아닙니다. '경영CEO'를 대상으로 하고 있는 '인문학 강좌'의 인기 또한 회를 거듭할수록 실로 대단함을 매스컴들이 경쟁적으로 전하고 있는 현실입니다.

우리 한밭대학교 인문과학대학의 그 인기와 수준 또한 선두의 자리에 있음을 고백하지 않을 수 없습니다. 결코 백화점 식이 아닌 반드시 있어야 할 학과로 혁신적인 교수법과 교과 운영, 그리고 적극적인 진로지도를 통해 튼실하고 유능한 인재를 배출하고 있는 명실상부한 인문과학의 명문대학입니다. 이는 자타가 그 실적으로 인정하는 그릇됨 없는 진실인 것입니다.

앞으로 지구촌 국가사회 발전의 명운은 단언컨대 열림과 소통의 바로미터가 되는데 으뜸인 외국어의 활용의 능통함과 명실상부한 선진국 영예를 거머쥘 수 있는 디자인 분야에 어떻게 대처하느냐에 달려 있다고 해도 지나친 표현이 아닐 것입니다. 하여 우리 인문과학대학은 이러한 시대적 요구와 사명에 적합한, 또 반드시 있어야 할 핵심적인 학과인 '시각디자인학과, 공업디자인학과' 그리고 '영어과, 중국어과, 일본어과'를 설치 운영하고 있습니다.

미래비전을 제시하는 이 나라 최고의 디자인 명문학과를 구축하기 위한 미래디자인 트레이닝 시스템인 '4NDesign'(New media-knowledge-technology-trend)을 설립 인재육성을 위해 낮밤 없는 학부가 '산업디자인학부'입니다. 이러한 열정의 결과가 디자인 학문 분야 우수대학 선정, 디자인 분야 영역별 우수대학 선정의 영예를 연속적으로 갖게 한 것입니다. 우리 대학의 이들 학과는 '대한민국산업디자인전람회, 국제디자인페어공모전, 국민광고대상' 등 국제규모, 전국규모의 수많은 대회에서 '대상, 본상, 대통령상' 등 값진 상을 수없이 수상하는 기록을 세우고도 있습니다. 이러한 뛰어난 실력은 취업에도 진가를 발휘해 대다수의 졸업생들이 경향의 유수한 기업 관련 분야에서 발군의 능력을 행사하고 있으며, 대표로도 활약하고 있어 재학생들의 귀감이 되어주고 있습니다.

지구촌 한 울타리 시대에 '현장언어강화'라는 외국어학과의 특성을 여름, 겨울 방학 동안에 미국, 캐나다, 중국, 일본 등지로의 어학연수와 학점인정 프로그램 실시, 글로벌프론티어 프로그램에 따른 해외현장체험학습 실시, 해외기관에서의 인턴쉽 프로그램 학점화, 해외 현지 유수의 대학들과의 학점교류 및 교환학생 파견, 현지 대학들과의 합동 문화공연 등으로 국내는 물론, 국제사회 관련 분야에 진출하여 소양과 능력을 훌륭히 발휘할 수 있는 인재를 키우는데 선도적 역할을 하는 학과가 바로 우리 인문대학의 '영어과, 중국어과, 일본어과'임은 주지의 사실입니다. 교수 연구 면 어느 면에서

나 우정 뛰어난 교수들의 열정적 지도로 배출된 졸업생들의 활약 또한 괄목할 만하다 할 것입니다. 외국 현지의 대학 교수, 연구원, 고위 공직자, KBS기자, 리포터, 신문사의 해외 특파원, 중등교사, 작가 등 졸업생 대다수가 내로라하는 직업전선에서 자신과 우리대학의 자존과 명예를 지키며 열심히 헌신하고 있음은 실로 존재의 가치를 빛내는 일이 아닐 수 없다하겠습니다.

진심으로 존경하옵는 학부모 여러분! 그리고 밝은 앞날의 주인공이 될 사랑하는 수험생 여러분! 진심으로 소망하는 것은 여러분의 탁월한 선택입니다. 분명 우리 한밭대학교 인문과학대학은 우리대학에 대한 여러분의 그 바른 선택, 탁월한 선택에 뜨거운 박수를 보낼 것입니다. 그리고 후회 없는 선택이었음을 정성과 노력 그리고 실력으로 인재를 양성하여 내보낼 것임을 약속드립니다. 거듭 밝혀드립니다. 우리대학으로의 선택을 결코 후회 없는 선택으로 만들어드리겠다는 것을 말입니다.

늘 건강하시기를 빕니다. 고맙습니다.

* 2018년 현재는 다양한 학과 증과와 사회의 요구에 부응하고 선도하는 발전적인 많은 변화를 보이고 있음.

군(軍)에게 아낌없는 배려와 지원을

군인의 의무와 책임, 그리고 권리는 신성한 국방의 의무를 성실히 수행하는 것임은 주지의 사실이다. 그럼에도 군의 최고 지휘부에 있는 일부 인물들이 떡밥에만 신경 쓰고 국가 안위는 안중에도 없는 듯 후안무치(厚顔無恥), 이적행위(利敵行爲) 짓거리를 일삼는 것은 엄벌 받아 마땅하다. 전시 같으면 하나같이 형장의 이슬감 짓들이다. 기막히고 또 기막힌 노릇이다.

필자가 육군소위로 임관되어 임지에서 군생활을 혹독하게 치른 때는 '김신조 일당'이 청와대를 습격한 이듬해였다. 김신조 일당이 1시간에 산악(山岳)을 12Km를 주파(走破)했다 해서 과연 가능한가를 체험하는 산악부대에서 명실상부하게 곰이나 멧돼지 이상의 실전훈련을 한 부대에서 조국애를 새겼다. 예편해서도 나라와 겨레의 영원한 스승이신 '도산(島山) 안창호(安昌浩) 선생' 께서 1913년 5월 13일 미국 센프란시스코에서 충성(忠誠)스럽고 의(義)로운 젊은 男女를 모아 만드신 '홍사단(興士團)' 단우로서 애국애족(愛國愛族)정신을 갖고 생활해온 한 사람이다. 이런 필자로서는 도저히 이해가 안 되는 역적행위임에 틀림이 없다.

그러나 국군통수권자가 일본에서 축구경기를 참관하고 있는 무신경 속에서도 우리의 자랑스런 해군용사들은 불리한 교전 수칙에서도 북괴의 도발을 단숨에 응징하는 애국혼(愛國魂)을 보여주었다. 뿐이 아니다. 국가를 이끄는 정부의 설익은 햇볕정책에 우리의 안보의식은 옷을 홀러덩 벗은 상태로 무방비, 무감각 상태. 이런 악조건 상태에서도 우리의 국군용사들은 제몸 챙기지 않고 오로지 이 나라와 겨레를 위해 보국 헌신하는 굳건한 임전무퇴(臨戰無退)의 감투(敢鬪)를 유감없이 보여주었다.

'목함지뢰' 참사에서도 보여준 국가에 대한 자신의 '희생'을 자랑스럽게 생각하는 우리 '대한민국 군인'들의 상무정신(尙武精神)은 얼마나 우리 대한의 자존심과 얼을 드높힌 기상인가. 대한민국의 제대로 된 시민이라면 누구나 가슴이 울먹하고 뜨거운 나라사랑 정신을 되새겼을 것이다. 잠시 뒤면 자연인으로 돌아갈 '예비 제대 군인들'이 앞 다투어 스스로 임전무퇴(臨戰無退)의 올바른 군인정신을 보고 얼마나 많은 대한 국민들이 감격했던가. 뿐이었겠는가. '예비역'들은 너나할 것 없이 조국이 부르면 곧바로 뛰쳐나가겠다고 '군장(軍裝)'을 챙겨두는 애국심에 우리 대한민국은 다시 한 번 용틀임하는 기상을 온누리에 펼쳤다.

세계의 이목이 집중되고 있는 '사드'문제도 그렇다. 지금은 나라 안이나 밖이나 꼴불견의 모습, 利己에 빠져 허우적대는 것으로 보여 민망스러운 게 사실이다. 그러나 좀 더 시간이 흐르고 슬기로운 겨레혼이 발동하면 잠시 남들이 보기에 추태로 보였던 모습이 안개 걷힌 듯 말끔히 사라질 것임이 분명해질 것이다.

잠시 혼란을 이용하는 적대 세력이 호기로 삼아 준동하여 물 만난 고기처럼 날뛰면서 저들의 속셈으로 이끌어 가려하는 게 백면서생의 눈에도 선하다. 그러나 늘 그래왔듯이 그들은 늘 실패했다.

당연히 실패해야 되는 것이 마땅하지만.

요즘 당장은 좀 시끌벅적해 보이지만 분명한 것은 얼마 지나지 않아서 평정심을 되찾아 진정한 애국이 어디에 있는지 깨닫게 될 것이다. 왜냐하면 언뜻 보기에는 자신의 이익에만 함몰(陷沒)되어 있는 것 같이 볼 수 있다. 그러나 본시 슬기로운 우리 시민은 진정한 우리의 영원한 살 길, 번영하는 나라의 참모습의 갈 길이 어디에 있는지를 본능적으로 알고 있는 영특한 겨레다.

그래서 필자는 미디어에서 보여지는 구겨지고 일그러진 모습에 별로 신경 쓰질 않는다. 그것은 모두 얼마 뒤면 허상일 따름이다. 안보에 관한 한 이 나라의 국군통수권자와 국방의 최고 수뇌부, 그리고 사랑스러운 우리의 국군을 신뢰해야 함이 마땅하다.

누가 뭐래도 우리 군(軍)은 제대로 선군(軍)이고, 우리 군인(軍人)들은 세계에서 내로라하는 훌륭한 군인(軍人)들이다. 이러한 훌륭한 군 조직을 더욱 강군(强軍)으로 끌어 올리려면 이에 대한 우리의 책무와 권리가 있다 하겠다. 우선 군(軍) 최고 통수권(統帥權)자는 군(軍) 지휘부(指揮部)에 대한 끊임없는 신뢰와 배려, 그리고 엄격한 지휘 감독을 해야 한다. 그리고 온 국민은 북한 정권(政權)을 대놓고 지원하며 우리 정부와 기관을 이간질하며 물 먹이는 좌파(左派) 및 불순세력(不純勢力)들이 이 땅에서 누릴 건 다 누리면서 온갖 패악(悖惡)질을 다하는 못된 짓거리를 못하도록 원천봉쇄(源泉封鎖)하는 애국심을 발휘해야 한다.

이렇게 대통령과 온 국민이 합심해서 광휘(光輝)한 국군을 전폭적으로 배려하고 지원할 때 우리 국군은 무적(無敵) 강군(强軍)으로서의 위격을 지켜나갈 수 있다고 본다. 대한민국 국군 만세, 대한민국 만세!

굳이 병원이어야 하는가

세상에는 참으로 이해 안 되는 일들이 많고도 많다. 일상생활에서 쓰는 용어만 몇 개 들어 봐도 금시 알 수 있다. "국화꽃. 역전앞, 중교다리. 처가집. 상가집". 따위가 그 하나의 보기다. 뿐인가. "문 닫고 들어 와. 미쳐 죽겠어, 좋아 죽겠어, 싫어 죽겠어" 따위도 마찬가지.

그런데 오래 전부터 의문을 품어 왔고 이제까지도 이해가 안 되고 시(詩)로도 내 안타까운 속내를 밝힌 바 있는 게 한 가지 있다. 몸에 이상이 있거나 병이 들어 찾는 곳의 이름이 왜 하필이면 그 수많은 좋은 이름들을 놔두고 굳이 '병원'이라는 것이냐다.

내가 지금은 무릎이 좋지 않아 산행을 하지 않는다. 그러나 십여 년 전만 해도 구봉산(九峯山)의 날다람쥐나 고라니처럼 친숙했다. 물론 소나무가 많고 산길도 낙타 타는 기분, 힘이 별로 들지 않는 가벼운 산행이어서 아는 이들이 즐겨 찾는 명산이다. 이 산 숲에는 목마름을 해결할 샘물이 없는 게 흠결이지만 대전의 중서부권 웬만한 전경은 다 볼 수 있어서 좋다. 그리고 실제 보지는 못했지만 그 귀여운 고라니가 펴얼쩍 뛰놀고 멧돼지도 숨쉬는 대전 팔경(八景)의 한 명산이다.

그런데 이 명산초입의 봉우리에서 첫 번 크게 시야로 들어오는 이름이 별로 반갑잖은 "건양대 병원" 이름이다. 그것도 아주 눈이 나쁘지 않은 사람은 뚜렷하고 크게 볼 수 있는 대형 간판의 이름이 떡 보는 이들의 시선을 제압한다.

모든 이는 누구나 한결같이 병원에 가서 몸과 정신을 맑게 고쳐 퇴원하여 기존의 일상생활을 하고 싶어 한다. 하지만 동네의 "의원"이 아닌 "종합병원"급이나 "대학병원"에 가보면 솔직히 심정적으로 찝찝한 게 사실일 것이다.

대형병원에 들어서면 내 보기에는 환자 보호자 관계자 분들로 꽉 뒤범벅된 것처럼 아수라장을 이루고, 환자들은 마치 저승열차표를 구해놓은 듯 표정들이 어두워 보이는 게 대체로 그렇다.

모든 경기장이나 음악회, 영화관, 박물관 도서관 등에서는 나름대로의 삶의 활력을 확인할 수 있다. 그러하듯이 세균이 우글거리고 득실대는 그들의 활동무대가 되고 주인공이 되는 "병원"이라는 기분 나쁜 이름을 다른 기분 좋은 이름. 정말 그곳에 가면 어김없이 몸이 낫게 되는 이름으로 "병원" 이름으로 바꿔야 한다. 반드시 그래야 한다. 병원은 이름 그대로 병균 세균이 판을 치는 그들의 세상 그들의 천국이기 때문이다. 이런 병원에서 치료되기를 바라는 것 자체가 정신건강의학적으로도 어긋나는 심리다.

그래서 필자는 "병원"의 대체 이름으로 "~의료원", "~ 치료원", "~팔팔생기원" 등의 이름들을 제시해 본다. 아무려면 죽음으로 초대하는 병균, 세균 저들의 극락세계인 "병원" 이름보다야 못하겠는가. 독자 제현들의 끄덕끄덕, 꾸벅꾸벅, 과연 옳은 '제안'이여! 하고 맞장구 쳐주는 아름다운 마음의 지원을 삼가 기대해 본다.

그래도

그래도? 조선시대 재상 자리에 있던 사람들의 일을 엮은 "상신록(相臣錄)"에 '불언단처(不言短處)'라는 경구가 있다.

이러구러한 사정으로 원문(한문)을 게재하지 못하고 그 내용을 짤막하게 밝히면 '상진(尙震)'이라는 분이 고향에 찾아가는데, 농부가 2마리 소를 가지고 밭가는 것을 보고 그 낫고 못함을 물으니 가만가만히 말하기를 "짐승의 마음이나 사람의 마음이나 다 마찬가지입니다. 만일 어느 놈이 낫고 어느 놈이 못하다고 평하는 것을 들으면 낫다고 한 놈은 기뻐하고 못하다고 한 놈은 노여워할 것입니다. 그런데 사실은 작은 놈이 낫습니다."하였다. 이에 '尙震'이 사과하며 말하기를 "공(公)은 숨은 군자이십니다. 삼가 가르침을 받들겠습니다." 이로부터 남을 거스르지 아니하였다는 경구다. 오늘을 사는 우리가 본받아야할 좋은 글귀가 아닐 수 없다.

생각 있는 이라면 아는 것과 같이 오늘의 우리 사회는 가히 여러 면에서 폭력성이 드러나 있다. 특히 남의 마음에 칼을 꽂는 것 같은 가학적인 말의 폭력은 위험수위를 넘는 지경이 됐다. 문정희 시인은 '말이 무기화 된 시대'라고 얼마전 경북 칠곡의 어느 시 낭독회 자리에서 말한 바 있다. 그리고 '시(詩)가 악기(樂器)'라 했다. 날이면 날마다 벌어지고 있는 여러 모습의 '시위'에서도 언어폭력은 그도가 너무도 지나친 게 현실이다.

이제는 이런 언어폭력에서 벗어날 때도 됐다. 좋은 말도 세 번 이상 하면 듣기가 거북하다는 속언도 있듯이 우리의 마음도 짜증이 날 정도로 이해해 주고 포용해줄 인내의 한계점이 넘을 정도다.

모두 다 시 쓰는 심정과 같이, 또는 성당에서 미사성제를 올릴 때에 가슴을 치며 '제 탓이옵니다. 제 탓이옵니다. 저의 큰 탓이옵니다.' 하며 뉘우칠 수 없음은 어쩌면 당연하다 하겠다. 그러나 밥상머리에서 교육현장에서 일터에서 희락시설 기타 각자 처한 삶의 현장에서 좀더 들숨 날숨을 깊게 여러 번 하고 나서 제 할 일을 한다면 아마도 '말의 무기화, 언어 폭력'의 유혹에서 다소나마 벗어날 수 있지 않을 까 싶다.

그러면 역지사지(易地思之)의 마음도 자연스레 저 마음 깊은 곳에서 맑은 물 흐르듯이 흘러나와 따사로운 인정의 샘물이 지속적으로 솟아날 것임도 현실이 될 것이다.

본래 우리 겨레의 심성, 곧 마음밭이 맑고 밝았음은 역사가 증명한다. 어떤 일이든 좋은 면은 남에게, 잘못된 면은 내 탓으로 여기며 살아왔던 겨레가 우리 겨레였다. 그러니까 이 시대에도 우리 사회는 그래도 건강함을 지속적으로 유지하고 있고 세계가 주목하고 칭송하는 나라가 되고 있지 않는가 말이다. 사실 일일이 열거할 수가 없어서 그렇지, 남을 위해 봉사 헌신하고 나를 낮추고 몸 돌보지 않는 선한 분들이 얼마나 많은지를 알 수가 없다.

이참에 필자도 내가 직접 알고 지내거나 나름대로 좋아하는 분의 애기로 너스레를 떨고자 한다.

우선, '김용복'이라는 친형 같은 교수가 있는데 어느 모임 때나 음식값, 교통비, 그 이외의 돈들을 귀신도 모르게 지불한다. 뿐인가 애국심과 의협심이 두터워서 의롭다고 여기는 이가 압박을 받으면 칼보다 무서운 펜의 위력을 발휘하여 그 의로운 이를 성심으로 돕는다.

또 한 사람 '박용갑' 중구청장! 민선 5기로 당선되어 주민들에게 부담을 안겨주는 '지방채'를 발행하지 않았다. 전 직원과 혼연일체가 되어 공무원 후생경비를 절감하고 세외 수입을 확충하는 등 갖은 노력을 다하여 127억원 중에서 65억여 원이라는 빚을 갚는 충실한 목민관 공무를 다하고 있는 이다. 움직이는 정보맨이랄 수 있는 택시기사들까지 적극적으로 그를 응원하고 있는 것으로 알고 있다.

끝으로 모래시계의 주인공 '홍준표' 경남지사를 칭송하지 않을 수 없다. 다른 것 다 제껴두고 두 가지만 보면 그의 목민관으로서의 진면목과 국가 지도자로서의 능력을 여실히 가늠할 수 있다고 본다. 자기 소속당의 지도자들까지도 등을 돌릴 정도로 협조적이지 않은 환경에서 강성노조의 하나인 '진주의료원' 일을 주민의 뜻에 맞게 처리한 일이 그 하나다.

그리고 무엇보다도 그가 대단한 인물이라는 것은 그 어느 지도자나 지방자치단체장도 해볼 생각도 해내지도 못한 천문학적인 빚을 슬기로움과 뚝심, 전 직원의 협력을 이끌어 내고 도민의 격려 속에 지난 6월 1일 자로 '채무 제로'를 이루어내는 아주 대단한 일을 해냈다는 사실이다.

필자가 일관되게 이끌어 온 논지로 볼 때 우리가 사는 이 가정, 사회, 국가는 그래도 살 만한 아니 살고 싶은 진정한 삶의 터, 좀 지나치게 표현해보자면 파라다이스도 되지 않겠는 가 싶다.

내 삶의 여정은 홍사단에서

살아 있는 것은 무엇이든 공기 때문이다. 그러하듯 내게 있어서 섬뫼 스승님은 애국애족을 가르쳐 주신 큰 스승이시다. 그리고 섬뫼 선생님께서 만드신 '홍사단'은 내 삶의 공기요 산소가 되는, 그리고 오늘의 나를 존재케 한 생명수이며 필수 영양제인 것이다. 아마도 고교시절인 나와 중학교 때의 황의동 군과 한 학원에서의 만남, 그리고 그가 홍사단으로 나를 이끌어 주지 않았더라면, 모르면 몰라도 분명 현재의 나는 정체성이 결여된 어정쩡한 자, 진실로 한낱 무지렁이에 다름없었을, 그런 있으나 마나한 인간이었을 거였다. 그래서 나는 항상 후학인 황의동 군을 사랑하며 지낸다.

어쨌든 대학 전공학과의 스승이신 김용경 교수님(오래 전에 작고)의 주례로 진땀 빼는 입단 문답을 거쳐 입단한 이래 이제까지 내 마음 속에서 홍사단을 잊고 산 적이 없다. 하느님 앞에 맹세할 수 있다. 지난 십수 년 슬기롭지 못한 어느 한 녀석의 집요한 음해를 피하기 위해 어쩔 수 없이 단소를 나가지 못하고, 그로 인해 필설로 다 표현하지 못할 영육의 병고와 씨름했다. 하여 너무 그립고 보고픈 동지들을 보지 못하고 허송세월한 것일 뿐, 단소는 나의 작은 집이나 마찬가지 정겨운, 겨레와 나라를 강건하게 만드는 인재 양성의 못자리, 성스런 집임에도 내왕하지 못했던 것이다. 그러나 난 그 지독하게 암울했던 시기에도 대학의 강단에서 첫강의 때부터 한 차례도 잊지 않고 '섬뫼' 선생님과 '홍사단'의 모든 것에 대해, 그 후손됨을 자부심과 긍지를 가지도록 나름 생활화해 왔다.

하여 이 뜻깊은 자리를 빌어 형제 같은 동지들 앞에 고해성사를 하는 바다. 이제도 가끔 생각을 해본다. 내 삶에 '가톨릭'과 '홍사단'이 없었다면 난 나는 이 어지러운 인간 시장에서 어찌 버텨낼 수 있었을까를! 정녕 홍사단은 내 삶의 공기요, 필수 영양제이며, 단우들은 내 든든한 형제요 후견인이고 버팀목 같은 존재들이라는 사실을! 이 거룩한 사실을 대전홍사단 창립 50주년을 기념하고 자축하는 '50년사, 역사집'에 고백할 수 있는 기쁨을 얻을 수 있어 큰 행복이다. 아! 나만 행복한가, 뜨거운 형제애로 결어진 충청 대전의 단우 동지들이여, 다 같이 기뻐하자 '영광과 축복의 50년 역사'를! 용광로 같은 자축을!

2015년 9월 8일 정오에.

매우 이른 봄 코스모스가 피는 까닭은

40여 년 전 여고 선생 때 일찍 출근해서나, 요즘 여고 운동장에서 꼭두새벽 몸 풀기를 하다보면 어두컴컴한 5시경부터 등교하는 학생들을 보게 된다. 내보기에는 참으로 부지런하고 성실한 학생들이다. 장래에 대한 목표도 뚜렷이 세운 학생들일 것이다. 성희롱 운운하지 않는 내가 봉직했던 여고 선생 시절이었다면 찾아가든지 불러서 격려하고픈 마음 간절하기도 한 그런 학생들이다. 이 나라의 미래도 어둠 속에서 여명을 여는 학생들을 통해서 밝게 빛날 것이라는 소망을 담아서.

나는 대전에서 가장 살기 좋은 가수원에 수십 년간 둥지를 틀고 사는 거의 토박이에 가까운 사람이다. 나를 아는 여러 분들 중에서는 국립대 교수란 녀석이 이재에 어두워 아직도 가수원을 벗어나지 못하고 초라하게 사는 바보 , 헛똑똑이, 무지렁이로 여기는 분들이 여럿 있는 게 사실이다. 솔직히 인정한다. 나는 이재엔 정말 백치다. 할 수 있는 거라곤 세종임금께서 금과옥조로 넘겨준 위대한 글을 자랑스런 이 나라의 아들 딸, 자라나는 세대에게 가르치는 일 하나다. 그것도 정년이 되어 공식적으로는 가르칠 수 있는 재주가 없어 삼식이란 지청구 안 들으려 아내 말 더 잘 듣는 '가백', 이름하여 '가련한 백수, 집 잘지키는 백수' 노릇에 충실하며 산다. 아내의 권세가 더욱 세진 건 독자가 더 잘 알 터.

가백 노릇도 결코 쉬운 게 아니다. 쉽지 않은 가백 노릇, 마님한테 흰눈 받지 않고 그나마 이쁜이(집에서 키우는 반려 견 : '시추' 셋째 딸로 대접 받음)만큼이라도 대접을 받을 양이면 우선 골골 일보 직전인 내 몸 추스르는 것. 그래서 느림보 걸음으로 시작한 게 산보이고 산책이다. 말이 좋아 산보이고 산책이지, 일종의 피난길인 셈이다. 집에만 있지 말고 남들처럼 활기차게 밖으로 나돌아다니라는 끊임없이 이어지는 엄명에 의한 노릇이렷다.

쥐를 통한 미로 학습에서 확인되는 것처럼 나의 산보 산책 코스랄지, 길이라 할지 늘 한결같다. 그런데 전혀 무미건조하다거나 싫증이 나지 않다는 거다. 내 생각으로도 신기한 노릇. 나의 산책길은 가수원 육교에서 유성으로 이르는 갑천변 둑길과 너른 들판 한가운데 나 있는 오솔 길.

그 오솔 길을 무심코 걷고 있는 3월 초 아주 작은 키의 앙증맞은 꽃핀 모습이 내 눈을 붙잡았다. 신기했다. 눈을 비비고 자세히 보니 아, 흔히 가을에 피는 바람을 흔드는 꽃 '코스모스'가 그것도 가끔 봄이나 여름에는 자주 볼 수 있는 것이나, 아직 언 땅이 채 풀리지도 않은 이때에 봉오리도 아닌 만개한 꽃으로 내 눈을 사로잡다니. 기막히고 기막히다. 눈 속에 피는 '복수초'도 아니고. 도대체 왜 무엇 때문에 매우 이른 이 봄에 벌써 땅을 비집고 나와 꽃을 피워야 한단 말이지? 길고 긴 겨울 깜깜한 밤 도저한 불면을 참을 수 없고 답답해서, 아님 동료보다 일찍 세상에 출근하여 오랫동안 복락 즐기며 별 볼일 없는 사람들한테 사랑 받고 싶어서, 아니 자연의 사랑을 더 일찍 누리고 싶어서?

그런데 왠지 난 어여쁜 너를 보면서도 그렇게 기쁘지가 않더구

나. 이 풍진 세상을 어떻게 견뎌내려고, 한번 나온 세상 다시 땅 속 고향으로 돌아갈 수도 없고. 아주 오래 전 그러니까 십수 년은 되었을 거다. 구봉산 오르는 오솔길 숲속 북벽에 봄에만 피는 줄만 알았던 진달래꽃이 한겨울 1월 한중간에 피어 있는 걸 보고 신기해 놀라기도 하고, 북풍한설을 온몸으로 겪어야할 그 운명에 내 눈가에 이슬이 맺힌 적도 있었느니.

꼭두새벽에 등교하는 학생들처럼 너도 매우 이른 초 봄날(당시 날씨는 매우 쌀쌀했다.)에 세상에 출가하여 너다운 삶을 살아가겠지마는 너를 어쩌면 맨 처음 발견하였을지도 모를 나로서는 큰 걱정이 앞서는 게 사실. 너 자신이야 자연이치에 순응한 것이겠지만 너희를 일찍 나올 수밖에 없이 만든 원초적 인간의 죄의 결과가 예사롭지 않아서 걱정이구나. 그 시절에 피어야 될 꽃이 때 아닌 시절에 핀다는 자체가 자연의 바른 순환에 이상 징조가 생기고 있다는 얘기가 되는 거다.

지구촌 곳곳이 자연의 생리불순, 소화불량 등으로 난리다. 이런 게 정녕 우연일까. 게다가 인간들의 탐욕과 사악함은 창조주의 인내의 한계를 넘어서는 악행들을 허구한 날 숨 쉴 틈도 없이 자행하고 있다. 인간으로서의 눈곱만큼의 양심도 없는 행태, 바로 그런 거다. 지구촌 어디라 할 것 없이 예전에 그렇게 별로 경험한 바 없는 큰 재앙들을 겪고 있는 작금의 사실만 보아도 이미 우리 사는 이 세상은 아수라장이 아니고 무엇인지.

오늘을 살고 있는 세상살이의 모든 악순환은 따져도 볼 필요 없이 저 바벨탑을 쌓아 하늘에 도전하려한 어리석고 교만 방자한 인간의 탐욕이 빚어낸 자업자득의 연결고리 이어짐의 결과라고도 볼 수 있다. 창조주께서 원죄를 안고 사는 인간들을 위하여 사랑으로 만들어 주신 삶터를 멋대로 죄의식도 원칙도 없이 개발과 발전이라는 이름으로 마구 헤집어 놓은 망나니짓 흉물이고.

모든 노릇에는 그 나름대로의 순리가 있다. 그런 면에서 노자 큰 어른의 도경, 덕경은 무지하고 몽매한 겉만 번지르르한 이 시대의 많은 사람들에게 올바로 사는 이치를 크게 깨닫는 큰 울림이 되어 주지 않을 까.

메아리 없는 작은 친절

인심은 천심이라 했다. 맞는 말이라 생각한다. 요즘 인심이 각박하니 하느님께서도 노하셔서 산하를 보듬는 하늘, 비는 고사하고 농사지을 용수 내리심에도 숙고하시는 것 같다는 느낌을 지울 수 없다. 자고 나면, 아니 밤낮 없이 한 핏줄들이 서로 패를 지고 갈라 상대를 못 쓰러뜨려 안달복달이다. 도를 넘어도 한참 넘었다. 이러고도 이 사회와 나라가 그런 대로 굴러가는 것이 신기할 따름이다. 아니 신기한 것이 아니고 천손 민족이어서 하느님께서 기가 막혀 하시면서도 그저 불쌍하다 도와주심 때문이라고 여긴다.

남들이 하기 싫은 일 들을 도맡아 하는 이들에게 웃는 낯빛으로 '참 수고하시네요.' 하고 인사를 건네면 받는 이들이 얼마나 기뻐할 것인가. 한 사람도 인사하지 않는 풍토에서 따사로운 인사 한마디가 그들에겐 아마 어느 보약보다도 기분 좋고 신명나는 한마디이겠는가. 그러면 정을 주고 받는 인정, 베푸는 데 인색해진 이 땅에서 진정 '동방예의지국'이라는 찬사를 받았던 고품격의 위격은 이제는 물 건너 간 것인가. 왜 그러면 아주 오랫동안 쌓아 올려 축적된 내공에 의한 도덕군자다운 존경받던 품위의 위격이 - 스스로 빛을 내어 인도의 간디로부터 추앙되어 찬양받던 고품격을 지닌 이 땅의 위격이 - 여지없이 상실되었는가.

어느 때인가부터 아름다운 인정이 도도히 강물을 이루던 것이 메말라 바닥을 드러내듯 추락하는 저급한 나라가 되고 겨레가 되었는가. 여기에는 여러 가지 까닭이 있다 하겠다. 일테면 민주화가 제대로 활착을 못한 상태에서 제 마음대로 멋대로 사고하고 행동하는 방종함과 방약무인함의 일탈된 추태 같은 짓 등을 지적할 수 있을 것이다. 민주화의 진정한 자유와 평등 인권 등을 제대로 누릴 자격도 갖춤 없이 미처 깨어나지 못한 어정쩡한 미성숙한 존재들이 빚어낸 행태들도 하나의 까닭이겠다. 또한 양복에 갓을 쓴 것처럼 어색하기 이를 데 없는 자연스럽지 못한 자유라는 이름에 편승하여 무법, 탈법, 떼법 등을 부끄러움 없이 막무가내 자행해온 몰염치한 행태 때문이기도 하고. 아무튼 이런 유치 치졸한 의식과 행태들이 이 땅의 아름다운 미풍양속을 무너지게 만든 주된 원인이라고 해도 지나치지 않다 할 것이다.

가끔 일이 있어 도심에서 지내다 보면, 내 보기에는 하나같이 무표정, 아님 그 뉘가 있어 비위를 건드리기만 해보라! 그러면 한바탕 'OK 목장의 결투'가 벌어질 것만 같은 삭막하고, 따뜻함의 정이란 아예 기대할 수 없는 분위가 팽배해 있음을 읽어낼 수 있다.

나는 나 자신도 모르게 택시를 잘 이용한다. 우선 앞자리에 앉아 가기를 좋아한다. 대부분의 사람들은 운전석 옆자리 곧 앞자리는 위험하다 생각해서 꺼리는 것이 일반이지만 나는 개의치 않는다. 사람의 죽살이는 하늘에 달려 있다고 믿기 때문이다. 어쨌든 기사님 옆에 앉아 행선지를 가다보면 열에 아홉은 재미가 쏠쏠하다. 왜냐면 운전하는 기사님과 세상 돌아가는 얘기, 사람 사는 얘기, 온갖 시시콜콜한 얘기까지도 나누며 오랜 지우처럼 정겹고 심심하지 않기 때문에 선호한다. 물론 시내버스도 종종 이용한다. 하지만 버스

안의 풍경이 내게는 그리 마뜩하지 않아 그리 좋아하지를 않는다. 이 까닭을 굳이 고백한다면 버스 안의 분위기가 별로이기 때문이다. 하나의 정황을 에피소드로 담아 그려보면 결코 유쾌한 그림이 나오질 않는다.

얼마 전(2018. 3. 24일 오후 서너 시경)의 그림이다. 우리 대전의 선화동 교보생명 옆. 급행 1번이나 2002번 버스를 타고 스위트홈이 반겨줄 가수원 동네로 가기 위해서 마침내 배차 간격이 뜸한 2002번 버스에 탔다. 다른 시내버스 보다 좋은 건 요금이 눈곱만큼 더 들지만 늘 자리에 앉아 갈 수 있는 확률이 높기 때문이다. 나의 세월이 좀 됐고 몸이 별로이기 때문에 서서가는 것은 가급적이면 기피한다. 좀 오래 전에는 경노사상이 살아 있어 젊은 친구들이 곧잘 자리를 양보하는 분위기였다 그런데 모든 게 메마르기가 바닥인 하수상한 오늘에는 하고많은 세월을 보낸 낡은 이들에게 좀처럼 자리를 양보하지 않는 풍토가 다 됐다. 때때로 아주 세월을 많이 까먹은 할배 할미가 승차해서 어려운 표정으로 서서가는 모습이 안쓰럽다.

예전같이 콧날이 우뚝 선 때라면 이 몸이 뻔뻔하게 앉아가는 신세대 녀석들의 뒷덜미를 낚아 채 일으켜 세우고 할배 할미를 앉혀 드렸을 것이다. 그러나 말도 많고 탈도 많은 이 세상에 선부르게 나서 난척했다가는 망신살 뻗치기 십상임은 불을 보듯 선한 게 현실의 인심이다. 그러니 스스로 정의롭고, 효심 있고, 애국심도 투철했던 이 놈이라 자부하며 지내온 주제임에도 오늘에는 앞 뒤 옆의 눈치를 봐가며 살아가는 교육자 아닌 껍데기만 교육자로 스스로 주저앉은 신세가 되어가고 있는 것이다.

그래도 변명뿐일 까닭을 기어이 보탠다면 연전부터 부쩍 부실해진 건강을 그나마 유지하며 숨쉬기 운동만으로 이어가는 삶. 마치 낡아빠진 영화 필름 속의 인물처럼 사는 인생에 불과한 처지가 온전히 지내려면 꿀볼견이 될 수밖에 무엇이 있는가. 이러하니 멍 때리는 서산 너머로 다가가는 이놈이 눈꼴신 거 못 보겠다고 나설 주제도 못되는 걸 잘 아는 꼬락서니다. 그러하니 그저 못 본 체 눈꺼풀을 닫는 게 상책. 정말 허섭한 인생인 이놈. 그래서 이런 저런 눈꼴신 거 아니 보려고 가급적이면 버스는 타고 싶지를 않다.

또 하나의 실황은 2002번의 버스 운전기사님의 메아리 없는 친절의 연속이 그나마 꺼져가는 사람 사는 냄새, 인정미를 살려내려는 인간적인 매너의 한 예다. 나는 50여년 가까이 한 번도 거름이 없이 만나게 되는 모든 이에게 따뜻한 인사 말씀을 드려 왔다. 오래 전 부터 습관화 생활화 해오고 있음에 사명감과 자부심으로 여기며 실천해 왔다. 아주 어쩌다 간혹 눈이 어두워 아는 이에게 인사할 도리를 망치는 때가 생긴다. 한 마디로 내 실수로. 그러면 알아본 뒤에 반드시 돌아가서 인사를 해야 내 마음이 흡족해진다. 특히 어려운 일에 종사하는 이들에게는 더 각별한 인사를 드려야 내 마음이 쾌청해진다.

오늘도 2002번 버스에 오르며 '감사합니다.' 하고 기사님께 인사를 드리니, 아, 이 기사님이 해맑은 미소로 '아이구, 감사합니다. 고맙습니다.' 하며 반갑게 답례를 하는 것이다. 나는 정말로 기사님의 아름다운 심성에 고마웠다. 운전석 바로 뒤에 앉은 나는 기사님이 정류장에 정차할 때마다 '안녕히 가세요. 어서 오세요. 감사합니다.' 하는 인사를 한 번도 거르지 않는 걸 목도했다. 기사님이 백미러로 승객들을 바라볼 때마다 나는 말 대신 오른 손 엄지를 치켜들어 감사 표시를 보여주며 아름다운 인정에 성원을 드리곤 했다.

그런데 버스에 오르내리는 대부분의 사람들은 스스로 인사하는 경우가 드물었다. 그러니까 운전기사님이 반갑게 맞아들이는 인사에 대해 예를 표하는 이들이 극소수에 불과했다. 상대가 인사를 건네면 그에 상응하는 예를 표해야 함은 상례이고 도리이다. 얼마나 상대에 대한 배려와 이해, 베풂과 나눔의 인정이 부실한 생활을 해왔으면 그럴까? 이들이 평소 베풀며 더불어 살아가는 따사로운 인성, 참다운 인향(人香)이 출장을 가서, 스스로 잘났다고 자처하는 존재들이 아닌가하는 생각마저 들게 했다.

각기 다른 성향의 승객이 오르내릴 때마다 반가운 인사를 전하며 안전운행에 애쓰는 2002번 '임재일' 기사님에게 가수원에 사는 글쟁이의 한 사람으로 늘 축복받으며 지내기를 소망한다. 물론 생활을 더 열심히 하며 기분 좋게 만드는 인사 전함도 지속하면서. 성심으로 드리는 인사에, '메아리'처럼 반향 있는 고마운 답례의 정을 담은 인사말로 피곤한 기사님의 안전운행을 담보해주었으면 싶다.

무죄로 판결이 난 두 인물, 국가에 멸사봉공을

이 나라 발전에 뛰어난 견인차 역할을 하고 있는 인물은 그리 많지 않다. 자신의 공명과 영달을 위해 동분서주하는 이들은 많아도. 이러한 풍토에서 진정 나라를 위해 열심히 일을 하고 있던 두 인물이 명예롭지 못한 일에 관련되어 2년여 동안 영육 간 곤혹을 치루다 지난 2017년 12월 22일 명예를 회복했다. 국가적으로 볼 때 참으로 다행이 아닐 수 없는 좋은 결과이다.

주지하는 것과 같이 2015년에 두 인물은 '성완종 리스트'에 연루되어 사법기관에 의해 오명을 썼다. 그런데 사필귀정이라 했듯이 '이완구' 전 국무총리와 '홍준표' 경남지사는 명예가 실추되는 아픔을 겪다 무죄가 확정되어 실추된 명예를 되찾은 것이다. 한 번 크게 흠집아 난 것이야 억울하지만 하는 수 없으니 어쩌겠는가. 당시 수사를 맡은 문무일 현 검찰총장에게 책임을 묻겠다 해서 그동안 겪은 몸과 마음고생이 없어지는 것은 아니다. 뛰어난 인물이면 상대적으로 흠집을 내려하는 적도 있게 마련이니. 흠집을 내려는 이들의 심보는 걸리면 좋고 아니면 말고, 어쨌든 상대 인물에 상처를 주고 망신만 시키면 그만이다 하는 고약한 심보이다. 그러하니 자신들보다 우월한 존재를 시샘하는 상대의 덫에 걸려 겪게 되는 운명적인 고통이라 생각하면 그만이다. 이런 긍정적인 사색과 고뇌를 통한 새로운 의지와 결의로 나랏일에 봉사하면 명예로운 일이다.

두 인물은 작금의 이 나라 형세와 돌아가는 꼴을 누구보다도 잘 알고 있을 것이라 생각한다. 이 나라의 최고 지도자가 '우리가 처해 있는 현실이 6.25 이후 최대 난관'이라 했다. 올바른 진단이다. 그럼에도 불구하고 나라의 처지, 국민의 입장에서 보면 생뚱맞게도 전혀 다른, 아니 어찌 보아서는 전혀 반대방향으로 정책을 세우고 나아가는 것 같아 다소 우려가 된다.

더욱 우리를 슬프게 하는 것은 1년여 사이에 실로 위험천만한 안보상황에 국민 대다수가 불안해하고 있는 현실이다. 때문에 국방외교에 관한한 국가안녕과 국민생존을 위해 슬기로운 혜안과 안목이 요구된다. 그리고 냉철한 진단과 계획을 수립해서 한 치의 빈틈도 없게 펼쳐 나아가야 한다. 그런데 어찌된 영문인지 혈맹국이 이 나라 정부의 안보관을 미심쩍게 만들고 있다. 게다가 이제까지의 적국들이 이 나라를 업신여기고 우습게 보는, 이른바 사면초가의 처지에 놓여있는 형국이다. 이러한 위난의 시국에 국정을 바르게 이끈 바 있는 두 인물이 자유로운 처지가 되었음은 참으로 다행이다.

현재 자유한국당 대표로 있는 홍준표는 국가사범을 척결하는 공안검사와 당의 원내대표와 경남지사 직을 탁월하게 수행한 걸출한 인물이다. 어떤 방해와 비난에도 굴하지 않고 유감없이 공적 능력을 발휘한 인물이다.

이완구 전 국무총리는 또 어떤 인물인가! 전직 지방 경찰청장과 국회의원, 당 원내대표, 교수, 그리고 국무총리에 이르기까지 재임 중에 안팎으로부터 두터운 신뢰를 받으며 청렴하게 공적 임무를 수행한 신망 높은 인물이다. 특히 철저한 상명하복의 체계인 경찰 조직에서 한 터럭의 과실이나 잡음이 전혀 없었던 인물이다.

오늘 날과 같이 국가가 위난에 처해 있는 때에 이 두 인물은 국가의 위난을 자연스럽게 대처해 나아가는데 헌신 봉사할 수 있는 참 인물들이라고 본다.

이들 두 인물은 비온 뒤에 땅이 더욱 굳어지듯 그야말로 자신과 국가사회 발전을 위해 성실하게 쌓아 올린 공든 탑이 무너지는 아픔과 명예가 더럽혀지는 수모를 겪은 이들이다. 그러하기에 이 두 인물은 그 누구보다도 자신의 명예회복과 국가사회 발전을 위해 더욱 열심히 노력할 것이라고 미루어 짐작할 수 있다. 분명히 해둘 것은 이 두 인물이 애국보은에 견마지로를 다해 자신들의 추락된 명예를 되찾는 일이다.

마무리로 덧붙이는 말은 홍준표 대표는 제1 야당의 대표로서 무너져 내리는 국격을 바로 세우는데 배전의 노력을 다하는 것이다. 또한 이완구 전 국무총리도 재임 시에 안전혁신 마스터플랜을 확정해 실현하려한 과제, 복지재정 효율화, 공공기관 개혁 등을 추진하려던 것 같은 나라를 위해 할 일을 찾아 신명을 바치는 것이다.

이를 위해 국민들도 이 두 인물이 진정으로 이 나라와 겨레를 위해 멸사봉공할 저력을 발휘할 수 있는 분위기와 환경을 만들어 주는 것이 필요하다 하겠다.

바른 운전 습관

세계 최악의 조폭집단이 북한 정권임은 누구나 다 안다. 이 조폭집단의 끊임없는 협박질에 미국을 비롯한 유엔 회원국들은 골치를 앓고 있다. 골치덩이라도 이런 골치덩이는 참으로 바로잡기 힘들다. 그런데 우리 문재인 대통령은 이 천하의 돼먹지 못한 골치덩이를 대화와 협력을 통해 해결하겠다는 운전대 역할을 자임하고 나섰다. 물론 이제는 그 자임 역할도 못하게끔 우리 안위를 지킴에 다급해져 허공의 메아리로 그치고 말았지만.

운전대 얘기가 나왔으니 바른 운전 습관이 얼마나 중요한가를 생각하지 않을 수 없다. 올 해 들어 몸 상태가 좋지 않아 그에 대한 도움이 되는 약을 복용하고 있다. 그런데 약의 조제내역 설명 중 '졸음이 올 수 있으니 운전이나 기계 다루는데 주의를 해야 한다.' 고 돼 있었다. 몇 달 후 어느 날 처조카가 50대 초반 비교적 젊은 나이에 처자식을 두고 미련 맞게 영원히 소풍을 떠났다. 모 장례식장에서 문상도 하고 문상 온 이들을 맞이하다 밤 10시경 집에 가기 위해 안해와 문상차 내려온 큰딸과 차를 몰고 식장을 나섰다. 용문동 사거리 못 미친 직전의 사거리에서 내 부주의로 접촉 사고를 냈다. 사랑이신 주님의 도움이 계서 인사 사고 아닌 차량끼리만 다친 사고였다. 이후 내 애마(愛馬)와 석별을 하고 볼일 있으면 버스나 택시를 이용해왔다. 처음에는 내 애마가 없어 다소 불편을 겪었으나 적응된 까닭인지 차를 몰고 다니지 아니하는 자체만으로 심신이 홀가분해졌다. 어쨌든 내 의지와는 상관없이 사고를 낸 것이다.

습관은 중요해서 한동안 버스를 이용했다. 무더위 여름에도 냉방 시설이 비교적 좋아서 쾌적하게 이용할 수 있어 좋았다. 그런데 안해가 운동을 하다 허리를 다쳐 모 병원에 한달 여 입원해 있게 되어서 안해에게 조금이라도 불편을 덜어주려 택시를 이용하기 시작하니 이제까지도 여전히 택시만 이용한다.

그런데 문제는 내가 이용한 택시의 대부분의 기사님들의 나이테가 생각 외로 많다는 거다. 몇 달 전의 있었던 얘기다. 우리의 따사로운 보금자리가 있는 가수원 육교 앞 다리 밑에서 주로 택시를 자주 이용한다. 그래서 그 많은 택시 기사님 중에는 나와 여러 번 인연이 있는 기사님이 대여섯 분은 족히 된다.

사연이 있었던 날도 어김없이 집앞의 육교 밑에서 택시를 탔다. 물론 늘 그리해오던 것처럼 '감사합니다.' 인사를 하며 탔다. 택시를 타고 나서 안전벨트를 먼저 매면서 목적지를 말씀드리며 옆모습을 보니 나이 지긋하신 기사님이 아니신가.

시내방향 정림동 쯤에서 "기사님. 실렙니다만 춘추가 얼마나 되시는지요." 웃음만 지으며 답변이 없다. 잠시 잠자코 가다가 다시 "기사님 연세가 어찌 되시나요." 여전히 묵묵부답, 미소를 머금은 채. 도마동 오거리에서 유등교 중간쯤 가다가 "기사님. 고려대학이 어찌 되시느냐니까요." 그때서야 안면에 미소를 띠면서 "무슨 춘추고, 연세고, 고려대학이냐 하면서 나이라고 하면 될 것을 지나치게 올리시는가?" "왜 나이를 많이 먹은 것 같아 불안하신가?" "걱정이 되시는가?" "나 80 중반일세." "내가 말을 놔도 될 것 같은데 기분 나쁘지 않으시지." 하지 않는가. 그러면서 크게 웃는 것이었다. 나는 역시 공손하게 "그럼요 기사님에 비해 애들인걸요." 하며 "아! 전혀 걱정없습니다." "그저 여쭈어 본 거예요." "에이 거짓말 마시게나, 나이 많이 먹어 보이는 이가 운전을 하니까 내심 걱정되고 불안해서 그런 거 다 알아." "한두 번 겪는 게 아니니까. 괜찮으시네."

그리 말하고는 내가 목적지에 이를 때까지. 자신은 이 좁은 대전 시내에서 왔다 갔다 하는 게 못마땅하다. 목포나 부산 적어도 서울 같은 데까지 원정 운전하는 것이 좋아. 그런데 그런 손님이 거의 없어서 내심 불만이라고 했다. 그러나 어쩌겠는가. 용돈은 벌어야 하니. 그래서 손주들한테 용돈도 주고 새끼들도 간혹 좀 손에 몇 푼이라도 쥐어 줘야 좋아하거든. 손주 놈들도 용돈 안 주면 오는 게 뜸해. 세상이 그래. 아 그러고 내 우수운 얘기네만 아마 손님하고 팔씨름이나 뭐든 시합하면 다 이길 수 있다면서 하루 평균 걷기도 4km 정도는 거뜬히 걷고 수평도 한 100여 번은 앞뒤, 일으켰다 내렸다 할 수 있고, 철봉 올렸다 내렸다를 50여 차례는 너끈히 할 수 있다는 것이다. 푸샵도 120여 차례, 쪼그려 뛰기도 150회 정도는 얼마든지 할 수 있다면서 친절하게 당신이 사는 아파트 동 호수를 알려주면서 한 번 다녀가라는 것이다.

더욱 나를 놀래게 만든 것은, 50대 중반의 애인이 있고 평균 1주일에 한두 번 정도는 사랑을 한다고 하며 나보고도 선생으로 은퇴한 것 같은데 한 번 뿐인 인생, 규칙적인 운동으로 체력을 유지하면서 연애도 하란다. 그래야 후회 없는 삶을 즐길 수 있다고 했다. 그리고 자랑 같지만 태권도가 공인 2단이고 머지않아 3단을 딸 거라고 했다. 내가 가사 어른 땜에 재미있게 왔다하며 내릴 적에도 "고맙습니다." 하니까 참으로 예의가 지나치시군 하며 또 볼 수 있었으면 좋겠다. 한 번 집에 놀러 오라고 말하면서 떠났다.

이런 노익장의 기사님은 사실 많지 않다고 본다. 그리고 7,80대의 노령의 택시 기사님들이 의외로 많다는 것도 귀동냥으로 들었다. 건강에 과신은 금물이다. 실로 노령의 기사님들이 운전하는 것은 걱정이 된다. 갑자기 신체 이상으로 이승을 떠나는 기사님들 얘기를 간혹 듣게 된다.

제도적으로 노령의 기사님들이 운전하는데 탈이 없도록 법을 정비하고 계도하여 안전운전이 생활화 되는 게 바람직스럽다 할 것이다.

끝으로, 각자는 집안의 화평과 행복을 위한 가장의 건강한 집안운전(가사 도움 및 품위 유지 등)을 잘해서 살맛나는 사회를 만드는데 최선을 다하는 안전 운전이 필요하다. 나라도 마찬가지다. 존경받는 지도자들이 많이 나와 진정한 자유 민주주의 국가의 모범국이 되는데 헌신 노력하는 대한민국호의 안전한 운전의식이 절실하게 요구된다 하겠다.

정녕 이 즈음이 이 나라 겨레의 안녕을 위해 불철주야 애를 다해 지키고 발전을 시키는 참다운 지도자들의 안전운행 의식과 바람직한 습관이 필요한 때라 여긴다.

빠름과 느림, 그 속에 모범시민

9월 22일(목) 그러니까 엊그제 오후, 전국 으뜸의 효孝 문화의 성지라고까지 말할 수 있는 뿌리공원을 찾았다. 그야말로 땡볕아래서 관계 공무원 및 유관기관 단체 임직원, 노무자들까지 내일(23일, 금)부터 3일간 열리는 문화체육관광부 선정 2015. 2016 국가 유망축제 '대전 孝 문화 뿌리축제' 행사 준비 마무리 및 점검을 위해 바쁘게 움직이고 있었다. 구청장부터 구슬땀을 흘리는 노무자들까지 일사불란한 것이 장관이었다.

현장에서 땀을 흘리는 이분들과는 달리, 세상의 목민관이나 높다는 자리에 있는 이들의 행태를 보면 가히 목불인견이 다반사라는 점이다. 자신이 마땅히 해야 할 일은 거의 느림보 수준이거나 게으름을 떤다. 심한 경우는 아예 거들떠보지도 않고 귀찮은 주민들의 요구사항이나 항의사항 송사사항 등 골치 아픈 것 등은 최대한 시간을 끌어 자신의 임기에는 은근슬쩍 넘기려 한다. 반면에 자신을 빛낼 수 있는 일이거나 낯을 비칠 수 있는 행사나 장소는 마치 뭐처럼 날렵하고 날쌔게 얼굴을 디민다. 물론 가식적으로 일히는 만면에 웃음을 띠고서. 자신의 입신양명立身揚名과 더욱 높은 곳에 오를 수 있는 일과 기회가 되는 노릇이라면 밤낮 없이들 바쁘다.

나라의 명운은 안중에도 없어 보이듯이.

어떤 큰 행사 전에는 반드시 테이프 커팅을 치루는 게 일반이다. 그런데 거기에 나타나는 면면들을 보면 거개가 그 큰 행사가 있기까지 어떤 도움이나 피땀을 흘리지 않은 그저 사회의 인사라는 네임 하나로 행세한다. 사실은 그 자리엔 뼈 빠지게 일한 숨은 진정한 일꾼, 감독, 총책임자 같은 이들이 나서서 행해야 함이 마땅하고 당연한 노릇이다. 실로 이 서글프고 잘못된 의식이 고쳐져, 언제나 모든 이런 의례가 바로 잡아질지 개탄할 일이다. 참 지도자가 많이 나와 올바른 개혁이 반드시 있어야 한다.

사실 진정한 대우, 박수를 받아야 하는 이들은 공공 화장실을 자기 가정의 것처럼 반들반들 윤이 나게 매일 수시로 닦고 또 닦는 분들, 이른 새벽 남들 다 수면에 있을 때 위험을 무릅쓰고 거리 청소를 하는 분들, 명절에도 쉬지 못하고 일하시는 교통에 종사하시는 분들, 경비 보시는 분들, 어찌 일일이 열거할 수 있겠는가. 음지에서 오로지 묵묵히 일하는 분들이 진정한 이 사회 이 나라의 숨은 일꾼, 지도자, 모범시민이신 것이다. 정녕 바라는 건 이분들에게 국회의원보다 각 분야의 높은 지도자보다 진정한 마음의 존중심과 예우다. 특히 봉급 등에 대한 처우 개선에 획기적인 대접을 최우선시 하는 풍토가 전 국민의 마음에 자리매김 됐으면 하는 마음 간절하다.

지난 20일 자신이 세 들어 사는 집에서 불이 나자 제일 먼저 나와서 빌딩에 기숙하는 소중한 인명을 초인종을 눌러 대피케 하고 정작 자신은 돌아올 수 없는 길로 간 젊은이가 있다. 삶에 있어서는 실로 느림보, 남 돕는 일 1등 시민, 남 구하는 일에는 특등 시민. 이

시대에 진정한 '義人', 고(故) '안치범'(28) 선생! 공익근무생활 중에도 장애아동을 몰래 도우며 자신의 직업구함엔 느림보였던 당신, 당신 같이, 바보(바라볼수록 보배)가 되어 사는 참다운 모범 시민이 있기에 빛이 나는 것이다. 고 '안치범' 선생이여 소천하셨으니 그곳에서 영원한 복락 누리시기를.

빠름과 느림. 상대적인 아이러니면서도 서로 상보적인 연인관계 아닌가, 아니 그런가.

애국심은 어디로 출장 갔는가

“是日也放聲大哭”이 바로 이런 거 아니겠는가! 2015.9.24(목)일자 조선일보 A12(사회면)왼쪽 밑부분에 실린 “광화문광장 대형 태극기, 언제 휘날릴지---” 기사를 보고 내 머리와 심장은 마치 전기충격을 받은 것 같이 한동안 먹먹했다. 인산(仁山)처럼 이 나라 겨레의 오천년 대 역사 그 모든 희로애락(喜怒哀樂)을 품어 안고 명실상부한 대한민국의 으뜸 상징의 자존으로 휘날리는 태극기 게양대 설치를 반대했다는 사실에.

도무지 일반의 DNA를 가진 사람, 그것도 지구촌에서 현실적으로 가장 위험지역에서 살고 있는 한국인으로서 나라의 자존과 겨레를 하나로 결어지게 만드는 지고지순(至高至純)의 상징물인 태극기 게양대 설치를 반대하는 사람들의 의식은 얼마나 특출한지를 묻지 않을 수 없다. 그것도 수도 서울의 자존인 광화문 광장에 대형 태극기 게양대 설치를 추진하는 사업을 반대했다니, 이런 후안무치(厚顔無恥)가 어디 있는가. 그것도 서울시 당국도 아닌 일개 관련여부를 심의하는 산하 위원회가 반대한 이유, 즉 ‘시민들 이용의 편의를 위해 비어 있어야 한다.’는 빈약하고 사리에도 맞지 않는 잣대를 가지고.

그러면 어찌하여 극심한 시민불편과 교통체증을 필설로 표현키 어려울 정도로 끼친 세월호 유가족 천막은 심의 위원회 심의 없이 허가했다는 말인가. 시의 행정이 '사안'(그 사안이라는 게 뭔지는 모르지만)에 따라 라는 핑계로 코걸이, 귀걸이 식으로 행정을 해도 된다는 얘기인가. 그렇다면 시의 수장인 시장의 명쾌한 애국심에 기댈 수밖에, 아님 애국 시민의 거룩한 실력행사로 시장의 가슴에 진정한 애국이 어디에 있고, 세계 속의 자존을 빛낼 수도 서울! 명실이 뚜렷한 국제도시의 으뜸의 면모인 서울의 아름다움은 어디에서 비롯되는가를 깨우쳐 주어야 한다. 수도 서울의 수장이 표나 계산하면서 뜨뜨미지근한 자의적인 잣대로 애국의 자존, 시민의 품격을 떨어뜨릴 수도 있다는 오해를 불러일으킬 수 있는 행정을 이끌어 가서는 본인에게나 시민에게나 대한민국의 위격에도 곤란하다. 세계 속의 대한민국 수도 서울의 명실상부한 시장, 성공한 시장으로 남으려면 올바로 정사하기를 진심으로 빈다. 그리고 '목민심서(牧民心書)' 일독(一讀)을 하여 잠시 출장간 줄 알고 있는 님의 따뜻한 애국심이 곡해 없기를 바라는 바이고.

애국심이 흐므러진 과일처럼 된 게 어찌 이것 뿐이랴! 진부한 말이지만 교육은 백년대계라 했다. 직접 확인하지 못하였지마는 교육 현장의 최전선인 각 학교의 교실 곳곳에는 태극기가 실종된 곳이 한두 곳이 아니란다. 하이얀 종이 위에 파란 색을 칠하느냐 빨간 색을 칠하느냐에 따라 파랑이 되고 빨강이 되기도 한다. 어린 새싹, 아주 순진무구(純眞無垢)한 어린 양에게 어떤 영양소를 주고, 어떤 길을 가도록 가르치느냐에 따라 앞으로의 개인에게도, 국가에게도 득이 되고 해가 될 수 있는 것은 너무나 자명한 이치요 진리다.

그런데 어린아이들의 교육 현장인 교실에 애국심을 고양시키는 태극기를 걸지 않는다? 이건 교육을 하는 것이 아니고 불량품, 반항아를 기르겠다는 검은 속셈의 장난이다. 이 땅의 교육을 패대기치고 있는 것이다. 극히 소수의 부랑아 기질의 비 교육자가 사이비 사기꾼 노릇을 가르치고 있는 것이다. 문제의 심각성은 이 극 소수의 사이비 교육자의 망나니 짓거리가 상당한 영향력을 미치고 있다는 현실이다.

자랑스런 이 나라의 역사를 날조하고 '사슴을 말〈지록위마(指鹿爲馬)〉이라' 가르치는 것이 오히려 진실의 햇빛을 가리고 먹장구름을 만들어가고 있는 위세를 떨치고 있다는 기 막히는 사실이다.

애국심이 흐려지고, 찌그러지고, 없어지고 선공후사(先公後私)보다는 선사후공이 일반화 되어가고 있는 것 등은 실로 빙산(氷山)의 일각(一角).

이제 와서 누구를 탓하겠는가. 정녕 꾸짖고 탓할 대상은 우리 겨레를 오늘의 남북, 공산주의와 자유민주주의로 갈라놓게 만든 원흉 일본이다. 오늘 이렇게 남한에서조차 이념으로 다투게 된 원초의 빌미도 역시 일본이 제공한 것이나 다름없다. 그렇다고 지금 놈들을 당장 요절을 낼 수도 없는 노릇이고.

결국은 따지고 보면 우리의 탓 아니겠는가. 그러하니 이제부터라도 올바른 스승이 많이 나타나서 이 땅에 태어난 고마운 은덕에 보답하는 결초보은(結草報恩)의 심정으로 자라나는 세대를 바르게 가르쳐야 한다. 그래서 다시는 우리들이 서로 다투는 꼴볼견의 추태를 삼가. 애오라지 오순도순 아름답게 살아가면서 세계의 으뜸 국가로서의 면모를 여러 면에서 유감없이 보여주는 대한민국이 될 수 있도록 우리 고유의 슬기를 발휘해 나아가야 하지 않겠는가.

애국가 2.3.4절은 서자(庶子)인가

광영의 독립이 사람의 나이로 치면 70이 넘었다. 그런데도 나라사랑, 겨레사랑의 얼은 자꾸만 낙제수준 밑으로 떨어지고 있다. 참으로 부끄럽고 기막힌 노릇이다. 한류의 높은 위상으로 한국을 알리면 무엇할 것인가. 외국인들이 그토록 알고 배우고 닮고 싶어 하는 나라. 정작 부푼 기대를 품고 이 나라에 들어와서 금시 확인하게 되는 금수저네 뭐네 하는 이들의 거드름, 깁스한 목에 거만과 교만 떠는 꼴을 보고 하나같이 실망들을 한다. 원래 기대가 크면 실망도 큰 법인 것을. 그들은 기대치에 훨씬 못 미치는 일부 얼치기들의 문화 수준이 한국의 전체 문화수준으로 착각하고는 다시는 오지않겠다고들 한단다. 얼마나 치욕스런 추태의 결과인가 가히 두렵다.

무슨 일이든 일어나면 맹목적으로 '지록위마(指鹿爲馬)'하는 이 땅의 불순물들이야 그렇다.

명색이 '충, 효, 인성'을 교육하는 교육기관의 어느 공식 행사 때나, 심지어는 '효, 충, 의' 협의체 창단식 행사를 주관하는 단체마저도 아무런 언급 없이 "애국가 '1절'만 부르겠습니다." 한다. 그리고 정부에서 치르는 공식 행사에서도 시간 관계상이니, 말도 안 되는 핑계를 대며 애국가를 부르지 않거나 1절만 부른다. 그러니 여타의 다른 수많은 모임에서의 애국가는 천대받는 게 당연한 거다. 기관들이나 단체들이 애국가를 부르지 않는 걸 수치심인 줄 모로는 것. 이것이 무지한 꼴볼견, 애국심 결여의 민낯인 것이다.

필자는 이 애국가 문제를 수필로 시로 여러 번 다룬 바 있다. 하지만 머리가 부족해 근본적인 해결을 못하고 그저 이렇게 글로나마 울울답답한 심정을 토해놓고 있는 것이다. 그나마 다행이고 자랑으로 여기는 것은 내 자신이 활동하고 있는 '홍사단(興士團)'이 월례회는 물론 크고 작은 행사를 치를 때마다 애국가 1,2,3,4절 모두 100여 년 동안 불러오고 있다는 엄연한 사실이다. 그리고 더욱 고마운 것은 이명박 정부 때는 어김없고 박근혜 정부에서도 애국가를 모두 부르는 것을 종종 볼 수 있었다는 사실이다. 이 한 가지 사실만 봐도 어느 누가 더 나라를 사랑하는지를 알 수 있는 것이다.

모름지기 바라는 바는 '애국가 2,3,4절'이 홍길동처럼 서자가 아닌 바에야 이후 모든 크고 작은 행사에서 반드시 불러 애국심을 늘 간직해야함이 우리의 마땅한 의무요 도리요 권리다. 만일 이제까지처럼 계속할 것이면, 차라리 '애국가'를 새로 만들어 서자 취급 받는 일이 다시는 없도록 하기를 관계당국에게 권한다.

* 오피니언 편집에 수고하시는 분께 드리는 고언(苦言)

1)저는 '조선일보'를 40여년 이상 구독하는 애독자이고, '조선TV'만 주로 시청하는 '민족의 미디어', '조선(朝鮮)'의 가족입니다. 서운한 한 말씀 드리면 '장성민의 시사탱크'(잘나가다 사회자가 좀 지나칠 정도의 진행)만한 시사물이 좀 부족하다(정두언의 이것이 정치다는 제 보기엔 못 미침)는 것입니다

2) 작년에 박원순 시장의 아래 위원회가 '광화문 광장에 태극기 설치 부결'에 따른 부당함을 나름대로의 소견을 정성을 다해 기고

했습니다. 기고 내용은 당시의 희박한 애국심 고취를 위한 이 문제의 시사성에 맞게 박시장의 불분명한 애국관을 대한민국 애국시민의 한사람으로서 비판한 것이었습니다. 그런데 안타깝게도 대한민국 자존 최후의 보루인 귀사(貴社)에서 실려주지 않아서 섭섭했습니다. 물론 10여 년전에 독자투고에 실려 '책'을 선물로 받은 기쁨도 있었습니다만.

3) 결과적으로 투정이요. 어찌 대한민국 최고의 지존이고 자존이요. 으뜸의 독자를 갖고 있는 우리 '조선일보'에 저 같은 투정, 툴툴이가 얼마나 부지기수겠어요. 이해해 주옵고 늘 좋은 신문 만드는데 힘써 주셨음 합니다.

애들은 가라

필자의 어린 시절, 아니 젊은 시절도 그랬다. 시골장터에 사람들이 둥그렇게 몰려 있는 곳에 가면 보기도 끔찍한 뱀을 손에나 목에 감거나 주무르면서 이 뱀의 그놈을 알약으로 만든 것을 며칠만 먹어봐 집나갔던 마누라도 들어와 하면서 요란을 떤다. 그런데 여기서 어김없이 뱀장사랄까 약장랄까 하는 사람이 하는 말이 있다. 말인 즉 "애들은 가라!"였다. 이런 뱀장사에게도 있는 기본 양심이 오늘의 나라나 지자체를 이끄는 이들, 그리고 학자들에겐 도무지 찾아볼 수 없다는 거다. 이런 비양심이 오늘의 이 나라를 엉망진창인 꼴로 만들어 놓은 것이다. 앞으로도 계속 이 비양심, 어거지, 떼거지를 써갈 것 같고 일말의 양심의 가책도 그들의 가슴엔 가지고 있지도 않는 것 같다는 생각을 떨칠 수 없는 것이 진솔한 심정이다.

진부한 표현이긴 하지만 교육은 '백년대계'라 했다. 정녕 신중하고 치밀하게 연구를 하고, 그 연구의 결과를 공청회 같은 것과 같은 다양한 의견을 들어 교육에 반영하여 교과서를 만들어야 한다. 그리고 그 교과서를 가지고 해맑은 학생들에게 하얀 백지 같은 심성과 인격을 가르쳐야 함이 마땅한 일이다. 그런데 작금의 작태를 보라. 어떠한가. 자기 부모의 훌륭함을, 지기가 살고 있는 사회의 건

전함을, 자기 국가의 빼어남을, 자기 선조의 위대함을, 그게 사실이면 진실한 역사를 가르쳐야 교사의 도리요, 학자의 의무요, 교육부의 중차대한 책무이다.

그런데 작금, 아니 오늘의 역사 교과서 하나만 놓고도 웬수 싸우듯, 하이에나들이 먹거리를 놓고 물고 뜯고 하듯이 아주 이런 난리가 없다. 자기들 의견과 같지 않으면 무조건 들으려 하지도 않고 적을 대하듯이, 아니 적이 되어 기어코 자신들의 주장과 학견을 교과서에 넣으려 한다. 저들의 안중과 심중에는 바르게 자라나야 하는 새싹들의 미래는 상관과 걱정이 없는 것이다.

걱정하는 자들이라면 하얀 백지 위에 모두 빨간색을 칠하지 못해 저리도 발광들을 하겠는가. 아니 못난 부모도 밖에 나가면 말을 하지 않거나 칭찬을 하는 것이 인지상정이다. 나라의 역사도 혹여 부끄러운 게 있으면, 되도록 드러내지 않으려함이 일반의 심리이다. 그런데 하물며 자랑스런 부모, 나라의 역사를 자랑하지 않고 스스로 욕하고 폄훼하는데 열을 올린다면 이게 올바른 자식된, 국민된 도리이고 윤리인가. 이것은 아무리 아름답게 객관적으로, 남의 나라 시각으로 봐준다 하더라도 미친 짓이 아닐 수 없다.

그런데도 각 시도 교육계의 수장이란 교육감이란 자들이 스스로 아이들 교육을 그르치는 노릇에 낯 뜨거운 줄 모르고 나대고 있다. 학생보고 따라 하라는 건지 교육감이란 자가 1인 시위나 하고, 시류와 이념의 폿대로 훗날 흐려지는 이름으로 남게 될 것을 모르고 품위와 격에 맞지 않는 일들을 한다.

이런 의미에서 어느 시의 교육감이 보여준 "학교 현장의 혼란을 최소화하기 위해서는 학교별로 적합한 절차를 거쳐 자율적인 선택으로 운영하는 것이 타당하다."는 입장을 전한 것은 교육감의 자세는 바른 것으로 여겨진다. 그가 행한 입장은 결코 월권도 아니고 편협도 아닌 학교 현장의 최고 수장인 교장에게 재량권을 부여했다는 점에서 가장 이상적인 판단을 한 교육감이라 할 수 있겠다.

제발 국민의 한 사람으로서 바래본다. 최순실과 국정 역사교과서와 도대체 무슨 상관이 있는가. 보는 시각이 아무리 다르더라도 국정 최고 책임자의 사건과 국정 역사교과서 교육 정책과 무슨 관계가 있는가.

바라노니 앞으로는 굳건하고 책임 있는 교육부의 뚝심 있는 교육정책 이행이 진행돼야 한다, 감성과 선동으로 좌표를 잃고 있는 촛불 민심이라는 미명은 그래도 역사의 큰 책임은 끼치지 않는다. 그러나 이 나라 미래의 명운을 좌우할 역사교과서의 올바른 선택과 교육은 후손에게 끼칠 영향이 지대하다. 이 같은 심대한 역사적 소명에 관계되는 이들은 자중자애 양심 있는 교육철학을 행세해야 마땅하다. 자칫 자신들의 떼거리 패싸움의 승리만을 위한 우리의 자랑스러운 역사교육을 그르치게 한다면 훗날 역사의 죄인이 될 것임은 분명하다 하겠다. 소탐대실, 정저지와의 사고와 행동에서 과감하고 용기 있는 변신을 빈다.

어느 별다른, 거룩한 고행

모든 것은 없음에서 있음으로 되었다가 다시 없음으로 돌아가는 것이다. 이것이 자연의 순리라 할 수 있다. 우리의 삶은 여러 가지로 표현되겠지만 일단은 苦라고 함이 일반이다. 우리 생에 희로애락애오욕 등 오욕 칠정이 끊임없이 자리한다. 그러하지만 그래도 가장 오래 우리 삶을 오래 지배하고 기억되는 것은 '苦'라 할 수 있을 것이다.

바로 직전 일요일(1월 15일) 필자는 가톨릭문학회 교우 분들과 천안의 북면 납안리의 성거산 성지를 다녀왔다. 까닭은 사제생활의 3분의 1을 성거산 성지에서 하느님 사업을 펼치시다가 35년간의 사목활동을 마치시고 은퇴하시는 사제의 은퇴미사에 참여하기 위해서였다. 주인공 신부님은 '정지풍 아킬레오' 신부님. 대전가톨릭문학회와 대전미술작가회의 지도신부를 겸하고 계시는 신부님이시다. 병인 박해 때 공주 감영에서 순교하시고 납안리에 묻히신 순교자들이 게신 교우촌을 이루고 있는 성거산. 그 보잘 것 없던 성지를 이 신부님 재임기간에 하느님 보시기에 참 좋았다할 정도의 눈부신 성역화의 완성단계를 눈앞에 둔 거룩한 성지의 입지를 굳혀 놓으셨다.

낮이면 해맑은 바람과 햇살이 송시를 읊고 밤이면 개여울, 뭇꽃, 풀벌레, 뭇새, 뭇별들이 형언하기 어렵게 아름다운 밀어와 교향악을 맘껏 펼치는 천국. 이 성스러운 성지를 이루시고 가꾸시느라 그 얼마나 많은 고행이 있었을 것인가는 바로 신부님과 하느님께서만 아실 것이니, 이를 일러 '거룩한 苦行'이라는 것이다. 고행이 영육간에 늘 배셔서 그런지는 모르겠으나 말씀이나 행동에서 겸손함이 웃음 속에서 자연스러워 누구나 호감을 갖게 되는 게 신부님의 또 하나의 매력이다.

매력 못지않은 별다른 고행을 늘 삶으로 지내는 분들이 우리 주위에는 너무도 많다. 다만 우리가 그저 지나치고 무관심하고 격려에 인색하기 때문에 모르고 살 뿐이다.

모두가 쉬는 명절이나 국경일 같은 날에 땅에서 바다에서 하늘에서 고행을 천직으로 알며 묵묵히 수행하시는 우리 사회의 숨은 일꾼들을 여기에서 일일이 구체적으로 직업군이라든가 그 특성들을 열거할 수는 없다. 그러나 이 분들이 소중한 땀방울을 쏟아놓는 각고의 노력과 냉혹한 한파에 시달리며 고행을 마다하지 않는 주역들이, 우리 주위에 계시기에 쓰잘머리 없는 촛불난동 같은 큰 혼란이 일어나도 이 사회는 끄떡없이 잘 굴러가고 있는 것이다.

특히 칼바람을 맞으며 최전방에서 국토방위에 독수리눈으로 북쪽을 응시하고 있는 젊은 피들이 있기에 우리는 맘을 놓고 각자의 책무를 다할 수 있는 것이다.

아름답고 미더운 고행, 그 별다르고 거룩한 고행을 천직 삼아 아무 불평 없이 사회를 지켜가는 이 분들을 우리는 겸허하고 죄송한 마음으로 응원하고 격려해줘야 한다. 필자가 늘 불편해 여기는 것은 어려운 일들은 무명의 일꾼들이 다 하고 그 결과의 열매나 테이프 커팅이나 하는 걸 자랑으로 아는 이들은 일과 상관없는 어깨들이 하는 꼴불견이다. 좀 테이프 커팅을 할 때 노무자들을 앞세워 그들로 하여금 커팅을 하게하면 얼마나 아름다운 모습을 보여주는 것이겠는가. 참 안타까워 넋두리 삼아 해보는 말로써, 너무 슬픈 필자의 평소 심정이다.

이 해맑은 2017년 정유년 새해에는 이런 아름다운 숨은 주역들을 찾아내어 격려하고, 찬사도 하고, 포상도 하는, 정녕 모두가 미쁨으로 매일을 열어가는 금수강산 대한민국이 되어갔으면 좋겠다.

왜들 이러나

정녕 너무하다. 그냥 하는 말이 아니다. 다른 여러 나라에 비해 결코 뒤처지지 않는 유구한 역사와 유무형의 빛나는 문화 강국의 하나가 이 나라다. 세계에서 가장 두뇌가 우수하다는 평가를 받고 있는 나라이기도 하다. 뿐 만이랴. 문맹률이 제일 낮고 고등교육 진학률도 비록 양적이기는 하나 세계 최고다. 수치로만 보면 최고 지성인이 많은 나라라는 것이 된다. 또한 세계에서 가장 짧은 기간에 도움 받아 사는 극빈국에서 도움을 주며 사는 떳떳한 나라가 된 것도 사실이다.

어엿한 선진국의 반열에 서는 나라가 된 것이다. 자유민주주의의 가치를 충족시킬 수 있는 민주화도 가장 짧은 기간에 이룬 나라다. 그런데 문제는 모름지기 선망의 대상이던 이 나라가 어찌 오늘에 이르러서 여러 나라로부터 조롱과 빈축을 받는 우수꽝스러운 나라로 추락하고 있는가? 세계무대에서 샛별처럼 자신만만 당당히 진면목을 보여주던 이 나라가 졸지에 모멸감, 수치심을 떨칠 수 없는 나라로 전락이 돼가고 있는가?

우리가 진심으로 바라는 것은 또 다시 세계에 우뚝 서서 일로 매진하는 수범국가가 되는 것에 다름없다. 이리 되기 위해서는 무엇보다 현실을 직시하는 철저한 반성이 우선이다. 그리고 이 바탕을

동력으로 해서 앞만 보고 열심히 뛰는 노력과 슬기로운 대책을 강구하여 지속적으로 실천하는 것이 최선이라 할 수 있다.

모두(冒頭)에서 밝혔듯이 여러 나라가 본받고 싶어 하고 실제로 이 나라의 발전 동력이 무엇인가를 알기 위해 유학생으로 연구원으로, 공적 사적으로 우리나라를 오간 게 엄연한 사실이다. 그러한데 어찌해서 세계의 모범국가였던 이 나라의 면모가 이제와 같은 꼴불견의 꼬락서니가 되었는가 하는 문제다.

총체적으로 일람해보면 그 어느 한편의 잘못과 책임으로 치부할 문제가 아니다. 우리 모두의 잘못과 책임이다. 지도자들의 무능과 책임 방기, 피지도자들의 바르지 못한 의식과 행태들이 만들어낸 결과이다. 지면 관계 때문에 전반적으로 얘기는 할 수 없으니 두 가지 예로서 이 나라 현실을 진단하고 나름의 해결책을 모색해볼 것이다.

우선 교육에서 문제를 찾아볼 수 있다. 교육이 백년대계라 했거늘 현실에서는 어휘 사전에서나 찾아 볼 수 있을 시절이니 이제는 옛말이 된 것이나 다름없을 것이다.

사람 됨됨이의 척도는 교육의 진정성 여부로 가름된다 하겠다. 우리 모두가 주지하는 것과 같이 3살 버릇이 여든까지 간다는 속담이 있다. 옳은 말이다. 그만큼 영유아 교육이 중요하다. 그런데 보자. 필자를 포함한 60~70대 되는 부모세대들 대다수가 지난 날 어려서 뼛속 깊은 가난과 지난(至難)한 고통을 겪었다. 이런 경험들로 하여, 결코 내 자식들에게 만큼은 가난의 대물림, 고통의 대물림을 하지 않겠다는 무조건적 그릇된 내리사랑의 행태를 낳았다. 이를테면 그저 '오냐오냐.', '그래라.' 따위의 편애(偏愛) 일변도. 이 비롯됨이 오늘의 적잖은 청소년, 장년층까지 불효, 비윤리적, 비도덕적인 폭언 폭행의 광포한 행태가 횡행하고 있다. 실로 비인격적, 비인간적인 분위기의 팽배다.

또 일부 비교육적인 사고를 지닌 선생들이 철지난 이념의 노예가 되어 자랑스러운 역사와 시대상을 올바르게 지도해야 됨에도 그릇된 교육을 시키는 일탈 행위를 서슴없이 자행하고 있다. 자라나는 새 세대에게 자긍심을 가질 수 있는 교육을 시키는 것이 선생의 막중하고 거룩한 책임이고 권리이다. 그런데 스스로 자랑스런 이 나라의 역사와 성공적인 자유경제 체제를 실패할 수밖에 없는 것으로 호도하여 가르치고 있는 것이다. 이러한 비양심적 비이성적인 선생은 이후나마 올바로 교육하거나 그렇지 않으면 마땅히 과감하게 퇴출시켜야 한다. 이러한 선생들은 스스로 선생이기를 포기한 거나 마찬가지인 암적인 자들이기 때문이다.

그리고 예의라고는 아예 없는, 아니 예의가 뭔지도 모르는 철부지 학생들이 신성한 교육현장인 학교에서 미꾸라지 행태 짓으로 교육의 장을 더럽히거나 망가뜨리고 있는 것 또한 심각한 사회 문제다. 교육이 이 나라의 미래를 책임지는 중요한 요소이기에 철저한 의무와 책임감으로 차세대를 이끌고 갈 인재를 키워야 하는 것은 너무도 당연한 교육자의 바람직한 사명이다. 참으로 어렵게 교직자의 길을 부여받은 선생들의 숭고한 책무를 재인식하여 올바로 교육하는데 배전의 노력과 분발이 필요한 현실이다. 관계 당국은 물론 모든 사회 구성원도 이같은 교직자들이 제 몫을 제대로 실천할 수 있도록 전후에서 아낌없는 지원과 배려에 적극적으로 동참 수행해야 한다. 이것이 자신들의 자식과 국가사회가 잘되는 바로미터이기에 너무도 신실한 의무요 권리를 성실히 이행해야 하는 까닭이다.

다음으로는 우리의 귀중한 생명과 재산, 지속적으로 발전 융성해야 하는 굳건한 나라 유지에 총력을 다해 애써야 하는, 제일의 사명인, 국가에 대한 철저하고 굳건한 안보관의 범국가적 책무와 인식과 의식의 문제다.

오늘 날처럼 국가의 안보의식이 흐리멍텅하고 무사태평한 적은 일찍이 드물었다. 국가를 튼튼히 지켜내야 하는 최고 지도자나 관계당국, 그리고 시민들의 안보태세와 의식이 마치 낮잠 자고 있는 것 같은 조마조마한 형국이다. 어찌 풍전등화와 같은 나라의 위난 앞에서 모두가 하나같이 이렇다할 대비책도 없이 조금도 걱정하지도 않고 안일하게 지내는지 도무지 모를 일이다. '한미 동맹' 한 축인 미국은 미치광이 살인집단인 북한 괴뢰도당의 평화를 깨부술 발광하는 만행을 잠재우기 위해 온갖 노력을 다하고 있음을 모르지 않는 우리다.

그런데도 정작 제일의 피해 당사국이 될 이 나라는 국가 지도자나 국민이 한결같게도 팔짱을 끼고 남의 나라 일처럼, 소 닭 쳐다보듯 하고 있는 것 정말 목불인견이 따로 없다. 아니 모두가 짜고 치는 고스 톱 판국 같다. 오히려 신기하리만치 태평천국이다. 우리 국가 지도자들은 우리 혈맹인 미국의 사즉생 심정의 주장이나 행보에 청개구리처럼 엇박자, 또는 반대나 해대기 일쑤다. 그리고는 오히려 주적인 북괴에 체면 차릴 필요도 없는지 그 저 대화 구걸이나 하면서 비위나 맞추는 꼬라지를 연출한다. 뿐이면 다행이다. 적전에서 적폐청산이니 내편이 아니면 원수처럼 싸움질과 정치 보복에만 혈안이 돼 있다.

도대체 국민을 졸로 보는지 안중에 없는 오만방자한 짓거리만 해대며 분열만 가속시키고 있다. 참으로 철부지도 아니고 해괴하기 그지없다. 그러고 보면 과연 이네들이 이 나라를 굳건하게 지킬 수 있는 방책은 세워 놓고 주적을 약 올리는 고단수의 술책을 쓰는 건지. 아님 그저 아무생각도 하지 못하는 몽롱한 상태에서 그냥 될 대로 되라는 건지. 또 아님 도대체 어디로 끌고 가려는지 그 속내를 알 수가 없다. 국가를 이끄는 지도자들은 그래서 아무나 해서는 아니 되는 것이다. 제발 나라 곳간만 축낸다 싶은 지도자들이여, 그 꼬라지 주제나 알고 거들먹거리면서 이 나라야 뭐 어떻게 되겠지, 모든 것은 시간이 해결해주는 것이니까, 하는 얼빠진 언행을 삼가야 그나마 봐줄 수 있다. 정녕 이 나라꼴이 기막히다.

집안에 도둑이나 강도가 들어오려면 개도 짖지 않는다 했다. 물론 닭도 푸닥거리지도 않고. 제발 일개 시민의 한 필자로서 바란다. 이 나라 미래를 망치려는 교육자연 하는 돼먹지 못한 자들은 교육현장에서 떠났으면 한다. 이러함이 자신과 나라를 생각하는 최소한의 인간된 염치다.

오늘 내일 전쟁이 날지 누구 도 모르는 이 형국에 나라 걱정은 도무지 않는 껍데기 지도자들은 이제라도 집으로 가주길 바란다. 그리고 쓰잘머리 없는 짓으로 주야장창 날 샌 밀린 잠이나 자고 무릉도원에서 즐긴 시절의 꿈이나 꾸기를. 이러함이 그대들 빈 껍데기 지도자들이 되어, 이 나라야 그저 어찌되겠지, 제 잇속만 챙기는 버르장머리와 못된 짓을 국민들에게 사죄하고 자숙하는 최소한의 인간적 양식이요 도리다.

제발 바라노니, 얼치기 행태에서 벗어나는 정신을 차려서 건전한 자신과 굳건한 국가사회 발전에 조금이라도 도움 주는 참 도우

미들로 거듭 재활, 각자 제 자리에서 튼실한 국가안보와 나라 곳간을 배불리 하는데 진력해주기를 바란다. 똑바로 정신 차려야 한다. 하여 '이게 나라냐? 왜들 이러나?' 하는 걱정 어린 자조의 말들이 흐르는 시간 속으로 영원히 사라지도록.

왜들 이러시는지

우리 사는 현실은 마치 아수라 같다. 또 '스티븐슨'의 "지킬 박사와 하이드"가 요리하는 나날 같다. 다만 '하이드'는 밤에만 악행을 저지르지만, 우리 사회는 밤낮없이 악마구리 짓들로 하루도 조용한 날이 없을 정도이다. 지구촌에서 문맹률이 가장 최저이고 고학력자 비율이 제일 높은 최고의 교육수준을 자랑하는 대한민국이다. 그런데 하는 짓거리들을 보면 지구촌에서 제일 하질이다. 남북한 합친 땅덩어리가 세계에서 아흔 아홉 번(99)째인 비교적 작은 나라이지만, 경제적으로 선진국 반열에 들 정도로 비약적인 발전을 이루어 내 여러 나라 들이 선망하고 주목하는 나라임에도 불구하고. 왜들 붉은 물 못 들여서 난리들인지 도무지 이해가 되지 않는다.

우리 대한민국은 모두(冒頭)에서도 밝혔듯이 세계 많은 나라에서 못사는 나라였지만 반세기만의 짧은 기간에 선진국 반열에 올라선 실로 자랑스러운 나라다. 그런데 정작 이 나라 안에서는 애초 태어나지 말았어야 될 나라, 잘 못 세운 나라, 헬 조선, 이른 바 지옥 같은 나라라고 하는 등 스스로의 자긍심, 자존에 대못박는 비굴한 언행들을 해대고 있다. 실제가 그렇다 하더라도 남(다른 나라)

들 앞에서는 스스로를 폄훼하는 짓을 하지 않는 것이 정상이다. 그런데 사실이 그러하지 않은 참으로 자긍심을 갖고 살 수 있는 자랑스러운 나라요 겨레임에도 돼먹지 못한 행태를 서슴지 않고 저질러대고 있다. 아마도 이 파렴치하고 수치스런 생각과 행동을 하는 나라는 지구촌에서 우리 말고는 없을 것이다.

우선 세계적으로 이미 실패하고 사라져가고 있는 것이 변형된 사회주의, 공산주의이다. 더욱이 정상적인 사고를 가지고 있는 이들이라면 같은 혈육들 사이에 붉은 완장차고 악마 같은 짓거리들은 꿈에서도 차마 하지 않을 것이렷다. 그런데 우리는 6.25 동란을 통해서 붉은 물이 짙게 들은 놈들이 악마들 소굴에서나 있을 피비린내 나는 짓들을 서슴지 않고 해댄 역사를 직간접적인 체험과 경험으로 잘 안다. 차마 남부끄러워 손바닥으로라도 하늘을 가리고 싶은 치욕적인 사실들을 잘 앎에도 오늘 날 부쩍 그 인간답지 못한 짓거리들로, 지옥으로 끌고 들어가지 못해 안달 나 있다.

저주스러운 인민 민주주의가 아닌 우월한 자유민주주의의 자유를 생명처럼 붙들고 사는 대한민국에서 숨 쉬는 이들이 어다 할 짓들인가. 정신이 어찌 되지 않고서야 쓰레기장에나 버려서 썩게 해야 할 붉은 완장질 들을 그렇게도 다시 하고 싶은가. 그렇게 인간으로서는 도저히 해서는 안 될 피비린내 나는 짓들을 하고 싶으면 선한 사람들, 건강한 자유 민주시민으로 살고 싶은 대 다수의 혈육들을 끌어 들이려 하지 말고 그 짓을 맘껏 할 수 있는 곳으로 아주 옮겨서 살면 된다. 왜 어거지로 해맑은 자유의 공기 속에서 사는 선한 이들에게 온갖 패악질을 해대면서 평안한 날 없는 악마구리의 삶으로 이끌어 가려 하는가.

왜들 우리 자유 대한민국에서 온갖 누릴 것은 다 누려가면서 사람들의 삶의 터전이 아닌 지옥의 삶으로 못 끌고 가서 안달을 하는지 도무지 이해할 수가 없다.

오래도록 해결하지 못한 가난한 삶을 이만큼 부유함 속에 자유를 만끽하며 살 수 있게 이 겨레를 이끌어 주신, 세계가 칭송해 마지않는 구국의 최고 지도자가 누구신가. 그 누가 뭐래도 불변의 선구자요 나라를 나라답게 키우신 국가 지도자는 바로 '박정희' 대통령이다. 또 위대한 자유대한민국을 세워주신 건국의 아버지 '이승만' 대통령을 폄훼 못 시켜 안달하는 작태라니. 오직 민주화의 미명아래 증오와 저주를 마구 퍼부어 대는 역도들. 얌통머리 없게도 꼴깝 떠는 짓은 하늘이 머리위에 있음을 망각하는 개망나니 짓거리들이다.

이들의 삐뚤어질 대로 삐뚤어진 심보의 정점은 어떻게 하든 이 나라를 위대하게 만든 성공한 대통령을 실패한 대통령으로 각인시키며 이 땅의 주인들을 온통 검붉은 물로 만들려는 철저하게 계산된 술책이다. 예서 더 나아가 역사책까지 손대어 붉은 물로 넘쳐나는 땅이 지상낙원이라는 가짜 역사를 만들어 자라나는 세대의 새싹들을 싹수 노랗게 만들어 가는 소갈머리 없는 자들, 이 같음은 실로 천인공노(天人共怒)할 만행이다. 이들 새빨간 놈들의 검은 심보를 읽고 있는 국민들 가슴 속은 기가 막혀 새까맣게 되어가고 있다. 이 안하무인, 시건방에 방자함의 노릇은 국민을 졸(卒)로 보고 까부는 몰염치한 짓거리란 줄도 모르는 후안무치의 극치를 보여주는 하나의 보기다. 남부끄러움이라고는 눈곱만큼도 없는 이자들은 다른 나라들이 선망하는 이 나라의 국격을 여지없이 떨어뜨리는 망동임은 생각도 하지 않는다. 이들에게 안타까운 연민을 느끼는 것도 사치스러운 것이다.

정녕 기 막히는 것은 치졸하기 이를 데 없는 이자들의 심보는 놀보 하고는 비교가 아니 될 정도의 악마적 심보다. 왜냐 하면 황무지 같은 나라를 온갖 피나는 노력으로 아주 잘사는 나라로 일구어 낸 신화적인 존재, 세계가 한결같이 성공한 최고의 국가 지도자로 평가하는 '박정희' 대통령의 탄생 100주년을 기리는 가장 기본적인 사업의 일환인 우표 발행도, 동상도 못 만들게, 대놓고 난장질을 해대는 붉은 물들의 쪼잔하기 이를 데 없는 심보가 대표적이고 단적인 예다. 벼룩이나 빈대만도 못한 심보다.

이 나라가 지구상에서 없어질 수도 있는 백척간두(百尺竿頭)의 처지에 있는 지경을 오로지 자유를 수호하겠다는 신념 하나로 이국의 땅에서 전력을 다해 싸우다 소중한 목숨을 바친 수많은 영령들께 머리를 들 수가 없다. 그러나 이 거룩한 헌신을 배은, 배신으로 갚는, 다른 나라에서는 유례를 찾아 볼 수 없는 가히 흉내조차 할 수 없는 파렴치한 악마적 심보들이 이 나라를 망쳐놓고 있다. 그러면서 더더욱 기가 막히는 사실은 나라 안팎의 수많은 고귀한 생명을 무참하게 앗아간 세계 최고의 악질 집단에 편승하여 이적질하는 행태이다. 이제까지도 우리의 자유를 앗기 위해 온갖 권모와 술수, 꼼수부리기에 악질적인 행태를 마다않는 외골수 흡혈귀 집단에게 귀신에 홀린 듯 스스로 빠져들어 부역하는 자들이 이 땅에 너무 많다.

이 땅의 자유를 지키기 위해 애쓰는 이들에게 그냥 놔두지 않고 벌떼처럼 달려들어 온갖 못할 짓으로 괴롭히는데 혈안인 자들이. 그런데 참으로 희한한 것은 원조 빨갱이 집단과 공범자 집단에게는 필사적으로 온갖 수단을 동원하여 무엇이든지 갖다 바치려고 열혈적으로 애를 다한다는 역적질이다. 붉은 물이 짙게 들은, 하여 진짜보다 더 진짜 같은, 그래 보았자 짝퉁에 불과한 자들, 민주화의 탈을 쓰고 노골적으로 온갖 잡질에 날 새는 미치광이 집단, 길짐승만도 못한 이놈들의 해괴한 행태를 도무지 상식적으로 이해되지 않는다는 점이다.

더더욱 이해되지 않는 사실은 이 나라의 고귀한 생명과 자산을 수호하기 위해 애를 다한 우국충정(憂國衷情)의 인사들에게는 매몰차게 대하거나 사소한 일들을 트집 잡아 햇살 없는 곳에 가두는 어이없는 노릇을 아무렇지 않게 하는 거다. 대명천지 자유로운 이 땅에서 나라 사정이 걱정되어 할 말을 하자면 조심스럽게 해야 하고, 오히려 이 나라를 흔들어 대는 이적행위를 일삼는 자들과 집단은 아무 거리낌 없이 떵떵 큰소리치며 온갖 잡질을 제 맘대로 해댄다는 현실이다. 참으로 이 나라가 어찌될 것인지 불안한 것이 엄연한 현실이다.

콩 한 알도 나누어 먹는 아름다운 심성을 가진 사람들이 겨레로 사는 곳이 이 나라다. 어려움을 겪을 때는 손발 벗고 나서서 힘과 슬기로 돕고 헤쳐 나가는 것이 이 겨레의 고운 심성이다. 지구촌에서 가장 우수한 두뇌, 부지런함이 이 땅에 사는 우리들이다. 이러한데 그 언제부터 왜 무엇 때문에 쓰레기장에나 던져버릴 이념의 노예가 되고, 반목질로 네편, 내편으로 갈라져 서로들 못 잡아먹어 으르렁거리며 살고 있는 것인가. 세계 여러 나라들은 보다 나은 삶을 위하여 하나로 결어져 열심히 뛰고들 있다. 우리가 이제까지의 편파적인 삶의 행태를 흔쾌히 버리지 않는다면 분명 머지않아 지금의 우월한 국격에서 급격하게 추락하는 것은 불문가지다. 그리고 지구촌에서 조롱을 당하며 비굴한 삶을 살게 될 것도 충분히 예견

된다 하겠다.

우리는 이미 낡고 삭아서 폐기처분된 인간성 상실, 인간으로서는 해서는 아니될 악마구리 짓을 저지르는 것이 다반사인 인간 말종의 집단이 벌이고 있는 이념의 늪에서 과감히 빠져 나와야 한다. 아무리 좋게 생각해 보아도 서로를 불신하여 피터지게 싸움질하고 끝내는 살인행각이 생활화되는, 검붉은 물에 빠져드는 것은 참으로 어리석은 노릇이 아니고 무엇이랴. 누십 년 전만 해도 제대로 조감해볼 수 없는 베일에 싸여 있는 붉은 집단에 어느 정도는 막연한 호기심을 가지며 지낸 것이 사실이다. 그러나 오늘에 이르러서는 눈부신 정보 기기들의 발전에 힘입어 붉은 집단의 안팎 체제를 속속들이 들여다 볼 수 있어 저들 체재의 반인륜적, 비인간적인 삶의 모습들을 어지간은 안다.

그런데도 불고하고 우리의 적지 않은 좌파들은 어찌하여 살인마 집단에 스스로 현혹되어 비인간적인 붉은 이념의 노예가 되어 넋 빠진 짓들을 마구 저지르는지 기막히다. 실로 부끄러운 줄도 모른 채 고귀한 자유민주주의 체제를 현명하게 선택한 이 나라의 정체성과 국민의 자존을 송두리째 망가뜨리면서까지 붉은 정권의 하수인으로 이끌어 가려 하는지를 도저히 이해할 수가 없다.

한 예로 소위 집권당을 움직이는 리더급 상판들이 틀림없는 공산주의자로 의심해도 될 망언, 망발들을 서슴없이 해대는 게 그것이다. 마치 붉은 집단의 지도자들이라도 된 듯 으스대며 칼춤 추는 뻔뻔하고 방약무인함에 선량한 민초들은 가히 모골이 송연할 정도. 이렇게 막나가는 무소불위에 국민은 그만 눈멀고 귀먹은 것처럼 너무도 조용함에서 어떻게 이 나라가 이 지경이 되고 있는지 기막히고 또 놀라울 뿐이다. 한마디로 이들 반미 친북 세력의 안하무인, 오만 방자한 행태는 이 나라의 국민을 졸로 보는 싹바가지 없는 망나니짓들에 다름 아니다.

그저 기력이 쇠잔하고 정신 줄도 가끔 놓고 사는 한밭 골 샌님이 호소 드리는 말이다. 제발 사랑이신 주님을 경외함에서 멍첨지도 거들떠 봄 없고 두려워하지 않는 철지난 이념의 노예들이여 미몽에서라도 미쳐 날뛰지 않기를 바란다. 더 이상 편 갈라 어떤 일이든 무턱대고 반대만 하면서 폭언, 폭행, 난장판 만드는 야만적인 싸움질로 국력을 소진하는 쓰잘머리 없는 짓거리들은 이제 그만 접어 두자는 거다. 같은 혈육들이 서로들 아귀다툼을 일삼는 짓들의 까닭, '왜들 이러시는지'는 괜한 곤혹을 겪기 싫어서 말만 안할 뿐이지 삼척동자도 잘 아는 것 아닌가. 말이 말이지, 안타까운 노릇들이고 바깥 세계에 나가 얼굴 들고 살 수 없는 불한당 짓들이 아니고 무엇인가.

이 나라와 잡놈들의 모습을 세계의 눈으로 보면 외화내빈(外華內貧) 그 꼴불견에 다름없다 여길 것이다. 실로 조금이라도 정말 위험하고 위태로운 꿈에서라도 결코 아니 되는 생각. 진솔히 생각해 보는 바, 사실 두 번 사는 인생이라면 그래 까짓 것 공산주의자들의 꼬임에 넘어가서 살아봄으로 해서 이제 한 번 속지 두 번 속지 않는다는 지옥 생활도 해볼 수 있다. 그러함으로 다시는 이런 비인간적인 집단에서 뚱보 살인마를 신처럼 받드는 무지몽매한 노예 생활로 값진 삶을 망가뜨리는 어리석은 짓을 하지 않겠다는 결기의 계기로 삼을 수도 있다. 그러나 단 한 번뿐인 고귀하고 소중한 삶을 살인마 괴수를 경외하는 어버이로 섬기며 사는 지옥 같은 삶을 거짓으로라도 살아서는 절대 아니 되는 것은 필연이다. 저 이북의 노예같이 사는 비참한 삶, 어쩔 수 없이 창살 없는 감옥 같은 데서 살고 있는 비인간적이고 반인륜적인 붉은 집단에 그저 맥없이 쓰러져 참혹하게 되는 노릇은 결코 하늘도 용서치 않을 죄악인 것이다.

자찬하는 것이 아닌 정녕 슬기롭고, 부지런하고, 용기 있는 자유 대한민국의 위대한 존재들이여, 정신을 바짝 차려 슬기로운 삶, "충의용감(忠義勇敢)"의 보배로운 삶을 살 의무와 성스러운 권리가 주어져 있음을 명심해야 한다. 하여 결코 악마구리 검붉은 괴뢰집단의 어떠한 권모와 술수, 수작에도 철옹성 같이 굳세게 대처, 사람답게 사는 자유로운 자유민주주의 국가, 거룩한 대한국민의 자존을 지켜내야 한다. 세상 끝날까지 이 자랑스러운 대한민국, 이 땅을 건실하게 견지해 가는 "무실역행(務實力行)"의 바른 삶을 이어가도록 힘써 나가야 함이 마땅하다. 이러함이 오늘의 우리에게 주어진 결기에 찬 사명이며 의무요 고결한 권리라는 사실을 잊어서는 안 된다. 이 같은 금과옥조(金科玉條)를 계명으로 영육에 새겨놓고 올곧게 하늘을 우러러 사랑하며 살아가야 하는 것이 우리들 한겨레의 궁극적인 도리요 인내천人乃天의 성스런 실천 아니겠는가!

참지성으로 빛을 내는 대한의 자존들에게 권하는 것, 하늘이 사랑하는 우리 대한민국 만세! 사랑이신 하느님 무한세! 기림이 우리의 무구한 광영 되도록.

이런 나라도 있다

이런 나라도 있다. 아마도 나 자신이 문외한이어서 그런지는 모르겠다. 이 나라처럼 우마가 뒷발질하듯 하고 청개구리 따로 없는 짓만 해대는 나라는 세계 어디에도 없을 것이다. 도저히 미치지 않고서는 하나같이 이럴 수는 없다. 또한 제대로 된 정신 가지고는 도저히 이해할 수 없기도 하다. 흔히 윗물이 맑아야 아랫물이 맑다고 한다. 이는 대체로 맞는 말 같지만 오늘의 누리에서는 틀린 말이 된다. 윗물은 썩었어도 아랫물은 맑게 된다. 왜냐하면 하수 종말 처리장에서 정수를 만들어 내니까 그러하다. 이제의 이 나라가 이와 똑 같다. 꼭 그렇지는 않지만 대개는 아래 계층은 비교적 제 할 일들을 제대로 해가면서 살아가는데 각계의 머리에 해당하는 지도자란 자들이 한결같이 제정신을 갖고 있지 않고 미친 자와 같다. 특히 정치 지도자들 그 중에서도 이 나라의 명운을 책임지는 자들이 더욱 미쳐가고 있다. 대부분 제 정신의 시민들로서는 이해하려 해도 이해할 수 없는 일에 너무 열중이다. 그래서 시민은 더욱 불안한 것이다.

사실 양심이 찔린 노릇들을 서슴없이 해댄다. 하늘이 알고 땅이 알고 판단력이 있는 사람들이면 알 수 있는 노릇들이다. 이 나라 최초의 여성 대통령으로서 나름 국가 안위와 발전에 노심초사하며 막중한 책무를 수행하고 있는 데 말도 안되는 죄명을 덮어 씌어 끌어내려 주저앉히는 따위가 대표적인 사례다. 그것도 판결이 나지 않았음에도 어거지로 구속까지 시키고 그 것도 모자라 수형생활을 연장시키기 까지 하는 몰염치가 그러하다. 제대로 된 자유민주주의 국가인 이 나라에서는 있을 수 없는 치졸하고 편협하기 이를 데가 없는 무법적인 행태라 아니할 수 있겠는가. 남에게 상처를 주면 자신도 똑 같이 돌려받는다는 것은 상식이다.

또한 대다수 시민들이 불안해하고 두려워하는 체제를 바꾸려 한다고 우려하고 의심이 드는 일들을 굳이 하려고 하는 경우는 또 무슨 경우인가. 물론 국정을 이끌어가는 쪽에서는 잘해보려는 노력의 일환일 것이다 그러하더라도 시민이 원치 않으면 하지 않는 것이 시민을 위한 위정이고 수임맡은 이들의 제대로 된 도리이다.

특히 전혀 이해가 되지 않는 미디어의 행태다. 마치 짜고 치는 고스톱 같이 어쩌면 초록은 동색같이 일방적으로 어는 한쪽 편만 드는 것 같은가. 이른 바 엘리트 집단인 기자들의 지성과 양심이 의문스러울 정도다. 하나의 비근한 보기로 바로 얼마 전 3.1절 날 광화문에서 용산까지 태극기 물결이 인산인해를 이루었다. 이 물결이 하루 종일 나라 걱정위해 격정을 토로했건만. 그 어느 미디어도 공정한 사실관계로 다루지 않은 것이 그것이다. 참으로 놀랍다. 도저히 올바른 기자정신을 찾아보기 어려운 행태고 언론의 횡포라고까지 지적하지 않을 수 없는 보도 행태다. 어찌 이 나라가 어디로 가려고 그러는지 소시민의 한 사람으로서 실로 걱정이 되지 않을 수 없다. 이 나라의 앞날이 우려됨을 솔직히 고백하지 않을 수 없다.

요즘 부쩍 지속적으로 확대 재생산되고 있는 성적인 문제만 해도 그렇다. 여기에 연루된 낯짝들이 한결같이 각계에서 내로라하는 작자들이다. 한심하고 한심하다. 더욱이 가장 모범적이고 신뢰를 생명으로 하는 종교 지도자들이 필부필부 갑남을녀 장삼이사들에게 고개들고 나들이 할 수 없는 치한 노릇을 해댔다. 하늘을 두려워하는 양심 있는 자들의 행태라고는 보아줄 수 없는 중벌을 면치 못할 노릇이다. 손바닥으로 하늘을 가리지도 않고 해댄 불상놈 짓을 해댄 것이다.

정녕 제 정신으로는 도저히 이해할 수 없는 일들이 어찌 이뿐이랴만 더 예서 중언부언 한다는 자체가 개인으로나 국가적으로 창피한 것들이어서 논할 필요성을 못 느낀다.

정말 얼마 전까지도 세계의 이목을 받으며 잘 나가는 훌륭한 이 나라가 어찌 이 모양 이 꼴이 되었는지 안타깝고 안타깝다.

대저 바란다. 세계의 중심 국가로 다시 서기 위해서 각계의 지도적 위치에 있는 이들의 대오 각성을 촉구한다. 그리고 일신해서 마음 다잡고 우리 모두 다 같이 똘똘 뭉쳐 다시 한 번 빛나는 대한민국으로 우뚝 설 수 있도록, 위로는 최고 지도자부터 소시민에 이르기까지 최선의 신념과 열정을 다 바치는 거다.

인생은 장애인의 길

인생은 짧다. 인생은 새벽녘 나뭇잎에 맺혀 있는 이슬과 같다 한다. 인생은 떠도는 구름과 같다고도 한다. 이와 같은 말들은 하나같이 인생의 허무함을 얘기하는 것이라는 염세적인 바탕에서 비롯되는 표현들이다. 오늘 새벽 산책을 마치고 아파트 입구에 들어서다 무심코 화단 밑에서 눕혀진 채로 발버둥을 치고 있는 매미를 보았다. 불현 듯 생이 끝나는 매미의 발버둥을 보며 장애인이 되어서 인생을 마치는 삶의 세계가 오버랩 됨을 느꼈다.

다만 선인들이 대체로 일러 말하는 '인생이 짧다'는 것에 대해, 인생이 결코 짧은 것이 아님을 필자는 밝힌다. 하루살이나 매미 같은 미물들이 보면 우리 인간들의 삶이 얼마나 긴 부러운 존재들인가를 실감할 것이다. 다만 삶에 대한 애착이 큰 나머지 인생이 짧다는 것을 에둘러 다소 슬픈 감성으로 표현한 것일 뿐이다. 그러므로 필자는 우리네 인생이 그다지 짧지 않다고 보는 것이다.

여기서는 위에 잠간 밝힌 얘기와는 상관이 없는, 표제어로 내세운 것. 다만 '인생(모든 생명체)은 누구나 장애인의 삶을 산다.'는 것을 설파하고자 하는 것이다.

필자는 삼가 창조주 이외의 모든 생명체는 아주 특별한 경우를 제외하고는 장애를 겪으며 지내다 사라진다고 보는 것이다. 특히 모든 인간은 어김없이 장애를 겪어가며 살고 죽음을 맞이한다. 누워 지내다 엎어져 기어 다니고, 일어서 열심히 살다가 알게 모르게 장애를 안고 고통 속에서 나날을 보내다가, 생의 대단원을 마치는 것이다.

세상에는 '육체적인 장애'(선천적, 후천적)를 가지고 지내는 이들, '영적인 장애'를 지닌 이들, '두 가지'를 함께 지니며 사는 이들. 이렇듯 '세 가지 부류의 장애인들'이 존재한다.

세 가지 부류의 장애인들 중에 대부분의 사람들은 육체적인 장애를 가진 자만이 장애인으로 알고 그들에 대해 우월의식을 갖고 하대하거나 멸시하며 저희들만 고고한 체 사는 돼먹지 못한 장애인들이다. 이들은 마치 질곡의 세계에서 사는 사람들과 같이 함께 지내기를 결코 꺼려하며 다 같이 돌보아 주어야 할, 어떠한 해도 끼칠 일이 없을, 선의의 장애인들을 위한 시설들이 들어서는 것을 갖은 핑계, 막무가내 잡질로, 시위로, 권세로 막아내고 혐오를 한다. 알고 보면 이네들이야 말로 어김없이 병적인 장애를 안고 살며 도태되어야 하는, 실로 무식하고 무지해서 자기들 위주로 뭉치고 과시하는, 절대 이기적이고 정신병적으로 사는 마치 쓰레기 같은 부류의 장애인들인 것이다. 창조주 주님께서 보시면 천박하기 이를데 없고 이승의 삶 뒤에 저승에서 반드시 그 죄과의 벌을 받으며 살아야 하는, 이른바 천치 중에 웃질의 천치들이다. 정작 이 사회에 아무런 도움이 안 되는 밑바닥의 인생, 저질의 장애인들이다

또 한 부류의 장애인들은 정신적인 장애를 겪으며 사는 이들이다. 이는 다시 순수한 천사같이 아무런 욕심 없이 장애를 안고 사는 장애인들과, 싸이코 같은 암적인 정신병자의 장애인들로 나눌 수

있다. 선천적이든 후천적이든 천사와 같은 장애인은 주님의 사랑을 듬뿍 받으며 지내는 순수하고 순정적인 장애인들로서 일반인들이 결코 무시해서는 아니 될 아름다운 장애인들인 것이다. 다른 부류 곧 싸이코 성격으로, 자신과 아무런 적의가 없는 불특정인과 다수의 사람들에게 위해를 가하고도 죄의식을 갖지 않는 사회의 암적인 존재인 장애인들이다. 이들은 마땅히 그에 상응하는 일벌백계의 법적인 응징과 선의로 사는 이들과 철저히 격리시켜 우리 사는 사회를 어지럽게 만들지 못하도록 해야 한다.

다음으로는 영적 육신적 다 함께 장애를 안고 지내는 장애인들이다. 이들이 가장 우리가 관심을 갖고 도움주고 베풀며 악의 구렁텅이에 빠져들지 않고 천사 같은 삶을 살 수 있도록 해야 하는 장애인들이다. 이들을 위한 복지정책의 모색과 적극적인 지원을 선행적으로 시행하는 정부 관계기관, 이들과 함께 살아가는 우리들의 따사로운 관심과 세심한 배려로 가급적 불편 없이 살맛을 늘 느끼며 살아갈 수 있도록 배전의 노력을 기울여야 한다.

또 사실의 장애인들은 유전인자 때문이거나 경우가 다른 선천적으로 겪는 병에 의한 장애인들. 후천적으로나 노후로 인해 발병한 병 때문에 고통스럽게 사는 이들도 틀림없는 장애인으로 사는 삶이다. 그러니 우선 현재 자신들이 장애 없이 살고 있다고 해서 장애를 안고 사는 장애인들을 우습게 바라보고 무시하는 태도는 지극히 어리석은 사고이고 행태로 마땅히 청산해야 할 병폐다.

끝으로 우리가 제일 경계하고 그들의 암적인 의식과 행태를 예의 주시하고 삐뚤어진 사악한 면을 그에 맞는 법적인 강력한 제재와 처벌로 근절시켜야 하는 이들. 다수의 척결 대상자들, 죄의식 없이 '고약하고 사악함만'을 일삼는 장애인들이다. 다름 아닌 모든 면을 '적'과 '동지'의 이분법으로 나누어 아름다워야 하는 이 사회와 국가를 어지럽게 만들어가고 국가 전복을 위해 갖은 못된 짓만 해대는 가장 밑바닥의 인생들. 이 사회에 절대 존재해서는 아니 될 장애인들이다. 이 사회 건전한 의식과 행태를 지닌 선한 이들과 정부 관계기관들이 하나로 뭉쳐 결단코 이 아름다운 사회에서 퇴출시키고 응징해야 할 장애인들. 자신들이 가장 악의적인 장애인이면서 장애인인 줄 모르고 악행을 서슴지 않는 이들을 없애는 일만이 진정한 장애인이 보호받는 우리들의 책무이고 권리를 행사하는 지름길이라 여긴다.

대전 최고의 문학단체인 '문학사랑' 리헌석 이사장과의 정담 속에 꺼낸 '인생은 누구나 장애를 안고 사는 장애인'들이란 말을 기억해 뒀다가 다시 한 번 졸고로 끝마치는 무지렁이 존재 중의 한 사람인 이 필자의 평소의 생각을 펼쳐봤다.

독자 여러분의 따끔한 질책 주시기를 소망하며 이를 달게 받아 앞으로 좀 더 나은 글로 보답하겠다는 맹세로 마친다.

아! 추신으로 자애로운 '김용복' 사형의 사모님 건강이 나날로 좋아지시기를 충심으로 바라는 마음 간절하다.

인생의 핸드링

인생은 핸드링이다. 인생을 말함에 있어 주님은 물론 동서고금 수많은 현인, 석학, 철인, 문인 등 뛰어난 인물들이 이 어찌 한마디로 말할 수 있었단 말인가. 천부당 만부당할 말이고 말고. 그리고 인생을 수천 수만 가지의 색깔과 옷을 입혀 보아도 남는 건 의문(?)일 뿐. 안개 속을 헤매는 것과 다름없는 영원히 풀리지 않는 인간의 숙제가 아닌가.

필자가 '인생은 핸드링이다.'라고 모두의 화제로 삼은 까닭은 별 것 아니다.

자전거를 타보지 않은 사람은 많지 않을 것이다. 자전거는 두 바퀴와 핸들로 움직인다. 그런데 주인공이 잠간의 실수로 핸들의 균형을 잃게 되면 비틀거리거나 자빠지게 된다. 이렇듯 두 바퀴와 체인도 중요하지만 주인공이 잡고 있는 핸들이 그만큼 중요한 것이다. 그러니까 핸들은 유연성과 균형을 필요로 하는 도구이다.

이 유연성과 균형, 특히 균형(감각)이 삶을 살아 나가는데 있어서 매우 중요한 필요 충분 조건이 된다. 균형감각을 잃은 사고와 행동은 자신은 물론 가정과 이웃. 나아가서는 국가사회의 근간을 송두리째 망가뜨리는 악의 요소가 되는 것이다. 이 균형은 다르게 표현하면 중용일 수 있고 자연의 이법을 따르는 마음가짐이고 자세라 할 수 있다. 중용(中庸)을 우리는 입에 자주 떠 올린다. 그러면서 정작 진실한 중용의 미덕은 잘 모른다. 그저 이쪽에, 저쪽에 서지도 않고 몸보호하는 눈치보기의 요령 정도로만 알고 있는 것이 일반이 아닌가 여겨질 정도다. 중용의 '中'은 치우치지 않는 것, 그래서 中은 천하의 正道이고. 중용의 '용(庸)'은 천하의 定理이다. 그러므로 자연의 理法을 자연스레 잘 따르는 것이 참 중용의 길일 것이다. 명심보감(明心寶鑑)에도 "順天者는 存하고 逆天者는 亡이니라." 하였다. 곧 "하늘에 순종하는 자는 살고 하늘을 거스르는 자는 망한다." 하였다. 또 "苛政은 猛於虎也이니라."〈禮記〉 "가혹한 정치는 호랑이보다 사나운 것이다." 했다.

스턴트맨, 스파이더맨은 균형을 잃으면 크게 다치거나 목숨을 잃는다. 실로 목숨을 담보로 하는 무서운 직업이 아닐 수 없다. 전철이나 기차역을 오르는데 이용하는 에스컬레이터, 누가 시키지도 않았는데 모범적인 우측 정렬이다. 참으로 기막히다 지키라는 주차질서 따위는 죽어라고 지키지 않으면서 오히려 두 줄로 서서 오르내려야 하는 에스컬레이터는 죽어도 상관없다는 듯 한결같이 우로 정렬이다. 지극히 일부의 보기를 들었지만 우리의 사회는 균형감각과 자연의 이법, 그리고 준법을 개똥취급도 하지 않는 이상한 나라의 '뭐'가 언제 부터인가 당연한 듯 교만을 떨고 있다.

앞서 밝혔듯이 가혹한 정치가 호랑이보다 무섭다 했듯이 이 나라의 정치가 가혹하고 위정자들이 그러하다. 스스로 법을 무시하고 무법, 떼법, 탈법을 백주 대낮은 물론 심야까지고 선동을 일삼으며 나라를 어지럽히는데 마치 열사처럼 광기들을 부리고 있다. 균형감각이라고는 어디에서도 찾아볼 수 없는 후안무치(厚顔無恥)한

자들이라 아니할 수 없다. 참으로 기가 차고 기가 막히는 이 나라의 암담한 현실이다.

입만 열면 '국민, 국민' 제발 비노니 그 위선적이고 제대로 확인되지 않은 당신들만의 국민을 부르고 외치지 않았으면 좋겠다. 그것만이라도 지켜주면 일말의 양심이 조금만이라도 살아 있다고 여겨줄 터이니까.

언제나 우리 가정과 이웃, 그리고 국가사회가 순리에 따라 중용을 지켜가며 핸들을 잘 잡고 안전하게 삶을 살아나갈 수 있는 인생의 핸드링을 운영해 나갈 것인가. 맘 굳게 먹고 인생의 핸드링을 멋지게 그려가는 언제인가의 그때가 그저 그리울 뿐이다.

조선일보. TV조선 반성해야 되지 않나!

'펜은 칼보다 강하다'는 말이 진부한 표현이 된 지는 오래다. 독재시대도 가물가물하고. 이제까지 누 개월간 이 나라를 법이 없는 나라로 만든 박대통령과 관련된 사건은 일종의 신종 마녀사냥 몰이로 일사분란하게 움직이는 일찍이 볼 수 없었던 일이다. 아직도 하이에나처럼 끈질기게 물어뜯는 현재진행형. 이른바 치밀하게 보이지 않는 자들의 고도의 간계에 의해 순수한 민심이 빨려 들어가게 계획적으로 만들어 가고 있는 의심이 들 정도의 초대형 사건이 아닌가 싶다. 절대 마수들의 음모에 말려 이 나라의 운명이 백척간두에 처해지는 일이 아니기를 진심으로 애국의 마음으로 빌면서.

무식, 무지하면 용감하다 했던가. 가령 태권도도 파란띠, 노란띠, 빨간띠 때 힘을 발휘하고 싶어 몸이 간질간질해지는 걸 필자도 경험해 보아서 잘 안다. 6~7단만 넘어서면 아예 머저리처럼 오히려 몸을 사리고 겸손해진다. 왜 이런 말을 늘어놓는가. 필자는 언론에 대해서 거의 일자무식에 속하기 때문이다. 그러므로 모르니까 용감하듯이 감히 바위에 계란치기식으로 무모하게 언론에 대해 조금 필설해볼까 하는 거다.

이 번 일을 지켜보면서 과연 언론의 힘은 가히 한 나라를 이저리 흔들고도 남음이 있는 절대 권력을 스스로 가지고 있구나 하는 걸

절감했다. 무소불위의 권력, 한번 찍히면 그 누구도 온전할 수 없겠다는 걸 이번 기회에 뼈저리게 느꼈다. 언론의 힘은 과연 막강했다. 촛불은 하나의 움직이는 인형에 불과하다는 것도.

어쩌면 그렇게 모든 메스미디어 전체가 사회주의 국가처럼 한결같이 종일토록 한쪽면만 부각해서 계속 앵무새처럼 내보내는지 70이 다된 필자는 처음 경험하는 실로 신기한 노릇이었다. 법정에서 사형수에게도 국선변호사를 통해 피고인을 변호해주는데 말이다. 유심히 몇날 며칠 음식을 거르면서까지 설마설마 하며 지상파, 종편 메에저 신문 지방지 모두를 시청해보아도 천편일률적이었다. 마치 공정거래위에 저촉되는 담합의 현실을 보고 듣고 있는 것 같은 착각 아닌 착각, 환시, 환청을 겪는 것 같았다.

이 자리서 분명히 밝히는 바이지만 거듭 말하였듯이 필자는 언론에 대해서 너무 모른다. 모르는 필자를 어찌하려고는 하지 말아달라는 거다. 그러면서 근 50여년 가까이 연애를 해온 '조선일보'와 TV조선에 솔직히 실망이 크다. 특히 '조선일보'에. 조선일보와 이별해야겠다는 생각을 여러 번 했다. 필자 주위의 지성 여러분은 구독을 모두 마다했다. 애인에 대한 충격이 너무 컸기 때문이다. 누가 뭐래도 우리의 '조선일보'는 수많은 간난신고를 겪으며 오로지 민족자존과 국가안위와 자신의 명예를 지키며 오늘에 이르렀다. 삼척동자가 다 아는 사실이다. 근데 이번의 '조선일보'가 보여준 처사는 필자 같이 무지한 사람이 보기에도 '공정성'이 생명인 언론의 가장 기본적인 소명을 외면했다고 아니할 수 없다.

필자가 보기로는 공정성과 국가안위의 최 첨병인 사명에 온 힘을 쏟아온 '조선일보'의 그간의 절조로 미루어 볼 때 '박근혜 대통령에 대한 기사를 다룸에 있어 공정성을 잘 보여주지 못하였다고 보았다. 좀 더 솔직히 표현하면 편파성이 보였다는 것이다. 조선일보의 말 못할 속내의 한조각이나마 모르지는 않지만 야당과 진보(?) 좌파들이 내세우는 독설과 견주어 볼 때 냉소적인 면을 보였다는 생각을 지울 수 없다. 물론 이는 전적으로 필자의 주관적인 판단이지만 안타까운 것은 적지 않은 분들이 필자와 같은 생각을 가지고 있음도 부인할 수 없다. 필자는 정녕 조선일보와 그 사시, 그리고 일관되게 지켜온 민족의 자존을 지켜주는 최고 양심의 신문임을 자신 있게 자랑한다. 그리고 변함없이 사랑한다. 이번에 심중의 갈등은 좀 있었어도 여전히 신뢰할 것이다.

"미워도 다시 한 번"이라는 말도 있듯이 필자는 여생을 다하는 날까지 '조선일보'를 보며 아침을 열어갈 것이다. 제발 바라노니 '조선일보여' 귀사의 어떠한 까닭 때문에 그리 멀지 않은 훗날 후회하지 않는 우리의 영원한 신문으로 존재하기를 기대한다.

'조선일보'여 양심을 지키며 영원하라!

중국몽(中國夢)에 말려드는 형국에서 벗어나야

언제까지나 이 나라가 얼차려를 못하고 미몽(迷夢)에 빠져 헤맬 것인지 걱정이다. 죄가 제대로 밝혀지지 않았음에도 계속 구속 상태에서 인권을 무시하는 행태가 기막히다. 침소봉대하여 한 나라의 최고 지도자를 끌어내려 법치국가의 면모를 여지없이 망가뜨리는 것은 세계의 조롱을 받는 창피한 노릇이다. 주도면밀하고 치밀한 설계 아래 국정을 이끌어 가도 때때로 문제가 될 수 있다. 그런데 내치(內治)나 외치(外治)나 제대로 되는 것이 별로 없어 보인다. 진정 이러고도 어엿한 정부라고 할 수 있는지 따져볼 일이다. 실로 이 나라의 위격이 말이 아닐 정도로 나락에 빠지고 있다. 부끄럽다.

모두(冒頭)에서 말한 것과 같이 이 나라는 모든 면에서 부실해져 가고 있다. 부끄러울 정도가 아니다. 안팎으로 우리는 떳떳하게 한국인이라고 고개 들고 행세하기가 민망해졌다. 말이 나왔으니 몇 가지만 지적해 본다.

우선 끊임없이 자고 새면 벌어지는 시위의 행태를 보자. 콩알 하나도 반쪽씩 나누어 먹을 정도로 인정미가 넘치는 이 겨레였다. 그런데 자유라는 이름으로 방종 방약무인의 적대감정만 불러일으키는 짓거리들로 나날을 허비하고 있다. 여기엔 법치가 아예 존재하지 않는 것 같이 발광들을 떤다. 가히 무법천지가 됐다. 공권력을 비웃고 있는 것이다. 아니 공권력 위에서 공권력을 좌지우지하고 허깨비로 만들었다. 참으로 어이없는 노릇이 지속되고 있다.

다음으로 국민의 생존과 국가의 안위가 심히 우려되는 거다. 도대체 이 나라를 어디로 끌고 가는 것인지 도무지 이해할 수가 없다. 개인 간에도 그러하지만 국가 간에는 모든 면에서 상대를 철저하게 파악 슬기롭게 대처함이 마땅하다. 6.25 이후 그 어느 때보다도 국가의 위난이라고 정부 스스로 밝혔음에도 돌아가는 형국은 전혀 반대로다. 북괴 집단의 끝없는 도발과 갖은 악행을 제재하기 위해 미국, 일본은 물론 UN회원국들이 하나같이 전폭적으로 동참, 이 나라를 돕고 있다.

그런데 정작 당사국인 이 나라 정부 당국은 남의 일처럼 아니 오히려 대화로 풀어야만 된다고 하고 있다. 이렇게 하면 세계가 우릴 어찌 이해할 것인가는 불을 보듯 하다. 싸울 굳건한 의지와 준비가 되어 있어야 상대가 엉뚱한 짓거리를 못하는 법이다. 이건 상식이다. 이즈음 우리는 사면초가의 형국에 놓여 있다. 혈맹인 미국은 심사가 말이 아닐 것이고, 일본은 야릇하게 비웃을 것이다. 그렇다고 로스께가 좋게 보아줄 리 없고 됫놈 또한 무시하는 행태를 보일 것이다. 집권 여당의 대표는 중국의 일대일로(一帶一路)와 중국몽의 정책에 대해 필요 이상으로 치켜세우는 비굴한 말을 해댔다. 외교장관이나 최고 지도자는 우리의 주권에 대한 속내를 대놓고 밝히어 스스로 우리의 우월한 국격과 국민의 자존심을 허무하게 떨어뜨리는 실수를 했다.

주지하는 바와 같이 '중국몽'이 '일대일로'가 앞으로 우리에게 도

대체 무슨 도움이 되는가 말이다. 이 정책은 2050년에 세계 최대 강국이 되고 손아귀에 넣고 좌지우지 하겠다는 중국 그네들의 힘을 앞세운 패권을 잡겠다는 평화를 저해하는 그 이상 그 이하도 아닌 것이다. 그런데 우리의 여당 지도자는 넋 빠진 소리를 서슴없이 해댔다. 정녕 부끄러움도 모르는 치기어린 행태다. 우리의 자존에 큰 상처를 주는 말을 삼가야 한다.

또한 언론은 그 나라 그 시대의 처지와 위격의 가늠자라 해도 지나친 말이 아니다. 언론이 국가사회에 미치는 영향력은 자못 심대한 것이다. 그 나라의 얼굴이요 자존심이 되는 것이기에. 그런데 말이 대국이지 인민의 민도는 하질이고 행태는 야만적이라고 할 수 있는 중국에서 우리의 자존인 '사진 기자'가 말이 아니게 폭행을 당했다. 대통령을 수행하며 취재하는 '기자'를 개 패듯이 팬 것은 대통령과 우리 국민을 팬 것이나 다름없다. 우리가 저들에게 무슨 맞을 짓을 했다는 것인가. 이유야 나변에 있든 자유 대한민국을 대표하는 국빈을 모셔놓고 일련의 이해 못할 비윤리적 비예의적 행태는 가관이었다. 그저 덩치만 크지 수준이 형편없는 나라, 비문명국이라는 민낯을 스스로 세계에 여지없이 보여준 대표적인 사례다. 반달곰만도 못난 찌질한 꼬라지 하고는.

우리는 일각이여삼추다. 비인간적 집단인 사회주의 공산주의 집단의 민낯은 이번 대통령의 국빈방문을 통해 여실히 드러났다. 그러므로 인권의 보루 자유민주주의 체재 속에서 숨쉬는 우리는 행복하다. 세계에서 가장 우수한 두뇌를 가지고 예의 또한 바른 문명국가로서의 우월한 면모를 반드시 유지해야 함이 마땅하다. 바란다. 이후부터는 지구촌에서 조롱받고 비웃음 살 짓은 그만 삼가야 한다. 얼마 전까지만 해도 우리는 세계로부터 하나같이 부러움과 추앙을 받으며 살아왔다. 그러므로 하루속히 환골탈퇴의 자세로 그 광영된 때를 복원함은 우리의 책무요 권리이다. 세계 속에 초일류의 모범국가 인간미가 철철 넘치는 아름다운 국가사회를 이루는데 다 함께 진력해야 한다. 이를 위해서 우리는 우리가 가지고 있는 모든 역량과 슬기를 유감없이 발휘하는 일에 적극적으로 임하면 된다. 만사형통이도록 하늘에 기도하면서.

참으로 이해할 수 없는 노릇들

우리 겨레의 영원한 스승이신 도산(島山) 선생께서는 항상 '애기(愛己), 애타(愛他)' 정신을 강조하셨다. 지극히 옳은 말씀이시다. '내 사랑, 남 사랑' 생각만 해도 가슴 떨리는 말이다. 문제는 굳이 어떤 말을 우선해야 하느냐 한다면 당연히 '내 사랑'이다. 어찌 보면 선공후사(先公後私)처럼 '남 사랑'이 우선해야 할 것이라고 생각할 수 있다. 그러나 좀 더 깊이 생각하면 내 사랑이 우선돼야 한다. 왜냐하면 나를 사랑할 줄 아는 사람만이 진정 남도 사랑할 줄을 안다. 나의 영육을 돌보지 않으면서 남을 돌본다는 것은 위선이다. 나를 진정 아끼고 사랑할 줄 모르는 자는 남을 어떻게 사랑해야할지를 모른다. 지금 이 나라 이 사회 돌아가는 형국을 보면 내 나라에 대해 사랑하는 마음밭이 메말랐다. 참으로 우려된다.

모두가 주지하는 것과 같이 이 나라 오늘 날의 형세는 인정이 고갈되었다 해도 지나치지 않다. 내 생각 내 주장과 다르면 맹목적으로 적대시 한다. 역지사지(易地思之)가 없다. 그리고 목소리 크고 폭력적으로 나오는 쪽이 대세고 정의가 되는 판이다. 공권력이 무너진 것이다. 공권력을 우습게 안다. 한마디로 법치가 무너졌다. 사실 공권력을 행사하는 쪽의 균형 잃은 행태들이 스스로 자초한 면이 없지 않다. 이런 오늘의 판국을 만든 데는 위정자의 잘못이 크다. 세계에서 가장 인권을 무시하는 혹독한 폭력집단과 대치하고 있는 이 나라를 튼튼히 지키겠다는 위국애민 정신이 옅어진 것이나 없어지고 있는 것이 현실이다. 도무지 나라를 생각하는 위정자가 없다고 해도 과언이 아니다. 너무 약하거나. 우리가 지켜나가는 체제 반대쪽으로 이끌어 가는 것 같은 착시 현상을 지울 수 없다. 국민들도 자유민주 체제의 기본질서가 무너져가고 있는 작금의 모든 행태에 대해 너무 무관심으로 일관한다. 참으로 이해할 수 없는 짓들이 위 아래 도처에서 일어나고 있음에도 나몰라라다. 이런 형세임에도 그런 대로 굴러가는 게 오히려 신기할 따름이다.

박근혜 전 대통령의 파면 때부터 이 나라는 무엇에 홀린 것처럼 심상치 않게 되어 가고 있다. 물론 사실인지는 잘 모르는 것이지만 전직 대통령을 내치려는 작업이 오래전부터 기획되고 실행함이 각본대로 철저하고 치밀하게 진행돼왔고 성공했다는 것이 진작부터 인구에 회자되어 왔다. 이런 걸 그냥 한 귀로 듣고 흘려버리기도 뭔가 깔끔하지가 않다. 그리고 영일 없이 수도 서울 심장부에서 네편 내편으로 갈라져 주민생활에 적잖은 불편을 끼치는 시위 행위도 그렇다.

2전 3기로 동계 올림픽을 여는 자랑스러운 이 나라의 현실은 또 어떠한가. 뒤늦게 참가하겠다고 나서서 평지풍파를 일으키는 저 북한의 속셈을 정작 이 나라의 최고 지도자와 참모들 그리고 정부는 모르는 것일까. 알면서도 현송월 따위를 상전 모시듯 하는가. 또 아이스 하키 선수의 복장에 작년 5월에 북한이 저들의 영문 표기로 바꾼 'corea'를 달게 하는 건 무슨 까닭인가. 선수단 입장에서도 우리 대한민국의 드높은 위격이고 상징인 태극기와 애국가 대신 국적불명의 한반도 기를 들고 아리랑을 부르게 하는 관계 당국의 진정한 뜻은 어디에 있는가. 도대체 우리 국민을 뭘로 보고 폭력집단인 북한 정권 입맛에만 맞게 끌려 다니며, 제 나라 자유 대한민국 국민의 심기를 불편하게 한단 말인가. 뿐이겠냐만 필부인 필자가 어찌 이 나라를 경영하는 이들의 깊은 뜻을 헤아릴 까 싶고 해서 더 이상의 논거는 삼간다.

내 나라 우리나라는 내가 우리가 그리고 이 나라를 이끌어 가는 위정자들이 위국헌신의 마음가짐과 자세로 튼튼히 지켜 나아가야 함이 마땅하다. 이제 우리는 그간의 반목과 질시 그리고 다툼에서 벗어나 하나로 뜻을 모아 지구촌에서 샛별같이 빛나는 나라로 다시 그 위상과 자존을 되세워야 한다. 이 길이 진정 愛己愛他 정신으로 이 나라를 영원히 건재하도록 하는 우리에게 주어진 권리이고 책무이다. 대한민국이여 영원불멸하라.

청춘학교

대한민국의 미래는 분명히 밝을 것이다. 여러 가지 까닭이 있지만 어르신들의 생활상이 대체적으로 건강하다. 필자가 보고 듣고 한 것들로 보아서도 모든 영역에서 생각과 활동들이 대단히 적극적이고 진취적이고 긍정적이고 밝다는 사실이다.

제한된 틀 안에서 어르신들이 매사에 생각하고 활동하는 상세한 면면들을 일일이 사례를 들어 밝힐 수는 없지만, 몇 면만 소개해 보아도 우리 어르신들이 얼마나 신바람 나게 사시고들 계신지를 알 수 있으리.

우선 자애로운 관계 호형호제로 필자를 음으로 양으로 도와주시는 '김용복' 선생의 강력한 권유 때문. 평소 잘 알고 지내는 '임채원' 영원성명학 원장이 후원회장을 맡고 있는 '청춘학교' 3주년 기념행사가 있다고 해서 같은 시간대에 치루는 결혼식엔 정만 전하고 급하게 찾아갔다. 행사 시작시간 5시를 조금 넘긴 시간이었는데 행사는 이미 시작되었다. 거의 지면이 없는 행사장에 불청객이나 다름없는 신세였지만 곧 행사에 빠져들었다. 그만큼 흥과 청이 있었던 게다. 말이 청춘학교이지 어르신학교, 좀 더 진솔히 말해 노인학교 행사다. 평소 배운 한글로 시를 지어 '시낭송'을, 열심히 배운 요즘 노래 뽐내시며 노래 있는 곳에 춤이 빠질 수 없으니 춤들을 추시는데 막춤이라도 어찌나 보기 좋은지, 또 뒷풀이는 얼마나 흥겨웁고. 그리고 내 마님도 단 한 번 입어보지 못한 롱드레스를 모두 입으신 모습들을 보고 있으니 다시 젊어지는 누이들 같아 어느 누이든 모셔 술 한 잔이라도 권해드리고 싶은 마음이 일었으니, 독자는 보시지 않으셔도 알만한 미뽐의 자리, 얼마 뒤에 알게 된 사실이지만 어여쁜 어르신들이 하나같이 차려입은 '롱드레스'도 '임채원' 후원회장이 마련한 것이라니 어떤 일에 빠져들면 못할 일이 없다는 것을 다시 확인한 계기가 됐다.

또 노래교실은 어떤가! 이는 백수에 불과한 필자가 최근에 큰 맘먹고 등록을 하고 몇 번 다녀본 체험에서 체득한 실제 사실. 이 노래교실에도 필자보다 대체적으로 누님들이신 여자 분들이 어찌나 열성적으로 열창들을 하시는지, 사내가 둘인 우리는 오금을 못 펼 지경으로 노래 배움에 대단한 열정들이라는 것이다.

불과 '청춘학교. 노래교실' 두 가지 사례만 들었지만, 이 두 가지 경우만 해도 전국에 얼마나 많은 유사한 어른들을 삶답게 사시게 하는 교육장과 유희장, 일터와 쉼터, 그 외 건강단련을 도모하게 하는 체력단련 시설들이 많겠는가. 참으로 어르신들에게 신바람 일으켜 살맛나는 사회를 만들어 나간다는 사실만으로도 우리 사회는 '孝'가 튼실하게 뿌리잡고 있다는 방증이다.

일부에서는 노인들이 많아 걱정이라고 한다. 틀린 말은 아니다. 그러나 어르신이 영육 간 건강해야 사회적으로 안정된다. 사회적으로 안정돼야 정부와 시민이 마음놓고 부국강병의 대한민국을 만들어 나가는데 뒤틀림없고 안정감있게 이끌 수 있고 밀어줄 수 있다. 보기에는 우리 사는 사회 국가가 여러 불안요인으로 인해 어려운 것이 사실이다. 그러나 역사적으로나 겨레어로 보나 우린 어려울 때일수록 하나로 되는, 응집하는 힘과 인성을 가지고 있다. 그리고 부모 공경하는 집안치고 잘못되는 집안이 없는 것 또한 사실이다. 그러므로 대한민국의 미래는 분명히 밝을 것이라는 생각이다.

축제의 장이 돼야할 총장 선거

총장은 흔히 대학의 꽃이라고들 한다. 아마도 모든 면에서 주목을 받는 존재이기 때문일 것이다. 그래서일까 웬만큼 자신의 존재가 구성원들에게 알려진 인물들은 너나없이 총장이 되겠다고 나선다. 저마다 나서는 이들이 총장 한 번 해보겠다고 하는 걸 탓할 생각은 없다. 하지만 정녕 자신이 총장으로서의 어엿한 인품과 자질, 덕목과 능력을 갖추었는가를 냉정히 판단해서 나서야 되리라고 본다. 왜냐하면 어느 누구보다도 자신은 자신이 제일 잘 알 것이기 때문이다. 그런데 자천 타천 총장 후보로 거론되는 인물들을 보면 적격자로서 마땅한지의 의문을 지울 수 없는 것 또한 숨길 수 없는 바다.

총장 후보로 나서는 인물들의 면면 가운데 뚜렷한 존재가 보이지 않아서일까, 총장 선거권의 지분 가지고 이해 당사자 편들 간에 좌우고면(左右顧眄)함이 여간 아닌 것 또한 사실이다. 사실이 이러하다 보니 고상해야할 학문의 도량이 나날로 꼴상 사납게 돼가고 있고 시끌벅적함이 이를 데가 없다. 마치 역겨운 정상배들의 술수판과 시장판을 옮겨다 놓은 것 같다고나 할지…. 진정한 학문의 도량이라면 이런 모습이어서는 안 된다. 세인들이 이러한 대학의 모습을 보면서 어떻게 평가할지는 불문가지(不問可知) 아니겠는가.

절대로 우리의 대학이 이래서는 아니 되는 것이다. '대학은 세상에서 가장 아름다운 곳(것)'이라고 죤 메이스필드는 말했다. 대학이 살아야 사회가 산다. 대학이 빛을 발해야 나라가 제대로 서고 발전한다.

총장 선거에 있어 우리대학의 이해 당사자들이 현명한 관계로 그간의 적잖은 진통과 내홍, 갈등과 반목을 극복하고 총장임명추천위원회를 근간으로 슬기롭게 이행해 나가기로 한 것은 실로 자찬할 일이 아닐 수 없는 바다. 정녕 바라기는 진행과정에 있어 이해 당사자들 편의 이해관계에 따라 다소 불협화음이 없을 수는 없겠으나 대승적인 차원에서 원칙과 절차에 어긋남 없는 한밭대인의 자긍심을 살려나가는 일이다. 이럴 때에 우리 대학의 한결 성숙한 구성원들의 의연한 역행(力行)과 위상은 지역사회의 귀감이 될 것이다.

계제에 정부 당국에도 고언(苦言)을 한다. 대학은 모름지기 자율성이 보장되면 보장될수록 그 역할의 능력이 최대한 발휘될 수 있음이다. 이 같음은 상식으로 이런 상식이 상식으로 이해될 수 있도록 당국은 행재정의 정책을 펼쳐야 함이 마땅하다. 그럼에도 조삼모사(朝三暮四)하는 알량한 편법으로 대학을 쥐락펴락하는 행태는 오로지 불신과 갈등만을 조장하는 결과를 초래하는 것이다. 이를 모를 리 없는 당국의 불편부당한 처사를 우매(愚昧)한(?) 우리로서는 진실로 이해할 수 없는 바다. 당국은 대학의 총장선거를 선관위로 위탁하게 해 당국의 입맛대로 좌지우지하려는 광명정대하지 못한 정책은 스스로 거두어주기를 선심으로 바라는 거다.

총장선거에 앞서 일심으로 충언하는 바는 최고의 지성다운 선거문화를 펼치는 것이다. 그리고 다음 선거는 대학의 자율성을 그르치지 않는 새로운 형태의 새로운 선거가 될 수 있는 모델을 만들어 내기를 제안해 둔다. 이번 선거가 정녕 대학인의 자긍심을 유감없이 살려내는 아름다운 축제의 장이 되기를 소망한다.

춘설(春雪)

확실히 지구촌의 환경은 변했다. 이 나라의 자연 환경도 변하고 있음은 물론이다. 봄, 여름, 가을, 겨울의 4계절이 뚜렷했던 것이 요 몇 년 전부터 여름과 겨울만 있고 참으로 살아가기 쾌적한 봄, 가을은 현저하게 있는 듯 없는 듯 빠르게 변해가고 있다. 순전히 이같이 우리 사는 자연의 환경이 비정상적으로 변해가고 몸에 해로운 상태로 되어가고 있다. 하루가 멀다하고 시계(視界) Zero 상태를 이루는 미세먼지와 황사, 그리고 매연 따위로 도저히 숨을 쉴 수 없게 만든다. 이것은 우리의 문제도 있지만 중국의 산업화로 급속도로 바뀌어 가면서 발생하는 인위적인 공해를 생산해내고 있는 것이다.

옛말에 이웃을 잘 두어야 한다 했다. 맞는 말이다. 우리는 뭐든지 제멋대로 만용을 부린 됫놈으로 불렀던 이웃 중국을 잘못 만나 예전이나 지금이나 정신적으로나 육신적으로 피해를 입고 산다. 그럼에도 그 잘난 국가 지도자들은 우리를 도와준 죄밖에 없는 미국에 대해서는 냉혹하다시피 함부로 대하면서 피해만 입히는 중국에 대해서는 싫은 소리 한 번 제대로 내질 않는다. 이런 비윤리적이고 비이성적인 행태가 지구촌 그 어느 나라에서 찾아볼 수 있는가. 한마디로 은혜를 배신으로 갚는 되먹지 못한 짓을 지속적으로 해대고 있다. 정녕 언제부터 이런 의도적인 악의적 사고와 행태를 저지르고 있는지 그저 기막힐 노릇이 아닐 수 없다.

이웃을 잘못 만난 탓으로 우리의 삶의 질은 날이 갈수록 나빠지고 있는 게 현실이다. 허지만 이런 자연환경의 변화로 봄이 한창 시작되는 무렵에도 눈이 내려 삭막했던 분위기가 일신되어지기도 한다. 얼마 전 그러니까 정확하게 말해서 지난 2018년 3월 22일과 23일에 걸쳐 우리 사는 대전 한밭의 산하, 들판을 완전히 뒤덮는 하이얀 솜이불의 장관이 펼쳐졌다. 해맑은 회색 빛깔의 운무 안개가 포근하도록 허공을 장식했다. 무릉도원이 바로 이런 것이겠구나 할 정도로 그윽한 환경을 이루었다.

한 10여 년 전으로 추측되는 어느 해 3월 5일에도 이곳 대전 한밭에 찬란한 은백색의 눈이 너무도 많이 내려 기상관측 사상 최고의 눈이 내렸음을 밝혔다. 오늘에서 다시 떠 올려 봐도 그 때 차량이 모두 올 스톱되는 어마어마한 폭설이 내렸었다. 출근을 할 수 없을 정도였기에 출근하지 않아도 좋다는 통보를 받을 정도의 장관을 실연한 설경의 그림이 생생하다. 그 지경임에도 폭설이 펼친 장관은 하느님의 연출이 아니시고는 볼 수도 상상도 할 수 없는 버라이어티 쇼를 유감없이 펼쳐 낸 대작이었다. 정녕 하늘이 기획하고 연출을 한 실로 보기드믄 위대한 작품을 선보인 거였다. 그때나 이제나 해맑은 회색을 배경으로 해 하늘과 땅을 분간할 수 없을 정도의 광폭의 설경, 하나같이 탄성이 저절로 나오지 않을 수 없는 창대한 대작을 펼쳐 보인 조물주의 그지없이 대단함에 영육이 느끼기 드믄 호사를 맘껏 누린 광영 바로 그거였다.

위도 상으로 볼 때 그 장엄하고 웅대한 설경을 봄날에 이곳 한밭벌에서 목도할 수 있음은 분명 홍복이라 할 수 있는 것이다. 그럼에도 한창 펼쳐지는 봄날에 많은 눈이 내린다는 것은 정서상으로는 분명 미쁜 것임에 틀림이 없다. 하지만 유쾌 상쾌 따사롭고 신선한 봄, 가을 날씨 같은 삶을 지속적으로 영위하기 위해서는 이런 불연속성 같은 기상 상태가 자주 일어나서는 결코 아니된다. 제철의 음식을 섭취하는 것이 가장 이상적인 섭생이듯이 계절도 계절다운 계절이어야 제대로 즐기는 삶을 살 수 있음이다.

2018년 3월 22일, 23일에 찬란하고 성스럽기까지한 눈 내림은 참으로 칙칙하고 밋밋한 삶을 상쾌하게 바꿔 놓을 수 있기에 좋았음은 물론이다. 그러나 거듭 말하거니와 예측할 수 없는 기상 이변 속에서 삶을 지낸다는 것은 결코 유쾌하지 않은 것이다.

슬기로운 우리 겨레는 오래도록 자손대대로 살기좋고 윤기나는 삶과 역사로 빛을 발하도록 해야할 의무와 권리를 지닌다. 이러하기 위해서는 너나 없이 되도록이면 자연환경을 훼손하고 파괴함이 없는 자연환경을 자연히 자연스럽게 보존하고 지켜나가는 슬기로운 노력을 다해야 한다. 이러한 사고와 행태가 우리가 사는 아름다운 이 땅을 지상천국 같이 유지시켜 나가는 지름길이고 바로미터다. 우리 자랑스러운 자유 민주주의를 삶의 가치로 삼는 대한민국, 오래도록 파이팅이다. 따사롭고 절절한 사랑 나눔 안에서!

3 낮은 목소리로

"어서 도시를 세우고 그 가운데 꼭대기가 하늘에 닿게 탑을 쌓아 우리 이름을 날려 사방으로 흩어지지 않도록 하자." 야훼께서 땅에 내려오시어 사람들이 이렇게 세운 도시와 탑을 보시고 생각하였다. "사람들이 한 종족이라 말이 같아서 안 되겠구나. 이것은 사람들이 하려는 일의 시작에 지나지 않겠지. 앞으로 하려고만 하면 못할 일이 없겠구나. 당장 땅에 내려가서 사람들이 쓰는 말을 뒤섞어 놓아 서로 알아듣지 못하게 해야겠다." 야훼께서는 사람들을 거기에서 온 땅으로 흩으셨다. 그리하여 사람들은 도시를 세우던 일을 그만 두었다.(창세기 11장:5절~8절)

김선호 수필집

속상해 하지 마시게

속상해 하지 마시게. 여보시게!

인생은 만남이고, 만남은 인생의 필연이다. 부부로 만나고, 어버이와 만나고, 하느님과 만나고, 친구와 만나고, 연인과 만나고, 어느 아무개들과도 만난다. 뿐이겠는가! 유무형의 온갖 것, 모든 것과도 만난다. 이 글의 이야기의 주제의 실마리가 되는 '아름답다는 것과 추하다는 것' 또한 분명히 만남 속의 그 하나 아니겠는가.

'아름답다는 것'은 그 자체로 누구나 선호하고 추구하는 명제이고 덕목이며 사물이고 정신일 것이다. 헬 수 없는 꽃들이 그러하고, 창조주 하느님께서 빚어 놓은 삼라만상(森羅萬象)이 그러하다. 그 중에서도 맨 나중에 빚은 사람들이 그분께서 으뜸으로 사랑하는 아름다운 존재들이라 할 수 있다. 남과 이웃 보살피기를 자신을 아끼기보다 더한 사람들, 소중한 목숨까지 내놓으면서 희생과 봉사, 헌신을 마다 않는 참으로 거룩한 의인(義人)들은 더욱 아름다운 존재들이다. 이들이 있어 우리 사는 이 누리가 사람 사는 세상답고, 천년, 만년, 억만년 세세 살맛나는 누리가 지속되는 까닭이렷다.

아름다움의 상대편에 '추함' 이 있다. '추하다는 것' 도 그 자체로 누구나 기피하고, 혐오하는 유무형의 명제다. 추함에 바통을 넘겨줌으로 아름다움의 사명을 다한 그 끄트머리의 형태가 대개 그러하고, 죄도 없고 괴롭힘도 없는 자연을 뭉개 놓은 흉측스러운 몰골

이 그러하고, 숭엄(崇嚴)한 신의 이름을 빌려 무참하게 사람의 목숨을 난도질로 빼앗는 악마구리 종교 집단의 그 가증스러움이 그러하다. 앞에서는 웃음 짓고 뒤에서 갖은 험담과 모함, 폄훼와 참언을 일삼으며 온갖 잡질로 상대의 영육(靈肉)을 괴롭히는 인두겁의 행태가 정녕 그러하다. 특히 추잡스럽고 추악하기 이를 데 없는 인위적인 죄상은 기둥 하나 없어도 무너지지 않는 하늘만 믿고, 주님을 끝없이 모독하는 불지옥행의 0순위 행태가 아닐 수 없다.

우리 인생은 조금도 과장 없는 표현으로 찰나적인 삶이다. 시공(時空)의 무한함이 영겁(永劫)으로도 절대 잴 수 없는 무량(無量)한 것이라면, 우리네 인생은 진정 찰나요, '나노(nano)' 요, '피코(pico)' 같은, 사는 게 사는 것이 아닌 거라 할 수 있다. 이렇듯 보잘 것 없고 잠깐 한숨 쉴 정도의 삶을 살면서 우리는 그렇게 애달파하고, 속상해하고, 애증(愛憎)에 날 새고 있는 거다. 아이러니도 이런 아이러니가 없는 것이다.

"내가 헛되게 보낸 오늘 이 하루는, 어제 죽어간 사람들이 그토록 바라던 내일이다. 내가 아직 살아있는 동안에는, 나 자신으로 하여금 헛되게 살지 않게 하라."(에머슨: 미국의 시인, 사상가)는 잠언과 같이 실로 소중한 우리의 삶, 사람답게 살아도 절대 부족한 시간 속에 살면서도 온갖 못된 짓들로 사람답지 않은 삶을 뻔뻔스럽게 소모하고 있는 게 다반사(茶飯事)다. 기 막히는 노릇이다.

'아름답게 사는 것'은 진정 어떤 것일까?

겉모습의 아름다움, 분칠한 거짓, 위장된 아름다움은 아름다움이 아니다. 겉은 비록 미녀의 야수 같이 생겼을지라도 그 내면이 순결하여 선하면 그것이 곧 백옥 같은 아름다움일 것이다. 아름다움은 주어진 것이라기보다 삶 속에서 스스로 가꾸어 나가고 창조해 나가는 것이다. 늘 어느 때 어디에서나 '고맙습니다, 감사합니다.'를 달고 사는 반듯한 말과 행동거지, 순정한 표정의 대인 관계에서 비롯되는 아름다운 모습들, 이와 같이 아름다움은 넓혀지고 성장 발전해 가는 것이다.

나보다 남을 아끼고 보듬는 따스한 마음이 배려일진대, 이 배려야말로 아름다움의 또 다른 모습 아닌가. 어울렁 더울렁 함께 사는 세상에 하나하나 켜켜이 쌓아가는 작은 배려가 아름다운 세상을 만들어 가는 바로미터일 것이다. 연모(戀慕)하는 이성이 아닌, 불특정 다수에게 보여주기 위한 가식도 아닌 어느 보답을 바라지도 않는 순수한 열정의 사랑을 베풂이 또 아름다움의 절정을 보여주는 것이다. 절절한 희생과 헌신적인 노력과 봉사로 이행되는 인간애는 순애보적인 사랑이고 아름다움의 전형, 바로 그것이다.

당신을 보듯 당신의 모상(模相)대로 당신이 정성을 다해 만드신 사람, 그런 사랑스런 존재임에도 모든 피조물 가운데 맨 나중에 만드신, 높으신 당신의 뜻은 어디에 있는가! 아마도 이는 당신의 가장 닮은꼴로, 가장 큰 사랑으로 만드셨기에 으뜸의 피조물임이 분명한 인간들의 교만을 경계하셨을 것 아니겠는가! 이른바 '겸손'할 것을 주문한 말씀이고. 남을 귀히 여기고 자신을 낮추는 마음, 이것이 바른 겸손이다. 사실 자신을 높이려 하면 할수록 손가락질로 비난받는 대상이 될 뿐이고, 오히려 자신을 낮추면 낮출수록 높아지는 대상이 됨은 성서와 역사가 증명한다. 모름지기 성공하는 사람들의 대개는 한결같이 겸손한 삶의 태도를 견지했다. 이렇듯 겸손한 삶은 아름다운 내면, 그 덕성 때문에 비롯되는 것이다.

아름다움의 일그러진 것이 추함일 수 있다. 이를테면 '탓함' 이 그것이겠다. 모든 것을 자신의 탓, 제 탓으로 돌리는 것은 실로 아름다운 심성이다. 허나 분명 자신으로 비롯된 좋지 못한 것을 하나같이 남의 탓, 조상의 탓으로 매도하는 것이 추함의 하나다. 한 때 몽골 제국의 위상을 드높인 칭기즈칸은 어렵고 가난한 집안, 막막한 앞길, 무기력한 상황, 풍비박산된 부족의 실상을, 밖의 잘못된 상황으로 돌리는 탓함 대신에 자신 안에 있는 부족한 면을 적으로 간주, 제 탓으로 삼는 삶을 견지했다. 이렇듯 일관된 삶의 철학과 태도로 세계를 주름잡은 진정한 영웅이 되었다. 오늘에도 칭기즈칸이 '세계를 움직인 가장 역사적인 인물' 로 추앙받고 있음은 제 탓으로 돌리고 끊임없이 경계한 그의 인간적인 삶의 궤적 그 결과인 것이다.

사람은 누구나 단점이 있기 마련이다. 이 점을 긍정적으로 바꾸는 진지한 삶의 태도가 아닌 고집불통, 옹고집으로 매사를 부정적으로 보고 행하는 단점이 삶을 추하게 만드는 것이다. 어떤 단점이든 변하지 않는 단점으로 남는 건 없다. 오히려 그 단점을 깨닫고 고치려 노력하여 장점으로 바꾸는 지혜로움이 추함을 멀리하는 삶의 태도이다.

아름다움의 또 다른 적이 '거짓' 과 '게으름' 일 것이다. 때로 요구되는 필요악일 수도 있는 선의의 거짓과 게으름이 아닌, 추악한 거짓과 하등 동물적인 게으름은 삶을 좀먹는 치명적으로 고치기 어려운 악이고 병이 된다. 채찍질이나 작두질이 있은 다음에나 없어질까 모르는 도박이나 날치기, 도적질과 전혀 다를 게 없는 추악한 노릇이다.

부정적인 눈, 냉소적인 눈, 차가운 눈으로 보면 만사가 그리 보이게 마련이다. 이는 마치 갈색의 안경, 녹색의 안경을 쓰고 보면 사물이 갈색이나 녹색으로 보이듯이 말이다. 투명한 안경을 쓰고 보면 마땅히 맑게 보이는 너무나 당연한 이치를 의도적으로 외면함같이. 성서에 이름과 같이 남의 눈의 티(흠결)는 잘 보면서 제 눈의 들보, 마음의 때는 못 보듯, 아니 애써 보지 않으면서 남의 허물은 곧잘 캐내고 피 보게 하는 행태는 가증스러운 추악함이다. 더 나아가 세치 혀로 남의 인생, 목숨까지도 난도질하는 악마적인 짓, 사탄 같은 짓거리를 해대는 건 단연 으뜸의 추악함이다. 본래의 혀는 음식 맛을 알고 바른 말을 하는데 써야 하는 중요 기관일진대 말이다.

무심코 던진 조약돌에 개구리 맞아 죽을 수 있듯이 아무런 뜻 없이 던진 말에도 경우에 따라서는 치명적인 상처가 될 수 있음이거늘 의도적, 계획적, 악의적으로 해대는 독설과 험담, 참언은 필설과 어떤 것으로도 표현할 길 없는 위악이 되는 것이다. 까닭 모를 위해(危害)를 당하는 선한 당사자에게는 그 아름다운 인생은 물론, 소중한 생명까지도 앗기는 악랄한 위해 행위가 되는 것이다. 참으로 있어서는 아니 될 천벌 받을 망나니 짓거리인 것이다.

이러함에도 우리의 인생사, 동서고금의 역사는 이 못된 독설 짓거리로 수없는 참화를 빚었거나, 여전히 진행형의 악행이 거듭되고 있는 것이다. 정녕 인간의 탈을 쓰고는 할 짓이 아니건마는 말이다. 같은 이슬이라도 풀잎이나 나뭇잎에게는 감로수가 되지마는, 독사에게는 독을 뿜어내는 것이 되듯, 같은 말이라도 찬사가 되기도, 독설이 되기도 할 수 있는 것이기에 실로 한말 한말 삼가고 또 삼가는 신중한 말을 해야 함이 예 있다 하겠다.

아름답다는 것과 추하다는 것이 이러함이니 대저, 우리(先學, 同學, 後學)는 '찰나', '나노' '피코' 같은 인생, 참으로 아름답고 선한 삶 살기로 마땅히 힘쓸 일이다. 이 계제에 반드시 덧붙이는 말을 해야 하는 당위성이 부여된다면 다음과 같은 말을 하고 싶다. 참으로 경계하고 경계해야 하는 일, 인간으로서, 절대 삼가고 삼가야 하는 일은 추한 짓으로 참다운 인생, 고귀한 삶을 좀먹고 갉아 먹는 아둔한 삶, 어리석은 인생으로 헛되이 지내지 않기를 작정하고 명심 노력할 일이라는 사실이다.

여보시게! 이제부터라도 매사, 그리 속상해 하거나, 속상하게 하지도 말게나, 그려. 거듭 잔소리 같네만 선한 일, 아름다운 노릇으로 살아가기도 꽤나 버거운 세상 아닌가 말일세. 그런데 어리석을 손 사람이더라고 이런 너무나 환한 사실을 다반사로 잊고 헛되이 사니 실로 한심한 삶이 아니고 무엇이겠나. 사실 말은 이리하네만 우리네 살아가면서 어디 속상한 일들이 한두 가지겠는가! 말이 속이지, 삭이고 또 삭이고 한 멍든 속, 거멓게 탄 속, 말이 아니지. 그 뻔한 속사정 왜 모르겠는가. 근데 어쩌겠는가. 부글부글 끓는 속, 별 짓 다해가지고 속 시원하게 화도 내보고, 온갖 욕도 다 해보고, 통쾌한 복수도 해보고 해서 뒤집힌 속을 진정도 시켜 보고 싶은 건 인지상정(人之常情) 아닌가.

그러나 말일세, 분명한 건 그 어느, 어떤 행태도 상한 속을 되돌려 놓는다거나 보상해 주지는 못한다는 사실일세. 도저히 인간이라고 보아줄 수 없는 잡것이 끊임없는 독설과 비방, 온갖 잡질로 당신의 백옥 같은 인품과 성정, 반듯한 삶의 행로를 훼방 놓고, 헬 수 없는 불면의 밤에 영육을 바로 세울 수 없을 정도로 망가뜨려 놓았더라도 어찌해 볼 수 없는 게 현실 아닌가 말일세.

아닌 말로 주먹은 주먹으로, 악은 악으로 되돌려 주고 싶은 건 동병상련(同病相憐)이네만, 상대가 악을 행사한다고 해서 악으로 응수한다면 사실 그 악행을 서슴지 않는 자와 무엇이 다르겠는가. 응어리진 상처만 휑하게 커져갈 뿐일 것이고 독해지는 맘만 깊어질 뿐 아니겠는가 말이야. 억울한 일을 당했다고 해서, 그 나쁜 행보를 바로잡겠다고 상대에게 나서 보았자 여전히 남는 건 분한 맘일 테고, 지독한 맘의 상처로 속만 꺼멓게 될 뿐임은 익히 많은 경험을 통해서 잘 알고 있는 거 아닌가 말일세.

자! 미운 마음을 품어 보았자 오히려 사악한 상대의 고약한 사술(邪術)의 늪에 빠져 영육이 날로 쇠약해질 따름, 그가 바라는 대로 놀아주는 결과만 낳을 뿐인 것을. 대범한 맘, 평정심을 견지하여 상대의 악한 짓을 용서하는 심정으로 바꾸면서 지내는 행태가 현명하고 건강한 삶의 태도이다. 사실 슬픔은 더 큰 슬픔을 가져온다. 어쨌든 억울함과 슬픈 일, 힘든 일, 하늘이 무너져 내릴 것 같은 어마어마한 일을 하나하나 켜켜이 쌓아 둘 필요가 없는 거라네. 당장은 견디기 어려운 이 모든 사연들도 지내놓고 보면 기실은 흐르는 세월, 시간의 약 앞에는 한낱 헛것뿐인 것을 자각하게 될 것이네.

살면서 만나게 되는 온갖 가슴 아픈 일, 땅이 내려앉을 것 같은 견디기 어려운 것들일랑 이제부터는 흐르는 시간, 그 명쾌한 명약의 처방에 맡기고 오로지 좋은 생각, 선한 일들, 아름다운 것들만을 만들어 내고, 신바람 나게 살아가세 그려! 이리하면 분명 행복이 스스로 찾아와 우리 삶의 뜨락을 빛낼 걸세.

오늘 못 다 나눈 정담, 덕담일랑 다음 기회로 기약하고, 이만 매듭짓고 홀가분한 몸과 맘으로 산뜻한 휴식이나 즐겨 봄세. 이제 정녕 끝으로 하는 말이네. 그저 또 그저, 속상하게도 말고, 속상해 하지도 말게나 그려! 특히 사랑해 마지않는 나의 후학(後學)님들께 바라는 바라네. 그간 알게 모르게 그대들에게 상처를 안겨주었을 나의 크고 작은 허물과 잘못을 고해로 용서를 구하면서 말일세.

지극히 사랑해 마지않는 나의 주님, 사랑이신 주 예수 그리스도님의 이름으로 비는 거라네! 아멘!

오로지 당신만을 따르렵니다

당신은 내 존재가 엔간히 부담스러운가 봅니다. 여전히 겉으로는 미소 짓고 있습니다만 어지간히 눈코치 없는 내 육감에도 부담스러워 하는 당신의 속내가 느껴지니 말입니다. 어쨌거나 서운한 건 사실입니다. 대체로 사람이 출세를 하면 교만해지기 쉽다하지 않던가요. 물론 당신은 한 뜻을 이룬 이제에도 어제처럼 여전히 겸손한 표양을 유지하고 있으니 일단은 교만의 반열에서 벗어난 듯이 보여지는 게 사실입니다. 더욱이 열길 물속은 알아도 머리 검은 사람의 속은 알 수 없다고 하는 진솔한 진리가 웅변해주는 것만으로도 충분한 답이 됩니다.

그러나 말입니다, 당신만은 진실로 위선의 분칠을 하지 않은 실로 진지한 당신이기를 바랐던 게 사실입니다. 약삭빠른 계산과 이해관계에 따라 이합집산을 밥 먹듯 하는 꾀돌이들이 판치는 주위의 환경 속에서도 정녕 당신만은 담백한 인성을 유지해줄 것으로 기대했던 게 이 사람의 지나친 바람이었나 봅니다. 이렇듯 당신에 대한 지나친 믿음이 무너진 아픔 때문에 난 때때로 잠 설치는 괴로움의 늪에서 헤어나지 못하는 고난을 겪고 있습니다. 정 깊을수록 별리의 아픔 또한 깊듯이, 굳은 믿음이 산산이 부서지는 고통 또한 비견키 어려운 고통입니다. 그만큼 당신에 대한 인간적 신뢰가 컸기 때문입니다.

우리의 지나온 날들에 대한 생각이 새롭게 떫니다. 그리고 주마등처럼 흐릅니다. 순진한 내 생각만일지 모릅니다만 당신과 나, 붕우(朋友)의 정으로 지내온 우린 마치 바늘에 실이듯이 그렇게 잘 어울리는 관계였습니다. 오히려 주위의 시선들이 그리 인정해주는 스스럼없는 관계 말입니다. 격의 없는 오고감 속에 눈빛만으로도 서로의 맘을 이해하고 남는 애틋한 동병상련의 정이 넘치는 그런 존재 말입니다. 우린 어떤 면에 있어서나 의기의 투합을 이루는 찰떡궁합이었습니다.

그리고 이런 환상의 관계를 유지한 중에도 내가 오로지 일구월심 바라고 또 바라고 나름대로 으뜸의 노력을 기울인 것은 당신의 소망하는 뜻을 이루어내는 것이었습니다. 뜻이 있는 곳에 길이 있고 길이 있는 곳에 뜻을 세우고 이룰 수 있듯이 우린 아니 당신은 해냈습니다. 당신은 성심을 다한 승리로써 우리의 순수한 기대에 화답 했고 내게는 대리만족의 큰 기쁨을 안겨 주었습니다. 영예로운 승리는 갈무리가 매끄러워야 빛을 더하는 법입니다. 그러기에 이를 잘 아는 우린 승리의 열매 또한 오로지 당신이 뜻대로 옳게 쓸 수 있도록 배려하는 아름다운 모습을 견지했습니다.

그러나 이러한 우리의 단심은 당신의 매끄럽지 못한 뒷갈망에서 우습게 되고 말았습니다. 뒷갈망으로 나타난 그림의 결과는 당신이 한껏 베풀어 놓은 사람 쓰임새라고 보아주기에는 전혀 아니올습니다의 그림이었기 때문입니다. 생각이 미칠 때마다 참 안타까운 일이 아닐 수 없습니다. 당신에게 대단히 미안한 얘기가 됩니다만 당신이 만들어 놓은 그림은 당신이 애를 다한 그림이 완성도를 보일 즈음에야 비로소 나타난 칼라 위주로 만든 작품이기에 원초적으로 만족한 평가를 받기가 무엇한 작품이 되어버린 것입니다. 아무리 아름다운 눈으로 보려 해도 진정 잘된 작품이라고는 보여지지 않는 그런 작품에 지나지 않았습니다. 우린 당신의 안목에 실망했습니다.

어쨌거나 이제에 보여지고 있는 당신의 신언서판(身言書判)은 그간 돌다리도 두들겨 보고 건너듯, 매사 세심히 살피며 삼가고 조신하던 어제의 모습과는 다소 다르게 보여지는 게 사실입니다. 어쩌면 당연한 변화가 아닌가 싶습니다. 어제까지의 장삼이사(張三李四)와 같은 격을 견지하는 건 출세의 길에 들어 선 이제의 격에는 분명 이로울 것이 없을 것임을 잘 알고 있을 당신인데 말입니다. 카멜레온이나 배우처럼 주어진 상황과 역할에 따라 변신에 능해야 출세하는 마당에, 오히려 변하지 않는 모습은 스스로 무덤을 파는 격임을 모를 리도 없는 당신이니까 말입니다. 초음속의 비행물체만큼은 아닐지라도 꽤나 어지러울 정도로 빠르게 변해가고 있는 이 시대의 흐름에 맞춰 의연하게 변화해 가는 당신의 모습은 당당해 보이는 마땅한 모습입니다.

하지만 말입니다. 안타깝게도 당신은 어제까지 우정 관포지교(管鮑之交)와 같이 지내던 정어린 벗네들로부터 소중한 신뢰가 시나브로 시들해지고 있음을 아는지 모르겠습니다. 마치 어느 아들녀석이 목욕탕의 뜨거운 물을 시원하다고 한 아버지의 말만 듣고 탕 안에 들어갔다가 깜짝 놀라 황급히 탕 밖으로 나오면서 '세상 믿을 사람 하나도 없네.' 했다던, 객쩍은 소리의 대상, 신뢰 잃은 아버지 격같이 말입니다. 그간 당신을 무조건 신뢰하고 물정 없이 친애해 마지않으며 지내오는 나로서도 당신의 슬기로운 인간성, 신뢰성에 물음표를 떠올리곤 하니 말입니다.

두터운 믿음도 못믿음의 대상이나 횟수가 많아지면 삽시간에 보늬처럼 엷어지게 되어 있음은 상식입니다. 믿음 잃은 성공과 부귀영화는 한낱 거품일 뿐이며 그 거품마저도 마침내는 사라지게 돼 있습니다. 사람살이에서 믿음의 가치는 삶의 가치와 비례한다고 봅니다. 다른 이로부터 믿음을 받아가며 살아가는 삶은 소중한 무형의 자산을 유지하며 살아가는 삶일 것입니다. 비교적 당신의 지근 관계로 지내왔던 내가 아는 당신은 믿음, 신뢰를 중히 여기며 사는 당신이라고 봤습니다. 그런 당신이 어찌하여 늘 가까이 지낸 지기들을 이즈음에 이르러 당신과 함께하는 동행에서 홀대하게 됐는지, 당신의 깊은 속내를 읽지 못하는 나로서는 풀리지 않는 숙제입니다.

난 당신을 신뢰했습니다. 이즈음 당신의 이해되지 않는 행적에 좀 흔들리고 있는 것도 숨겨두고 싶은 사실입니다. 그러나 난 여전히 당신을 신뢰합니다. 내일도 신뢰하며 살아가는 삶이 될 것입니다. 왜냐하면 난 당신을 여전히 사랑하기 때문이며, 불신을 싹트게 하는 사시(斜視)의 성정(性情)이 되지 못하기 때문입니다. 이 사람의 이 같은 성정은 당신도 잘 알 것입니다. 정녕 당신을 놓치고 싶지 않은 심정도 당신을 신뢰하며 지내고자하는 내 속내를 단단하게 한 것이라면 한 것입니다. 이제 당신은 자연인이기에 앞서 명실이 함께 하는 공인입니다. 공인으로서 의연한 인물이 되고 더 나은 미래, 더 차원 높은 미래를 위해 열심히 일신 우일신(日新 又日新) 해야 하는 공인입니다. 나는 당신이 늘 빛을 내는 당신이기를 소망합니다.

그러나 말입니다. 나는 당신과 늘 함께 하면서, 아니 당신과 함께 하는 정겨운 이들과 나누는 정어린 친교 속에서 정작 온몸과 맘을 다하여 성실하게 연애하며 살아가야 하는 주님과의 금석맹약(金石盟約)에 소홀했습니다. 사실이지 주님을 향한 사랑보다 더한 사랑이 어디 있으며, 주님께서 이 사람에게 주신 사랑의 신뢰보다 더 깊은 신뢰가 어디 있는가 말입니다. 그런데 난 정작 사랑이신 나의 주님, 우리 주님과의 순정한 사랑과 믿음의 밀어(蜜語)의 나눔과 동행에 있어 늘 게을렀습니다.

그런데 참으로 어리석은 이 사람은 말입니다. 그동안 한밭 터에서 친애해 마지않은 당신, 그리고 주위의 벗네들과의 친교에만 열심했고 이제에는 한심하게도 신뢰타령만 늘어놓고 있습니다. 때때로 변하는 사람의 정과 신뢰만 믿고 허둥대온 이 사람, 마음의 거울에 비춰지는 이 사람의 꼬락서니가 말이 아닙니다. 역시 사람은 어쩔 수 없는 변덕쟁이인 것을 모르지 않으면서도 정에 취하고 증오에 불타고 이렁저렁 그렁저렁 사는가 봅니다. 이제라도 난 사랑이신 주님과 사랑의 밀어를 열심히 나누며, 적어도 주님 뜻의 억만 분의 일이라도 지키려고 노력하는 성실한 자신이 되기 위한 반성하는 생활을 해보고자 합니다. 그간의 내 삶의 행적이 보여준 종이 한 장 같은 의지나, 게으름 따위로 미루어 볼 때 분명 작심삼일(作心三日)이 될 게 뻔할지라도, 변함없는 영원한 사랑과 믿음을 주신 주님을 굳게 믿으며 착히 따르는 삶을 살고자 합니다.

그러나 말입니다. 나는 늘 주님과 함께 하는 은총의 생활을 열심히 하면서도 당신과의 사랑 나누기는 변함없이 지속할 겁니다. 왜냐하면 나는 예전에도 그래왔듯이 당신을 무척이나 사랑하기 때문입니다. 그리고 솔직히 말해서 나는 당신과의 만남 자체가 좋습니다. 내게는 당신과 만나는 것 자체가 기쁨이 되고 즐거움이 됩니다. 그래서 바라기는 당신과 나 사이가 예수님 가르침 같이 잘못이 있을 때 비록 일곱 번씩 일흔 번을 용서하며 사는 정말 위대한 관계가 되지는 못할지라도 서로를 품어 안으며 아름답고 애틋하게 살아가는 모범적인 우리가 되었으면 하는 겁니다.

물론 때로는 이제와 같이 스스럼없는 투정도 하고 오해도 하고, 그러나 반드시 이해로 돌아서서 늘 변함없는 우정 나누는 그런 멋스런 관계로 말입니다. 당신과 나는 만왕의 군왕이신 하느님을 아버지로 모시는 아름다운 그리스도인입니다. 그리고 우린 이제까지에 있어 남들이 인정하는 찰떡 궁합의 관계입니다. 때문에 우린 분명 그간도 그래왔듯이 앞으로도 사랑이신 주님의 은총 안에서 아름다운 관계로 지낼 수 있으리라고 봅니다. 이런 바람의 이룸에 더하여 으뜸 바라기는 제 자신이 이 사람 살이에서 늘 남을 이해하고 용서하고 사랑하는 가운데 오로지 주님이신 당신만을 따르며 사는 것입니다.

또한 세속의 당신과 막역지우(莫逆之友)들이 늘 주님과 함께하는 은총 안에서 지낼 수 있는 것이고, 이웃 사랑으로 그리스도의 사랑을 빛내는 참그리스도인으로 지낼 수 있는 은총입니다. 모쪼록 사랑이신 주님께 간구합니다. 제 뜻을 허락하소서. 아멘.

낮은 목소리로

스포츠의 역사에 있어 매우 흥미로운 학설 중 하나는 그 기원이 자연의 법칙을 거스르는 것에서 출발했다는 점이다. 즉 달리기, 높이뛰기, 멀리뛰기와 같이 인체의 원초적 역동성에 기초한 대부분의 육상 경기는 중력의 한계에 대한 도전이라는 것이다. 건축과 무용의 기원에서도 유사한 이론이 적용된다. 높이 쌓아올린 건축물에서는 하늘에 닿고자 하는 욕망이, 자유로움을 표현하는 무용을 통해서는 날고 싶어하는 인간의 의지가 반영되었다는 것이다.

자연의 법칙에 대한 도전이라는 전제에서 벗어나긴 했지만, 문학의 기원에서도 인간의 욕망은 같은 방식으로 되풀이된다. 범 세계적으로 분포되어 있는 '임금님 귀는 당나귀 귀' 설화는 표현하고픈 인간의 원초적 욕망을 환기시킨다. 요컨대 욕망, 도전, 의지 등은 인간에게 부여된 특권이자 본능이다.

역사의 발전과 눈부신 문명의 진보는 이렇듯 인간의 무한한 욕망과 도전 의지에서 비롯된다. 그러나 오늘날 인간은 스스로를 일깨우고 진보시켰던 바로 그 본능의 굴레로부터 벗어나지 못하고 있다. 아이러니컬하게도 발전의 원동력이던 인간의 욕망이 자신을 해치는 독이 되고 있는 것이 오늘날의 현실이다. 원시와 야만이 공존하던 과거 그 어느 때보다 더 끔찍한 경쟁이 현대사회와 현대인을 궁지에 몰아넣는 즈음 세태는 이미 놀랄 만한 이야기도 아니다. 순수한 열망이 사라진 자리에는 빗나간 탐욕과 맹목적 의지만 남겨져 있을 뿐이다.

국가와 국가 간에는 전쟁을 통해 더 넓은 영역과 더 많은 자원을 약탈하려 하고, 사회 내부에서는 서로 다른 목적의 이익집단이 이권 때문에 이전투구를 하며, 개인 간의 경쟁은 이미 생존과 도태의 이분법적 사고를 고착화하기에 이르렀다. 힘과 경쟁의 논리가 지배하는 지금 그 중요한 평가의 척도는 아파트의 평수와 자동차의 크기, 더 높은 지위와 명예와 권력으로 결정된다. 생존의 시대가 지나 삶의 질을 생각하는 21세기에 오히려 과거 봉건주의적 사회보다도 더한 보이지 않는 계층이 형성되고 있는 것이다. 철모르는 어린아이까지도 집과 자동차 크기, 아버지의 직업과 지위로 서로의 신상정보를 파악하고 관계를 설정한단다. 더욱이 모골이 송연해질 이 이야기가 대수롭지 않은 화제로 전락해버리는 불감증의 시대 한가운데 우리는 놓여있다. 상품의 품질을 가늠하듯 우리는 모두 누군가에게 등급이 매겨지는 현대판 골품제도에 살고 있는 것이다.

무엇이 현대인으로 하여금 욕망의 갈증을 느끼게 하는가. 이전과는 비교도 안 될 만큼 윤택해진 생활 여건임에도 불구하고 사람들은 왜 더 높은 지향점을 찾으려 하는가. 여기 또 하나의 흥미로운 자료가 있다. 일반적으로 후진국으로 분류되는 국가의 국민들이 느끼는 행복지수가 선진국 국민들이 느끼는 그것보다 훨씬 더 높다는 것이다. 역설적으로 문명의 혜택과 행복의 체감영역은 무관하다는 증거이다. 높이와 넓이라는 가시적 성과만을 추구하는 이들은 바로 자신들이 쌓은 바벨탑의 어두운 그림자에 질식하고 있는 것이다.

희랍신화에 다이달로스와 이카루스의 이야기가 전한다. 다이달로스는 솜씨가 대단한 발명가이며 건축기술가였다. 어느 날 왕의 미움을 사 크레타 섬에 갇히게 된 다이달로스는 아들 이카루스와 함께 자유를 향한 탈출을 꿈꾸게 된다. 미노스 왕의 감시가 심했던 육지와 바다가 아닌 푸른 창공을 향해 날아 오를 계획을 세웠던 것이다. 마침내 다이달로스는 새의 깃털과 밀랍으로 날개를 만들어 붙이고 이카루스와 함께 하늘로 날아 탈출하였다. 이카루스는 새처럼 나는 것이 신기하여 하늘 높이 올라가지 말라는 아버지의 경고를 잊은 채 높이 날아올랐고, 결국 태양열에 날개를 붙인 밀랍이 녹아 에게해에 떨어져 죽었다.

이카루스에 있어 하늘은 욕망의 세계이자, 무한한 가능성이며, 도전의 대상이었을 것이다. 그러나 또 한편 그것은 파멸의 유혹이자 어리석은 만용이었다. 의지와 용기는 기특했지만, 중용과 절제의 미덕은 미처 깨닫지 못했던 것이다.

한때 즐비한 마천루가 국가의 번영과 힘을 상징하던 시기가 있었다. 강하고 거대한 것이 찬양 받던 적도 있었다. 그러나 이제는 진실한 일상의 아름다움이 소중하며, 작고 소박한 행복이 진정한 삶의 귀착점이 되어야 한다.

또 사람들은 의논하였다. "어서 도시를 세우고 그 가운데 꼭대기가 하늘에 닿게 탑을 쌓아 우리 이름을 날려 사방으로 흩어지지 않도록 하자." 야훼께서 땅에 내려오시어 사람들이 이렇게 세운 도시와 탑을 보시고 생각하였다. "사람들이 한 종족이라 말이 같아서 안 되겠구나. 이것은 사람들이 하려는 일의 시작에 지나지 않겠지.

앞으로 하려고만 하면 못할 일이 없겠구나. 당장 땅에 내려가서 사람들이 쓰는 말을 뒤섞어 놓아 서로 알아듣지 못하게 해야겠다." 야훼께서는 사람들을 거기에서 온 땅으로 흩으셨다. 그리하여 사람들은 도시를 세우던 일을 그만 두었다.(창세기 11장:5절~8절)

높이와 넓이에 대한 욕망. 인류가 존재하는 한 그것은 인간에게 피할 수 없는 숙명인지도 모른다. 그러나 모두가 더 높고 넓은 것을 추구할 때, 낮고 겸허한 목소리로 삶의 내부를 채운다면 그 또한 가치 있는 것은 아닐까.

잃어버린 우산

9월 어느 날, 초가을 햇살이 물줄기 되어 무지개가 아름답게 펼쳐질 것 같은 오후의 교정. 하늘은 그지없이 청명했고, 낮게 깔린 몇 조각의 구름은 말 그대로 한국의 가을, 그 아름다움을 뽐내고 있었다. 그러나 이내 하늘이 어둑해지고 소나기가 흩뿌린 것은 순식간의 일이었다. 가을이라고는 해도 한 낮의 기온은 여름의 여운이 채 가시지 않은 것이어서 철지난 장맛비의 흉내를 내보려는 모양이다.

교정을 거닐던 몇몇의 무리들은 이내 총총히 건물 안으로 사라져 들어갔고, 미리 우산을 준비한 이들은 여유 있는 표정으로 제각기 우산을 펴고 있었다. 때마침 퇴근을 준비하던 터라 나 역시 책상 한 귀퉁이에 자리를 마련해놓았던 우산을 꺼내들 참이었다.

어? 그런데 손이 허전하다. 있어야 할 우산이 보이질 않는다. 가만 있자. 혹시 다른 곳에 놓여 있지는 않은지 연구실 구석구석을 다 뒤져본다. 없다. 다시 생각을 정리해 본다. 아차! 며칠 전 동료교수들과의 저녁식사 모임에서 비가 올 거라는 일기예보를 듣고 우산을 챙겨 갔다가 비가 오지 않아 놓고 왔던 기억이 이제야 떠오른다. 애꿎게 틀린 일기예보 탓을 하며 혼자 투덜거려 본다. 하지만 이미 때는 늦었다. 비가 오지 않는다고 우산의 존재를 까맣게 잊은 것은 내 탓이니까.

주차장에 세워둔 자동차까지 가려면 하는 수 없이 비를 맞을 수밖에. 신문지 뭉치를 펴들고 정신없이 차를 향해 뛰어들었다. 그 짧은 순간에도 세차게 퍼붓는 비로 인해 저고리의 어깻죽지가 온통 물 범벅이다. 망각과 부주의의 댓가는 컸다. 꿉꿉한 기분으로 오는 퇴근길에서 잃어버린 우산을 생각해 본다.

누구나 잃고 산다. 더불어 잊고 살기도 한다. 우산을 잃어버린 기억도 누구에게나 있을 것이다. 그 물건은 어느 순간에 가장 절실히 필요하면서도 그 순간이 지나고 나면 더없이 귀찮고 잊기 쉬운 존재이기 때문이다. 각자의 삶에 그렇게 여겼던 존재는 없는가? 나는 누구에겐가 그런 존재인 적은 없었는가? 너무나 고맙고 절실하지만 때로는 쉽게 잊는 혹은 잊혀지는 것은 어찌 보면 지극히 당연한 인간사일는지도 모른다. 유감스럽게도, 비정하고 간사한 것이 모름지기 인간의 속성이니까, 하지만 한편으로 우리는 누구에게 잊혀지는 것이 두려워 안간힘을 쓰며 살아가지 않던가.

어느 대학에서 학생들에게 다음과 같은 설문조사를 했다고 한다. 내일 당장 죽을 운명이라면 나는 지금 무엇을 하고 싶은가? 그에 대한 대부분의 답변은 의외로 지극히 평범한 것이었다. 평소에 뵙지 못했던 부모님과의 저녁식사, 미처 표현하지 못했던 사랑하는 사람에 대한 고백, 사소한 말다툼으로 서먹하게 지냈던 친구와의 화해, 이토록 소중한 사람들에 대한 따뜻한 배려의 표현이 주종을 이루었던 것이다. 설문조사를 했던 담당교수는 각자의 의견을 수렴한 후 명쾌한 답변을 내려주었다고 한다. 우리 모두 내일 죽는 것 같은 심정으로, 바로 지금 각자의 계획을 실행하라고.

우리는 대개 공기와 물의 소중함을 모르듯 평소에는 그 가치의 위대함을 깨닫지 못하는 경우가 허다하다. 그렇다. 우리의 삶에서 정작 소중한 것은 거대한 것이 아니라 사소한 것들이다. 종종 하느님의 놀라운 은총을 잊고 사는 우리는, 어쩌면 진실로 소중한 것을 잊고 살며 우산을 잃어버린 바로 전의 허둥대던 모습과 다를 바 없다. 그것은 그대로 나약하고 부족한 인간의 단면을 가감 없이 보여준다.

어느덧 비가 갰다. 비 갠 후의 청신함에 취해 금세 조금 전의 불편과 고통을 또 잊어버리는 것은 인지상정일지 모른다. 하여 망각은 때로 죄악이 되기도 한다. 더 늦기 전에 오늘은 내 소중한 친구와 지인들에게 전화라도 한 통 걸 요량이다. 그리고 가장 소중한 나의 하느님께 진실한 묵상과 기도를 올려야겠다.

겸손의 미덕

인구에 회자하는 소크라테스가 "너 자신을 알라"라고 한 말은 바꾸어 말하면 "나 자신을 알라"는 것이고 나아가서는 "인간임을 알라"라는 뜻으로 받아들일 수 있다. 그러면 "너 자신을 알라"는 말은 "인간임을 알라"는 뜻으로만 이해되고 말 것인가?

이 정도의 철학만 담고 있다면 이 말씀은 진리에 이르는 말씀으로는 부족하다고 할 수밖에 없을 것이다. 무엇인가 이 속에는 참으로 깊고 그윽한 철학이 담겨 있음을 아는데, 발견의 기쁨이 있지 않을까 생각한다.

아마도 "인간임을 알라"는 속뜻을 지니고 있는 "너 자신을 알라"는 말씀 속에는 인간을 무한으로 포용하고 있는 우주의 세계 곧 "자연을 알라"라는 뜻과 모든 있음의 근원이신 "하느님을 알라"라는 참 뜻이 담겨져 있음이 아닌가 한다. 우리네 인간은 잠시도 자연을 벗어나서는 존재할 수 없는 자연, 그 자체이기도 하면서 하느님 앞에는 한낱 피조물로 존재하는 보잘 것 없는 유한의 생물체에 불과할 따름이다. 이렇듯 미미한 존재임에도 불구하고 우리네 인간은 참으로 어리석어 우리를 존재하게 한 자연과 하느님 앞에 두려워함이나 겸손함도 모르고 도도함과 겁 없음이 그악스럽기까지 하다.

우리와 우리의 후손들이 대대로 복된 삶을 이어나가야 할 천혜(天惠)의 자연이 지각없는 어리석은 인간들에 의하여 날로 훼손되고 파괴되어지는 사실들이나, 머리 위에 하느님이 있음을 깨닫지 못하고 주머니 속의 돈만을 헤아리는 비인간적인 속성에서 자연과 신을 두려워할 줄 모르는 인간의 어리석음을 보게 되는 것이다.

이 같은 어리석음은 인간이 자연이라는 육신의 일부라는 사실과 인간에게 있어 정신이 육신을 지배한다는 너무나도 평범한 진리를 알지 못하는데 있다 할 것이다. 그러므로 오늘을 사는 우리는 "너 자신을 알라"는 말씀을 되새기면서 자연과 신 앞에 겸손할 줄 아는 슬기를 지녀야 함이 마땅하다.

가수원 아리랑

필자가 애초에 선화동(옛 충남도청 옆)에서 숨쉬다가 괴정동을 거쳐 내 인생을 마감할 때까지 살고 싶은 가수원에 사랑하는 안해와 같이 둥지를 틀고 산 지도 어언 30여년이 다 돼간다. 이제 이곳 가수원은 결코 떠나고 싶지 않은 제2의 고향이 되었다. 고향이 별것이던가, 정이 들면 고향인 것을. 가수원은 나에게 삶의 최상의 안식처이고 이상향이고 뼈가루로 인생을 산화하고픈 마지막 삶터이다. 만큼이나 내 자신이 특별히 사랑하는 고을이고 향리이고 도회이다. 사람들 대부분은 재산이 불면 정든 곳을 미련없이 버리고 둔산이나 노은이나 최근에는 도안동으로 거처를 옮긴다.

한 에피소드가 있다. 내가 현직 대학 교수로 있을 당시 젊은 교수들이 어떤 이유로든 노은동으로 잠집을 옮기면서 희롱을 한다. 늙어서 은퇴할 즈음에나 가서 살아야 할 노은동에 웬 젊은 교수가 노은동으로 가시는가 하고.

사실은 이해를 못할 노릇이렷다. 집값 비싸고 교통 혼잡하고 오염되기 쉬운 환경에 여름에는 2, 3도 온도가 더 높은 찜통 더위의 빌딩 밀집 지역에 구태여 몰려가 살고 싶을까. 물론 경제적 가치 때문이라는 건 누구나 아는 사실이지만. 이 글의 흐름과는 다소 거리가 있는 얘기이지만 꼭 구태여 값비싼 차. 외국차를 타고 다녀야만 명예가 서고 위신이 서는 것일까.

내 생각으론 일종의 허세의 콤플렉스가 아닌가도 싶은데. 이리 수다를 늘어놓는 나는 천년의 역사를 가진 차를 타고 다닌다. 1999년 10월 29일자 '레간자' 승용차. 수많은 승용차를 이용하시는 수많은 분들 가운데는 아마 아직도 '레간자'가 굴러다니고 있네. 오죽 궁상맞으면, 쯧쯧. 그러나 가끔 어떤 제대로 이해하시는 분들은 애국자 따로 없네. 저 자가 애국자일세 라고 입속말로 하실 것이고. 솔직히 재력도 견고하지 못하고 주제 파악 처신을 잘하는 뒷경우에 속한다고 스스로 자임하며 사는 처지다. 것도 내 알량한 변명에 불과한 것으로 치부되겠지만. 뿐만 아니다. 나는 회식자리나 술자리에서도 말석에 앉는다. 한번 앉으면 아주 부득이한 경우가 아니고서는 자리를 옮겨 다니지 않는 습벽이 있다.

어쨌든 현직 교수들이 한결같이 둔산동으로 노은동으로 옮겨 갔지만 나만은 괘념치 않고 내 영원한 아름다운 삶터 가수원의 떳떳한 주민이기를 고집하며 이제까지에 이르렀다.

가수원 은아아파트에 맨 처음 이사를 와 가수원에 반하여 '뻐꾹새 우는 마을 가수원에 사는 뜻은', '가수원 별곡', '구봉산 연가' 등 여러 편의 수필을 써서 가수원 예찬을 침이 마르도록 노래했다. 물론 여전히 우리 가수원 고을은 이름 그대로 산수와 아름다움이 공존하는 게 사실이다. 대전 5대천의 주류인 갑천이 휘돌아 흐르고 있고, 대전 8경 중 하나인 구봉산이 빼어난 자태를 다소곳하게 보여주고 있다. 또한 시골 못지않게, 처음 보는 사람들끼리도 눈웃음으로 인사를 나누는 미쁜 정경이다. 음식점, 선술집엘 가도 그저 서로들 정겹다.

그리고 하느님이 싫어하시는 그 흔한 잡집이 하나도 없다는 것이 여전히 신비롭다. 어디 어느 집, 어느 아파트, 건물 등에서나 몇 십 보 몇백 보 숲길 쪽으로 들어서면 해맑은 공기, 수없는 나무들에서 베풀어내는 치유, 까불대는 청설모의 곡예묘기, 뭇새들의 자유로운 노래 하모니, 풀벌레들 소리, 바람소리, 나뭇잎들의 속삭임이 그저 정답다.

산수유, 특히 꽃 잔치를 여는 듯한 진달래꽃의 대 향연 구봉산이든 옥녀봉이든 마치 낙타 타고 가는 산책길 같은 산행길이어서 초보자도 아무런 어려움 없이 친화될 수 있어서 더더욱 여유롭고 그 취흥이 쏠쏠하다 하겠다. 이곳엔 인간 으쓱대는 이들이 설쳐대며 권세부리는 일체의 호통이나 부질없는 큰소리가 불필요한 말 그대로의 코스모스, 즉 대 자연의 소리 없는 질서와 조화가 일치를 이루는 화평하고 청아한 공간이라 할 수 있다.

시원스런 냉차를 마시는 것만큼이나 가슴 속 깊이 알싸하게 하는 빼울 약수터(사장 :정인성)의 약수를 마시면 온갖 피곤이 삽시간에 사라지는 느낌을 받는다. 내가 왜 가수원을 그리고 산행이랄 것도 없는 산을 떠나지 못하는지 깨닫게 하는 것은 끊임없이 산책을 즐기며 삶의 의미와 대자연의 고마운 베풂에 감사하기 때문이다.

자연은 우리에게 무한한 은혜를 베풀면서도 아무것도 바라지 않는다. 인간들의 그 알량한 선심성 공치사도 바라지를 않는다. 그저 무조건 베풀 뿐이다. 거기에서 인간에게 조화와 질서, 협동의 정신을 스스로 깨닫게 하는 스승일 뿐이다. 그래서 남들이 경제적 치부를 위해 안절부절인 도회 한복판의 눈꼴신 일들을 외면하고 느긋

함과 여유로움, 그리고 숨고르기로 자신을 돌아볼 수 있는 겸허의 미덕을 얻으며 살고자 가수원에 사는 것이고, 산을 가까이 하는 것을 즐긴다. 교통편도 문화시설 이용도 편리하고.

그러나 이 아름다운 고을 가수원도 바람직스럽지 못한 면으로도 많이 변했다. 참으로 가슴 아프다.

우선은 가수원 하면 떠오를 수 있는 농업적, 전원적, 목가적인 풍광이 쇠락해졌다. 대표적인 보기가 물논이 무대로 교향곡을, 합창을 우렁차게 경연하던 개구리 소리 두꺼비 소리가 대단위의 아파트 단지가 속속 들어차면서 어느 날인가부터 영영 사라졌다라는 사실이다. 별빛 대신에 황홀찬란한 귀신불 도깨비불 같은 것들이 난리법석을 떠는 가수원 지역에도 유성이나 둔산처럼 발전이 되고 있구나 하고 좋아할 수 있을 것이다. 아니 여기 저기서들 좋아들 한다. 우선 부동산 값이 달라지고 있으니까. 이제는 가수원에 사는 것도 목에 깁스할 수 있을 정도 체면은 차릴 수 있겠구나 하는 엽전 근성이 생거날 만도 하다.

어찌 사람이 아니 그럴 수 있으랴. 누구가 어디 사세요? 하고 물으면 선뜻 가수원 살아요 하고 대답하기가 그랬을 테니. 그러나 묻는 사람이나 답하는 사람이나 재력으로 사람을 평가하는 좀 거지 같은 근성, 배고픈 소크라테스보다 배부른 돼지 같은 게 마음 구석에 깔려 있는 유치한 생각이 자리 잡고 있는 한심한 세태 때문이 지배적인 시류인 게 사실이고. 하지만 삐까뻔쩍한 데서 산 사람들보다 대자연이 무한히 베푸는 해맑은 곳에서 사는 사람들의 삶의 질이 사실은 훨씬 더 낫다. 이는 전 세계적인 공통분모 현상이다.

계발이 아닌 개발은 삶의 먹구름만 가져다 줄 뿐이다. 수려한 풍광과 양질의 공기를 가져다주는 그저 인간을 위해 베풀기만 하고 전혀 바램이 없는 자연을 개발 발전 편리추구라는 명목으로 무차별적으로 파괴하는 것은 크나큰 죄악이고 악행이다. 인간 자신이 자연의 일부이면서 자연인 줄도 모르고 자연을 죽이는 것은 곧 머지않은 장래에 곧 자신들의 죽음을 스스로 불러들이는 어리석은 짓이라는 것을 까맣게 모르고 저지르는 헛똑똑이 짓인 것이다.

하기에 난 우리 가수원 지역이 20여년 만에 요즘 부쩍 번다해지는 것을 달가워하질 않는다. 벌써부터 해맑은 공기는 사라지고 자동차와 아파트 등에서 쏟아내는 매연이 길거리와 아파트촌, 절경의 명산까지 접수했다. 끊임없이 이어지는 공사로 흙먼지가 마을을 점령하고 온갖 소음공해가 독버섯처럼 생겨나기 시작했다.

이제는 내 사는 집에서 수려한 구봉산 전경도 볼 수가 없게 됐다. 옥녀봉 입구도 바라볼 수 없게 되고. 매가리 없이 뻗어 오르는 고층의 회색 닭장 같은 것들 때문에 예전의 전원적이고 목가적인 자연의 아름다움을 맘껏 만끽할 수가 없게 된 거다. 잃어버린 만큼 얻는 것이 있다는데 도대체 무엇을 얻는다는 건지. 자연을, 풍광을 훼손하는 일은 결국 모든 것을 잃는 것과 다름없다.

야금야금 도둑고양이나 두더지처럼 제 멋대로 아름다운 명산을 파헤치는 인간들의 어리석은 행태, 개도 먹지도 않는 돈을 탐내느라 제 영육 썩는 줄 모르고 자연에 마구 생채기를 내고, 멍들게 하고, 병들게 하고, 죽게 하는 짓거리를 보고 있노라면 하느님께서는 주무시고만 계신지 안타깝다. 뻐꾸기 삶의 행태는 밉지만 그 소리마저 들을 수 없게 됐다 는 것이 서운하다. 신기한 건 교우들이 농사짓는 채마밭에 귀엽게 생긴 고라니들이 나타나 먹거리를 망가뜨리고 사라진다니 다행 아닌가. 고라니 같은 산 짐승들이 파괴되어

가는 구봉산에 서식하고 있다는 게 그저 고마울 따름이다. 농사를 망친 교우님들께는 미안한 노릇이지만.

방독면을 늘 쓰고 생활해 봐야 된다. 구봉산, 옥녀봉보다 더 큰 건축 폐기물 더미 속에서 겪어봐야 된다. 다른 물은 고사하고 마실 물도 없을 정도의 썩은 물이라도 한 모금 마시기 위해 이리저리 헤매봐야 된다. 허, 참이 아니라, 아이고! 이때서야 비로소 '자연의 소중함'과 '자연보존'의 필요성을 깨닫게 된다면 늦어도 한참 늦어 가슴을 치고 통곡해본들 손에 쥐어지는 것은 오직 저승행 티켓일 뿐이다.

창조주께서 무상으로 대여해주신 이 거룩한 대자연을 이제라도 가능한 쪽에서 원형 그대로 되살리려 애를 다하고, 보존, 가꾸는 것이 주님 모상인 우리가 지켜내야 하는 마땅한 도리다. 다시는 우리 삶의 모체인 자연을 패대기치는 악행은 삼감이 당연하다. 자연과 더불어 살아가야지만 건강한 삶을 이어갈 수 있음은 상식이다. 자연은 우리의 최상의 삶의 보금자리, 영원히 뿌리내리고 살아가야 하는 터전이다.

아! 이 사람의 오롯한 소망은 더 이상 개발, 발전이라는 이름 아래 우리 가수원 지역이 더 이상 망가지는 걸 바라지 않는다는 거다. 지금 상태로나마 한밭의 명산, 절경 중의 절경, 구봉산이 베푸는 은혜 속에서 사랑하는 안해와 남은 삶 정겹게 사는 거다. 하느님 뜻에 순명하면서. 우리 이웃과 어울렁 더울렁 정답게 사는 거다. 사랑이신 하느님 우릴 도와주소서! 아멘.

문학기행과 '주님' 받아들이기

전국에서도 명성이 익히 알려진 '문학사랑'이 마련한 문학기행에 참여했다. 나로서는 신중한 결정을 스스로 내린 결과였다. 언제부터인지 뚜렷이 알 수 없는 노릇이지만 여행이나 기행, 연수에 참여하는 것을 그리 좋게 여기지를 않게 되었다. 오히려 여행 얘기만 나와도 그저 싫었다. 그리고 스스로 나는 아니간다고 다짐까지 하는 버릇도 생겼다. 생각해 봐도 이해되지 않는 내 사고(思考)요 행태, 어려서부터 10여년 전 까지만 해도 그리 좋아하던 여행인 것을.

이를 테면 부산의 여러 곳을 두루 돌아보기 위해 부산역에서 내려야만 할 때, 열차에서 내림 없이 그대로 갈 수 있는 데까지 더 갔으면 하면서 하는 수 없이 하차할 때의 애석한 마음이 들 정도로 여행을 즐겼던 나였다. 그랬던 내가 스스로 여행에 참여한 것이다. 그 것도 작년부터 말이다. 벌써 세 차례나 문학기행에 참여하게 된 까닭은 무엇이 이런 나의 생각을 변하게 했는지는 모르나 이는 아마도 '문학사랑협의회'에 갖는 내 막연한 애착심 때문일 것이다.

어쨌든 상쾌한 기분으로 백제의 옛 도읍인 부여를 탐색하는 기행에 나섰다. 우선 명실상부한 문인, 반가운 면면들과 함께하는 문학기행이라서 좋았다. 버스가 출발하고 얼마 지나지 않아 기행 일정 소개가 있고, 협의회 회장의 인사말도 상투적인 것이 아니고 탐방지와 관련한 해박한 설명을 곁들인 것이어서 인상적이었다. 더욱이 분기별에 갖는 여러 시상과 출판을 겸한 문학제에서 매 번 확인되듯이 '리헌석 이사장'이 참여자들의 면면을 일일이 소개함에 단 한 차례의 빈틈과 막힘, 실수도 허락하지 않으며 따사로운 유머까지 곁들여 매끄럽게 소화해 내는 것에 내 자신 흡족함을 갖게 했다는 것이 또 하나의 보람이었다. 단 한 가지 예상되는 걱정거리만 일어나지 않는다면 다시 없이 의미 있는 기행이 될 것이었다.

'참새가 방앗간을 그저 지나 간다더냐?' 하는 슬기로운 조상의 말씀, 그 일이 여지없이 일어나고야 말았다.

불교 성지의 한 사찰인 무량사에서 '김시습' 선생의 영정, 대웅전 등을 주마간산으로 둘러 본 것이 화근이었다. 물론 조심조심했던 자연현상의 해결도 한 몫을 한 셈이었다. 회장과 몇몇의 문인들과 간단히 '주(酒)님?'을 받아들인 것이 시발이었다. 금주중(今週中)만 금주중(禁酒中)이 되어서는 아니될 주제에 禁酒中을 문학기행이라는 설렘도 한 몫 한 셈이지만, 주위 아니 애주가인지 뭔지 酒님을 아주 열심히 받아들이는 최모 문인 때문에, 아니 결코 유쾌 상쾌한 상태가 아님을 스스로 명심하고 살얼음 위를 걷듯 조심 또 조심해야 함에도 분위기의 곡진한 유혹에 빠져들어 그와 간단없는 수작으로 거래를 거듭한 것이 문제였다.

그러하니 본래의 문학기행을 성실하게 임해야 하는 것은 안중에도 없이 됐다. 다른 문인들 대다수는 열심히 기행의 참맛을 느끼고 즐기고 학습하는 터에 최모 문인과 나는 禁酒中을 뭉개버리고 愛酒中에 탐닉하며 소중하고 의미 있는 문학기행의 良識도 팽개친 꼴이 되었다.

그 놈의 정(情)이 무었이길래, 그 人情에 스스로 노예가 되어 문학기행의 참맛도 잊고 영육(靈肉)간의 강건함도 지키지도 못한 무녀리 주제에 더더욱 영육만을 죽어라고 괴롭힌 못된 짓만 범한 결과였다.

이제 기차는 떠나버린 거나 마찬가지가 된 황망하기 그지없는 꼴이 돼버렸다. 良識이라곤 그리 쉽게 찾을 꼬락서니 처지도 잃어버린 거나 매 한가지다. 어쩔 수 없다. 결국 나는 今週中만이 아닌 앞날에도 禁酒中을 지킬 의지가 박약(薄弱)한 못난 무지렁이, 바보가 된 셈이다.

이럴 바에는 아예 문화인으로서 위상을 견고히 다질 수 있는 '문학기행'의 대열에 함께하는 생각과 행태는 없어야 했다. 꿈도 꾸지 말아야 했다. 그러므로 앞으로 이런 양식적이지 못한 노릇은 스스로 삼가며 수범적인 '무실역행(務實力行)'으로 참 지성의 인물이 되도록 스스로 힘쓸 것이라면, 참으로 신나는 삶을 만들어 낼 수 있을 터이다.

사랑이신 주님의 은총

이 해를 잘 넘길 수 있을지가 걱정이다. 지구상에서 가장 돼먹지 못한 조직적인 조폭집단의 괴수 김정은의 발광 때문이다. 물론 제 놈이 명대로 못살 듯 싶어 의심에 의심의 몸과 맘으로 수많은 동족을 갖은 악랄한 수법으로 괴롭힌다. 그도 성이 안 차면 가차 없이 죽여버리는 인면수심. 말 그대로 이 악마 한 놈 때문에 지구촌이 야단이다. 솔직히 이 한 눔만 조용히 거세하면 우리와 지구촌은 평화를 구가하며 사람 사는 사회답게 지낼 수가 있다. 정녕 조마조마하여 한 때라도 편한 영육으로 살아가기가 어려워졌다.

천하의 잡놈인 이 한 놈이 골칫거리다. 때문에 우리 사는 사회도 이 미치광이 한 놈에 경도되어 도와주지 못해 안달복달 엇박자로 날 새는 얼치기들이 의외로 많이 있다. 이들 정신 나간 패거리들의 지나친 광적 행태 때문에 하루도 편안한 날이 없다. 서로들 반목하여 지지고 볶고 쌈박질 해대느라 으르렁 으르렁 못할 짓들로 소중한 삶의 나날을 망치고 있다. 참으로 안타깝고 부질없는 짓들에 우리 민족 고유의 인정미가 한 톨도 발견할 수 없을 만큼 망가진 것이다.

주지하는 바와 같이 이 아름다운 나라. 인간미가 철철 넘쳤던 이 겨레. 실로 자랑스런 우리들의 삶의 질과 분위기가 어느 결에 말이 아닐 정도로 살벌해졌다. 결코 부정할 수도 외면할 수도 없는 기가 막히는 이 땅의 현실이고 모습이다. 언제까지 이 부끄러운 지경에 살아야 하는지. 이제 부터라도 우리는 각자 스스로들 반성하고 자숙하며 발전시켜 나가는 이 겨레의 순수한 참모습을 되찾는 모진 노력을 다해야 하는 책무를 져야 한다.

이리 되기 위해서는 인연에서 '인'因이 되는 원인을 우선 알 필요가 있다. 우선하는 것. 예전에 우리 겨레는 참으로 아름답고 슬기롭고 용맹스러웠다. 이런 자화자찬의 의식. 그 미몽에서 깨어나 냉철하게 잘못된 면면을 바르게 아는 공부다. 그리고 이런 것들을 부끄러움 없이 꾸준히 고쳐나가는 노력으로 옹골찬 시민의식을 기르는 일을 해야 한다.

아주 간단한 보기를 들어서 이해해 본다. 30여년 전부터 이즘까지 사회주의 공산주의의 이념과 공산화를 위해 오로지 한뜻으로 이끌고 따라 배워 실현시키려는 오늘의 좌파 종북 세력들의 끈질긴 집념이 어떠한가? 이에 비해 이른바 국가 안보와 애국애족을 트레이드 마크로 삼아온 우파 보수들의 그간의 행적이 어떠했는가?

이 단편적인 하나의 보기를 들어 우리가 알 수 있는 게 무엇인가. 불문곡직(不問曲直). 자유민주주의를 신봉하며 살아온 우파, 인민민주주의의 실현을 위해 살아온 좌파. 이 중에서 이념 공부와 그 실현을 위해 힘써온 결과, 과연 어느 파가 일당 십, 일당 백하는 능력과 집념에서 훨씬 앞서는지는 웬만한 식자 아니 일반인들은 다 안다. 결과적으로 배부르고 등 따스하게 또 개인 일신상의 부귀공명만을 좇고 국가 안위는 뒷전, 그저 거들먹거리기만 한 우파 보수가 앞서고 우세한가?

이념 공부와 무장, 실현시키려는 의지와 집념 면에서 우파가 현실 면에서 보듯이 절대적으로 약한 것이 불문가지(不問可知) 백전백패하다는 것을 다수가 인지하고도 남는다. 단 하나의 보기를 통해서도 알 수 있듯이 현실적으로 보수 우파는 좌파들을 제압할 상태와 자세가 되어 있지 않다는 것이다.

6.25동란 이후 우리나라의 모든 면에서의 현실이 가장 위태위태하고 국가의 존망이 풍전등화, 태풍 속의 고요 같다고 한다. 한다가 아니라, 실제 우리 모두(종북좌파 제외)가 피부로 눈으로 귀로 느끼고 안다.

이 자리에서 소 잃고 외양간 고치는 우를 범한다고 자책해 봐야 소용없는 노릇이다. 아니 요즘 지도자들이라는 이들의 언행을 보고 있노라면 우리가 아님, 저네들이 딴 나라 사람들 같다는 것이 진솔한 고백이렷다. 소 잃고도 외양간 고칠 생각을 아니하는 게 기막힌 현실이다.

얼마나 대단한 깡패집단, 조직 폭력배 집단이기에 우리는 물론 지구촌에 대고 온갖 협박과 공갈을 해대는 건가. 이러한 데도 직접 국가의 명운과 국민의 생존여하가 심대하게 우려되는 이 나라가 태평성대에 살고 있는 것처럼 안일 무사하게 지내는지 귀신이 곡할 지경이다. 우리의 혈맹인 미국이 오히려 적극적으로 괴뢰집단을 옴짝달싹 못하게 모든 노력을 기울이고 있는 현실이다. 그리고 어마어마한 피해가 예상되고 국가 자체가 사라질지도 모르는 이 나라는 아주 이상한 지도자들이 국민 안위에 대한 대비책을 시원하고 명쾌하게 내놓았다는 노력과 의지를 읽을 수 없다는 사실이다.

오히려 우리를 적극 돕기 위해 노심초사하는 미국의 헌신적인 노력에 이상하게 보일 정도로 담대한 행태가 신기하다. 실로 소름이 돋을 정도의 형국인데도. 아! 어째서 우리는 서로 적대감정으로 적전분열의 노릇만을 일삼는지 걱정이다. 그 어느 때보다 가장 위태롭다는 오늘, 왜 우리의 지도자들, 아니 우리의 적지 않은 무리들은 무슨 까닭으로 이적행위들을 서슴없이 하면서 대명천지에서 목청 돋우어 큰소리치며 이 아름다운 나라를 망하게 만들려 하는가.

실로 신기한 것은 이러고도 아직까지 이 나라가 온전히 숨을 쉰다는 거다. 정녕 신기할 따름이다. 적 앞에서 온갖 핑계를 대며 딴전을 피우고 국가 안위를 걱정하지 않는 듯한 언행들은 도무지 이해할 수 없는 노릇. 적을 결단코 제압할 싸울 의지가 없는 것은 마치 적 앞에 백기를 든 것이나 진배없다. 요즘의 이 지경이 가히 두렵다.

제발 하잘 것 없는 늙다리가 바라는 것은 이것이다. 제 주어진 생명대로 살 수 있도록 지도자들은 순국 순교의 투철한 정신으로 국민이 국가 안위를 걱정하지 않는 강인한 지도력을 유감없이 발휘해 주는 거다. 하여 명실 공히 세계 속의 자랑스런 국가로 영속될 수 있도록 모든 신명을 다해주는 거다.

사랑이신 주님이시여! 이 아름다운 나라, 이 슬기로운 국민을 주님의 은총으로 지켜 주소서! 오직 사랑이신 주님께서는 착히 살고 부정한 노릇을 하지 않는 이들, 백성들을 껴안으시고 보호해 주시는 전지전능한 분이시오니.

아름다운 결혼식 보기 하나

참 많은 결혼, 혼례식을 보아왔다. 그리고 150여 차례의 주례도 이런 저런 사연으로 실제 해보았다. 그런데 검소하게 하냐, 호화찬란하게 하냐, 차이만 있을 뿐 대체로 예식장 아니면 호텔 같은 데서 거의 같은 매뉴얼로 예식을 치른다. 물론 교회나 성당, 사찰, 동네 잔치 형식으로 집에서 전통 혼례를 치르는 경우도 있다. 그러나 이는 전체 혼례 대상에 비하면 지극히 낮은 수치고.

필자가 이야기를 이끌어 가고자 하는 건 예식도 요즘 세태의 흐름에 따른 것이지만 "신랑 신부의 아버지"가 직접 주례를 서는 선생이 되어 들려주는 심금을 울려주는 천금 같은 주례사를 해주시는 거다. 일반적인 주례선생님이 들려주는 주례사. 새 출발을 시작하는 신랑 신부를 위한 나름대로의 정성을 다한 말씀, 인생의 선배로서 도움이 되는 좋은 말씀을 해준다. 물론 여기에도 예외는 있다. 돈을 받고 주례를 맡는 전문 주례사. 이들에게서는 오늘 한 말이 어제 한 말이고 내일 또 할 말이기에 신선하고 정성된 주례 말씀을 기대 하기는 좀 그렇다.

그동안 금이야 옥이야 기른 자식의 혼례에서 부모의 둥지를 떠나 새 출발을 하는 애지중지 사랑하는 자식, 신랑, 신부에게 당부하는 말씀이니 어떻겠는가. 얼마나 정겹고 마치 신체 일부 떼 주고도,

그래도 부족해서 그저 잘살기만 바라는 애비 에미의 뜨거운 심정을 녹여놓은 공식적인 별리의 메시지 그거였다.

여기 나의 둘째 여동생(종순) 딸내미 결혼식에 아버지(이현재:중학교 선생)가 축하 손님들 앞에서 주례를 대신 서 주례사를 축사로 낭독한 것을 거의 그대로 소개한다. 글 솜씨도 보통이 아니거니와 딸과 사위에 대한 사랑이 얼마나 절제된 속에 깊이가 있는가를 해맑은 물 속에 모래알 보는 것 같기에.

"사랑하는 딸 정연아
드디어 네가 혼인을 하는구나.

두어 달 전부터 너희 둘이 이제 결혼을 하겠다며 집을 얻으러 다니고, 예식장 정하고, 두 가족의 상견례며 살림 장만 등 눈코 뜰 새 없이 바쁘게 움직이는 걸 보고도 도무지 실감을 하지 못하였는데 오늘 정말 너희가 이렇게 결혼을 하는구나.

"제 딸이 결혼을 합니다."라고 주변에 너희 혼사를 알렸을 때 모두들 축하해 주시며 이구동성(異口同聲)으로 "결혼 준비하시느라 바쁘시죠?. 딸 시집보내려니 많이 서운하시죠? 라는 말씀들을 하시더구나.

그런데 네 엄마와 나는 바쁘다거나 서운한 느낌이 조금도 들지 않았다. 오히려 딸을 출가시키는 부모가 이래도 되나 싶을 정도로 평소와 다름없다는 점이 이상했지. 너희가 혼인 준비를 빈틈없이 잘해서 특별히 신경 쓸 일 없이 그저 예식에 입을 옷이나 갖추고 축사를 준비하는 정도가 전부이니 세상에 이렇게 편한 혼주(婚主)는 또 없을 듯하다 .

어렸을 적부터 넌 매사에 치밀하게 계획하고 준비하는 아이였지. 이 결혼도 둘이서 얼마나 노심초사하며 준비했는지 잘 안다. 시간, 경제적 여유, 그리고 경험까지 부족한 너희들이 어찌나 힘들었는지 왜 모르겠어. 하루는 밤늦게 돌아온 네가 결혼 준비에 많이 지치고 힘들어 보였는데 "엄마, 아빠 덕에 그동안 얼마나 편하게 살아왔는지 알았다며 잘 키워주셔서 고맙습니다." 하고 인사를 하더라. 마냥 품안의 어린 자식인 줄만 알았는데 어려움도 즐겁게 받아들이며 부모를 걱정하는, 그렇게 이것 저것 다 헤아릴 줄 아는 어른이 이미 되어 있었던 걸 엄마 아빠는 무심코 지낸 거지.

이제 우리가 무슨 걱정이 있겠니? 우리 젊었을 적보다 몇 배는 더 현명하고 식견이 뛰어난 너희 둘을 보고 우리가 무슨 걱정을 하며 어떤 조언을 할 수 있겠니? 딸이 시집을 가는데 우리 부부는 하나도 서운하지가 않단다. 새로운 세상을 둘이서 만들고 가꾸어 나가는 모습이 눈에 선하여 오히려 설레고 미쁘기까지 하단다. 우리는 뒤에서 조용히 지켜보고 앞으로 둘이서 선택할 수많은 삶의 모습을 지지하고 응원할 작정이다. 맘껏 당당하고 멋지게 너희들의 인생을 조각해보려무나.

내 딸 대학 친구로, 연인으로 오늘 부부의 연을 맺은 사위, 2009년 6월 말에 인천공항에서 처음 김서방 자네를 본 순간 내 장래의 사위라는 걸 직감적으로 알았단다. 요즘 말로 한다면 딸 가진 아빠의 '촉'이라고나 할까? 내 사윗감이니 유심히 살펴봤겠지. 자네는 지극히 온화하고 성실하며 매사에 긍정적이고 무엇이든 열심히 배우려는 자세가 참 좋더구나. 화목한 가정에서 사랑을 듬뿍 받으며 반듯하게 잘 자란 청년 바로 그런 존재였다. 그리고 어색하고 어렵기만 하다는 '상견례 날' 우리 부부는 기분이 아주 좋았단다. 자식은 부모의 거울이라더니 우리가 상상했던 것처럼 , 아니 그보다 더 좋은 따뜻하고 정감 넘치는 사돈 내외분을 뵈었기 때문이란다.

우리 딸 정연이는 확실히 큰 인복을 타고 난 것 같구나. 네 시부모님, 남편, 그리고 이 결혼에 내 일처럼 도와주시는 많은 분들을 보거라. 이렇게 멋지고 귀한 인연을 더욱 소중하고 아름답게 가꾸어 나갔으면 좋겠다. 그리고 둘이는 오늘을 있게 한 사랑의 반석 위에, 서로에게 끝없는 신뢰와 존경심을 더해서 품위 있고 행복한 가정을 꾸미며 살아가거라.

여보게, 김서방!

자네 썩 괜찮은 아내를 얻은 멋진 사내일세. 자네가 거머쥔 보석의 가치를 더욱 빛내도록 하게. 그건 자네도 보석이 되어야만 가능한 일일세. 내 말 무슨 뜻인지 잘 알겠는가? 그리고 이건 기분 좋은 '덤'인데 우리 부부는 28년 동안 아낌없이 우리 딸을 사랑해 왔다네. 그래서 난 이제, 내 딸보다 내 사랑스런 사위 자네를 더 배려하고 편들어줄 생각이라네. 이 정도면 마음에 드는 든든한 지원군 아닌가.

축하하네! 언제나 건강하고 행복이 넘치는 가정이 되기를 진심으로 기원하네."

2016년 3월 26일

정연이를 사랑하는 엄마 아빠가.

우리 '둘째 여동생'의 "사돈"이 주례선생님을 대신해서 역시 축하해 주시는 손님 분들 앞에서 아들에게 보낸 절절한 "사랑의 축사, 사랑의 송가"를 들여다보지 않을 수 없다. 신랑, 곧 남편의 도리, 지켜봐 주시는 분들에 대한 인간적 도리, 삶의 윤리 등에 대해 아버지로서의, 참신앙인으로서의 품격이 일반 주례사가 봐주는 말씀하고는 위격이 다름을 읽을 수 있게 된다.

"사랑하는 우리 아들 '민우'의 결혼을 축하하며…

먼저 이 복된 날을 허락하신 하나님께 감사드립니다.

- 중 략 -

귀하게 키우신 따님을 이 거룩한 혼인을 통해 저희 집안에 보내주시기까지 세심하게 신경써주신 '사돈'어른들께도 감사드립니다. 우리 며늘아기가 이쁘고 상냥하고 착하다는 것은 전부터 알고 있었지만, 첫 상견례 때 두 분 사돈어른들을 만나 뵙고 확신하게 되었습니다. 예부터 자식 자랑은 팔불출이라 하였는데 오늘은 날이 날인지라 하객 분들의 이해를 구하며 우리 아들을 치세우는 덕담 한마디 하렵니다.

우리 아들 민우는 종로에서 태어나서 유년시절은 인천 만수동에서 자랐으며, 학교는 서울 평화초등학교 가원중학, 중산고등학교를 거쳐 민족을 생각하는 대학, 세계를 지향하는 대학 건국대 전기공학과를 졸업하였지요. ROTC 50기로 임관하여 군복무를 마쳤으며, 현재는 '르노삼성자동차 기흥연구소'에 근무하고 있습니다.

이렇게 혼인식에서 하객 어른들게 자세히 말씀드리는 까닭은, 이 가운데 한 가지라도 '연緣'이 닿는 분들께서는 우리 아들을 앞으로 좀 더 세심한 관심을 가지시고 봐 주십사 하는 삼가 고언의 말씀을 드리기 위함입니다.

사랑하는 우리 아들 민우야!

너 태어난 지 만 15개월 되던 날에 첫걸음을 떼고 말도 더뎌서 모든 게 남들보다 좀 늦되나 보다 했는데, '서른'도 안 되서 벌써 장가를 가는구나. 남들은 태어난 지 10개월부터 시작한다는 홍역紅疫을 너는 5개월째 치렀을 때 알아 봤어야 했는데, 암튼 대견하구나. 아빠는 네가 좋다. 나보다 키가 커서 좋고, 나 닮아 운동을 잘해서 좋고, 나보다 계급이 높은 장교 출신인 것도 좋다. 가끔씩 잠자는 나를 덩치 큰 니가 껴안고 부벼댈 때마다 너의 따뜻한 볼살도 좋았단다.

네가 대학생이던 때니까 꽤 시간이 흘렀구나. 아빠가 항암치료로 머리카락이 빠져서 머리 밀러갈 때 "아빠 나도 같이 밀께"라며 따라 나서던 그 봄날, 미용실 의자에 나란히 앉아서 애써 웃어보이던 너의 그 얼굴을 잊을 수가 없구나. 이젠 걱정 안 해도 돼. 아빠 이렇게 건강하잖아.

오늘로써 진정한 어른이 되는 너에게 인생의 선배로서, 아빠로서 당부하고 싶은 '두 가지'가 있는데 꼭 지켰으면 한다.

첫째는 네 아내를 내 몸같이 사랑하라는 것이다. 아내 눈에 눈물 흘리지 않게 했으면 한다. 하나님이 그 눈물방울을 세시고 있을 지도 모른다 하셨으니.

둘째는 부모님과 어른을 공경하거라. 이 땅에서 잘되고 장수하는 첫 번째 비결이라 하셨으니.

오늘 너의 결혼식에 축하해주러 오신 모든 분들의 수고를 잊지않음은 물론이고 살아가면서 그 수고하심에 보답하는 신실한 사람이 되었으면 한다.

그리고 이건 꼭 지킬 것은 아니지만 부탁하고 싶은 게 하나 있구나.

아빤 남자니까 괜찮지만 엄마는 여자인지라 가끔은 니 생각에 눈물지을 수도 있겠구나 하는 생각이 든다. 그나마 가끔씩 한 식탁에 둘러앉아 같이 밥 먹던 그 시간마저 앞으로는 어려울 거니까. 집밥이 생각날 때는 가끔 들러주기 바란다. 안 그러면 니 엄마 니네 옆동으로 이사 갈는지도 모른다. 어젯밤 엄마한테 덕담 한마디 하라 했더니 '1초'의 망설임도 없이 한말씀 하시더구나. 어떠한 경우에도 'A/S'나 '반품처리'되어 오지 말라고….

'며늘아기, 정연아! 우리 아들 잘 부탁한다. 너희 부부 오순도순 백년해로하기를 바라는 엄마의 그 마음 너도 알겠지? 아빠가 단언컨대 너희 부부는 앞으로 살아갈수록 더욱 행복하고 더욱 풍요로울 것이라고 확신한다. 지금까지도 그래왔지만 엄마 아빠는 앞으로도 너희를 위해 매일 기도할 테니까.

민우야! 엄마아빠 아들로 태어나줘서 고맙고 자랑스럽다. 사랑하는 우리 아들 많이 많이 축하한다,~

2016년 3월 26일

사랑하는 엄마 아빠가.

이 소품(小品)을 건성건성이라도 보아주지 아니한 이들에게는 이 작업은 실패다. 그러나 혹여 목독(目讀)으로나마 읽어본 분들은 무엇인가 좀 느낌이 있었을 것이라 삼가 여겨본다.

대체로 결혼식장에서 주례사 님이나 사회자의 주문 또는 권유에 따라 혼주가 하객 앞에서 감사의 인사 말씀을 드리는 예가 종종 있다. 혼주들께서 말씀하시는 수준이나 양태는 천양지판이다. 대체로 많은 사람 앞에서 말해본 경험이 적은 까닭으로 주객의 전도나 무슨 말을 하고 혼주 좌석으로 왔는지 모르는 것이 적잖을 거다.

그런데 위의 두 글들은 글 좀 쓰겠거니 하는 이 사람이 보아도 엄격한 잣대로는 다소 흠결이 있는 비문으로 보여질 수 있다. 그러나 문제는 아들과 딸을 생각하는 그 지극한 사랑의 메시지를 어쩌면 이렇게 진솔하고 깊이 있게 품격을 갖춘 '축하의 송가'를 물흐르듯 자연스럽게 지었냐는 것이다. 감정의 기복을 기품 있게 다스리면서.

내게도 시집가지 않은 과년한 둘째 딸내미가 있다. 솔직히 고백하건대, 나는 이렇게 아름다운 마음의 글을 한 줄도 못 쓸 것 같다. 모르지. 막상 당하면 놀랍게도 주님의 도우심으로 창피나 면할 딸바보의 사랑의 글, 들어줄 만한 글을 쓰게 될지는. -아멘.

아름다운 사람들

주일 미사에서 하신 신부님 강론에서 느낀 것이 있어 소개해 본다. 어떤 이가 마라톤 선수에게 마라톤 경기를 하면서 가장 어려웠던 게 무엇이었나요? 물은 이가 예상한 건 심호흡 또는 심한 갈증, 아님 목표점까지 달려 가야하는 영육적 고달픔이었을 터였다. 그러나 마라톤 선수의 대답은 신발 속의 작은 모래 알갱이 때문에 끊임없이 겪어야 했던 고통이었다고 했다.

그렇다 우리의 삶은 일종의 마라톤 경기일 것이고, 별 것 아닐 수 있는 수많은 작은 알갱이 같은 끊임없는 고통 때문에 영육 간 아파하며 살아가는 거다. 그런데 문제는 이런 고통을 각자가 이를 어떻게 받아들이며 이를 극복해 내느냐, 그 여부에 따라서 행불행을 스스로 떠안고 살아간다는 거다.

이를테면 우리는 누구나 십자가를 지니고 산다고 할 수 있다. 그런데 이 십자가를 무겁게 여기느냐, 가볍게 여기느냐, 삶의 태도에 따라서 행복과 불행이 가름된다 할 수 있다.

에피소드다. 두부류의 사람들이 하느님께 따져 물었다. 어찌하여 저희에겐 무거운 십자가를 등에 지고 가도록 하는 불행을 주시고, 다른 이들은 가벼운 십자가를 주셨느냐고. 하느님이 요단강을 건너온 이들의 십자가 무게를 개개로 달아보라 했더니, 신기하게도 그 무게는 다 똑같았다는 것이다. 하느님은 결코 차별 없이 똑같은 무게의 십자가를 주셨는데, 각자 지닌 자들의 맘에 따라서 그 무게가 달라졌다는 것이다.

십자가는 고통의 산물인 동시에 이를 극복해 나가는 과정에서 희열과 소망, 행복과 부활을 얻는 기쁨의 선물이기에, 기왕이면 등에 메고 사는 것보다 가슴에 품고 사는 것이 더욱 의미 있고 가치 있는 삶의 지혜가 된다는 것이다.

여기 필자의 졸시(拙詩)를 소개하며 마무리에 이르도록 하려한다.

~처럼 살고 싶다

살고싶다
아닌
견공犬公처럼
개狗처럼

살고싶다
아닌
덩굴처럼
나무처럼

살고싶다
아닌
으쓱대는 장대처럼

밑바닥 미물처럼

살고싶다
그렇게
주의 기도처럼

— 김선호의 시집 〈연정 하모니〉에서

필자의 주위에는 참으로 아름다운 이들이 많다. 11월 19일 토요일의 서울, 늦은 오후에 가진 '시집 출판 기념회'에도 소리 소문 없이 많은 분들이 축하해 주셨다. 사실 하루를 필자에게 바친 격이니 얼마나 송구한가. 오늘만 해도 그렇다. 성당 교우 장모님이 부산에서 어젯밤 별세했다는데, 신심모임을 마치고 소식을 들은 교우들이 그 먼 부산엘 서로 가겠다고 나선다. 얼마나 아름다운 심성이고 모습들인가.

난 유명세 타며 거드름이나 피우는 하고 많은 꼬락서니들보다 비록 누가 보아 주지 않는, 고통 주지 않는, 보석 같은 작은 알갱이들 속에 필자가 숨 쉬며 존재한다는 게 얼마나 행복한지 모른다. 바라기는 부산 장례식장으로 몰려간 우리 아름다운 교우들이 부디 일 잘 치르고, 밤늦게 돌아와 소주로 간단히 피곤을 물리치고, 꿈나라의 누리에서 또 내일을 활기차게 여는 거다.

참으로 행복한 존재

연년이 늘 그래오듯 이 봄은 다시 또 겨울 모태 속에서 고갱이 생명들이 열심히 자라 저마다 아름다운 꽃대궐을 유감없이 펼쳐 보여주는 한창의 봄이다. 이미 버들개지, 산수유, 개나리 꽃 등, 첫 새봄의 전령사들은 그 싱그런 자취를 감추었지만, 아직도 절정의 봄 들뫼엔 헬 수 없는 아름다운 꽃들의 한바탕 향연이 그침 없다. 무아지경에 찬탄이 절로 인다.

이는 틀림없이 우리를 지극히 사랑하시는 하느님께서 무한으로 베푸시는 크신 은총의 결정체, 새 봄의 성찬이 아닐 수 없다. 물론 이제 곧 우리 앞에 그 비색을 드러낼 박진감 넘치게 생동함을 젊음의 빛깔로 풀어내는 계절의 여왕 5월, 청록의 천지 또한 어김없는 성찬. 이런 성찬을 무한으로 즐기고 누리고 있는 우리는 참으로 행복한 존재다. 까닭이야, 우리가 사는 오늘의 삶이 비록 지옥 같다 해도 오늘 이승에 있지 않은 이들에겐 그렇게 살고 싶은 내일임을 상기해보면 쉽게 알 일이다.

정녕 저마다 나름대로 신묘한 비색을 드러내는 꽃철은, 꽃다운 인생의 계절이 그러하듯 아름답고 싱그럽기 그지없다. 그러나 백목련 꽃이나 벚꽃과 같이 실로 눈 깜짝하는 새에 피었다 지는 너무도 허무한 현상을 보여주는 이 꽃철은, 우리네 삶이 풀 나무 이파랑이에 매친 이슬 같다는 숨길 수 없는 비감을 어김없이 들게 하는 애상적인 절기도 되는 아이러니를 지닌다. 이렇듯 찰나적인 꽃피움의 아름다움, 그 보는 즐거움을 맛보기 위하여 또 다시 다음 해의 봄을 기다려야 하는 건 너무한 인고의 아픔이면서 슬픔인 것이다. 이는 우리가 과연 일생동안 휘영청 밝은 보름달을 몇 번 정도나 볼 수 있을 것인가 하는 의문의 허무적인 생각처럼 말이다.

이렇듯 실로 순간적으로 명멸하는 자질구레한 현상에서 일희일비하며 거룩한 삶을 소진하는 것은 결코 참삶일 수 없다. 원초적으로 하느님의 사랑 안에서 우리의 삶이 비롯되었다는 것은 이제 상식이 됐다. 그렇다면 어떠한 삶이 참삶이 되는가의 답은 뚜렷해진 것이다. 바로 사랑이신 주님 안에서 주님의 가르침에 삶의 푯대를 세우고 주님 뜻에 맞게 진솔하게 노력하며 사는 삶인 것이다. "꽃이 좋아야 나비가 모인다 했다." 나 자신, 우리 자신이 완전해야 좋은 상대를 구할 수 있다. 나 자신 우리 자신이 진솔히 주님 앞에 나설 때, 비로소 주님 은총 속에 사는 삶, 참으로 행복한 삶의 존재가 되는 것 아니겠는가!

하나 되는 삶을 선포하는 의식의 주례자

지고지순한 순수 그 자체의 선남선녀 두 사람이 진정으로 영원히 하나 되어 살겠다고 여러분 앞에서 서약 다짐하는 명실상부한 성스러운 의식은 만고불변인 결혼식이다. 캥거루의 새끼처럼 에미의 포낭 속에서 어려움 모르게 자랐거나 온실 속의 식물들처럼 풍상을 겪지 아니한 것들은 그 성장과정에 장애요인이 발생되면 살아나기가 어려운 게 일반이렷다. 이같이 부모의 보살핌 속에서 별 어려움 모른 듯이 지낸 유아기에서 성년에 이르던 삶은 결코 어엿한 삶이었다고는 여겨줄 수 없는 유치한 삶이었다 할 것이다.

이렇듯 사회적 독립인, 자립인으로서의 성숙한 생활을 미처 꾸려나가지 못했던 젊은 이성들이 모든 면에서 성숙한 사회인으로 살아가기 위한 첫발을 내딛는 결혼이라는 통과의례는 실로 어설피 미래를 예단할 수 없는 대단한 도전의식이 아닐 수 없는 것이겠다. 그 어느 누구에게든 매우 아픈 병이지만 그래도 결코 낫고 싶지 않은 병 사랑병처럼 대개는 성장통을 겪어내듯이 꼭 치러내야 하는 의례가 결혼의 의례인 것이다.

사랑의 강, 홍역의 강처럼 대개는 반드시 건너야 하는 결혼이라는 통과 의례에 있어서 중요한 몫의 역할자는 의례를 주관하는 주례자가 될 것이다. 마치 처녀림을 개척하듯 새로운 가계, 독립된 가계를 건강하게 세워 나아가야 하는 새 인생의 개척자가 되는 신랑 신부에게 실로 모범적 삶을 살고 있는 모습의 이정표 같은 존재여야 바람직할 것이기 때문이다. 한 종교의 진정한 리더가 되는 신부나 목사, 승려가 주례로 주관하는 결혼 의례라면 다시 없이 이상적인 의례가 될 것임은 무론이겠지만 말이다.

반드시는 아닐지라도 의례에 베풀어지는 시간이나 장중하고 품위가 서는 풍경이나 분위기가 그러하고 특히 주례자의 고결한 성품에서 자연스레 전해지는 당부의 말씀 등에서 미루어 보더라도 종교 지도자가 주례자라면 그 이상 이상적일 수 없을 것이다. 문제는 세속 사회의 인사를 주례자로 선택할 경우는 여러 면을 살펴봐야 할 것이고, 주례에 임하는 주례 당사자의 마음가짐과 처신 또한 세인들의 진정한 귀감으로의 결격이나 손색이 없어야 함이 마땅하다 할 것이다.

이를테면 주례자는 그 가정생활이나 사회생활이 가히 모범적이어서 인구에 칭송받는 존재이어야 한다. 특히 내조자는 물론 아들딸 두루 있는 가운데 가풍과 가훈이 제대로 선 가계이면서 가화만당을 이끄는 안팎이 바른 인물이어야 하는 것이다. 그런데 어느 모로 보나 주례로서 마뜩하지 아니한 이들이 주제 모르고 거리낌이나 스스럼없이 곧잘 주례자로 나서는 것을 자주 목도하게 된다. 심지어는 상거래 하듯 본격적으로 금전을 수수해가며 주례를 하는 주례 전문꾼들도 적잖이 있다는 것이다.

실로 거룩한 혼례의식을 주례 전문꾼들이 봐준다고 하는 것은 분명 유치한 의식에서 비롯된 것이랄 수밖에 없다할 것이다. 비록이 유치하기 이를 데 없고 조소를 머금을 수밖에 없는 주례꾼들이 펼치는 풍속도의 비롯됨이 주례자를 모실 수 없는 지극히 어려운 형편의 혼례 당사자들의 어쩔 수 없는 사정 때문에서 비롯되고 있음이 분명하다 할지라도. 또한 결혼 비용의 해결은커녕 변변한 주례 선생마저 모실 수 없는 지극히 어려운 형편의 주민, 그 주민에게 지역인사들로 주례자를 선정 연결해주는 자그마한 노력도 게을리하는 지자체나 유관기관들의 무심함의 결과가 낳은 실로 부끄러운 사실에서 비롯된 것일지라도 그렇다.

정녕 두 집안과 친지, 지인들이 함께 자축하는 한마당 축제의 장, 아름다운 인정들이 꽃피는 잔치마당, 보고 싶던 사람들이 모처럼 만날 수 있고, 그 사람들의 반가운 이야기꽃이 풍성한 혼례의식인 결혼의 주례를 장사꾼처럼 돈을 받고 주관하는 건 분명 웃지 못할 낯부끄러운 노릇이 아닐 수 없다. 더욱이 예부터 예도를 높이 숭상해온 동방의 예의 지키기 으뜸의 국가에서 성스러워야할 혼례문화의 품격이 여지없이 망가져 가고 있으니 말이다.

주보(週報)에 따사로운 애정(愛情)을

다른 성당도 그러하겠지만 우리 성당도 주일 미사를 마치면 늘 티타임을 갖는다. 이 번 주도 마찬가지. 차를 마시며 교형 자매들이 서로 정담을 나누는 모습들이 정겹기 그지없다. 그런데 사목회장을 지내셨던 선배 형제님께서 이 사람에게 오셔서 하는 말씀 '마르코 형제! 형제 같은 교수, 시인, 수필가가 주보(週報)에 글을 실어 우리 가수원 성당 형제자매님들에게 큰 기쁨을 주면 어떻겠나 싶어.'하시는 거다. 그렇지 않아도 한 번쯤은 주보에 기고를 해보아야지 하는 마음을 가지고 있었지만, 본태가 게을러 실행에 옮기지 못한 터였는데 제대로 몽매한 정신 줄을 잡아당겨 주신 계기가 됐다.

나는 강산이 네 번 바뀌고 조금 또 남는 시공의 여울 변화 동안에 오로지 세종대왕께서 만들어주신 우리 글 한글로 된 한국어문학을 가르치는데 몸 바쳤다. 그리고 고맙게도 교수로서 수훈될 수 있는 최상위격인 훈장까지 받는 영예 속에 정년퇴임도 하고 이제는 백수로 편히 숨쉬기 운동을 계속 이어가고 있으니! 이 부끄럽지 않은 삶이 주어진 것은 애오라지 하느님의 거룩하신 은총, 작고하신 어머님의 크신 은혜, 안해(아내)의 자상한 배려 바로 그것 때문이었다.

한글은 참으로 오미자 같은 신묘하고 다양하게 풀이될 수 있는 글자가 아닐 수 없다. 하나의 보기로 '걷다'를 보자, 단순히 '걷다'에서부터 '어머니 뱃속에서부터 나와서 죽음에 이르는 삶의 과정'을 뜻하는 깊이 있게 풀이되는 글이 우리 한글의 우수성인 것이다.

이 시대 우리는 엄청난 정보의 홍수 속에 살고 있다. 범람하는 정보를 어떻게 우리 생활에 활용하느냐에 따라 삶의 질이 가름된다 하겠다. 이는 성스러운 교회 공동체 안에서 주님을 믿고 사랑하며 따르고 의지하는 신앙생활에서도 매한가지다.

보다 풍요로운 신앙생활의 기쁨을 누리기 위해서는 주님을 영접하는 미사참례와 영적 기도 등이 더할 나위 없이 중요하다. 하지만 이에 못지않게 성서나 교회 서적 또는 정기 간행물들을 살펴보는 일 또한 중요하다.

그러나 과연 얼마나 많은 신자들이 관심을 가지고 있으며, 소중히 여길까, 하는 생각을 하다보면 금시 회의에 빠지게 된다. 물론 이러한 나의 생각이 기우일 수도 있다. 어차피 신앙생활이라는 것이 하느님과의 관계에 충실하면 되는 것인데, 무슨 교회 서적이 어떻고, 정기간행물들이 어떻고, 또 그 정보가 뭐 대단하고 소용이 있느냐는 생각을 누구나 할 수 있다. 하지만 하느님을 아버지로 모시는 자녀된 이들이 아버지 집을 늘 깨끗하게 하고 아버지의 사업을 도와가며 그 외 모든 일들을 어김없이 따라해야하는 일은 마땅한 도리요 의무요 권리다.

한 주간 동안 있었던 우리 가톨릭 교회의 이모저모 등을 자세히 알 수 있고 참다운 신앙생활을 위한 길라잡이 역할을 해주는 주보(週報)에 대한 관심과 배려, 지원은 곧 우리 자신에 대한 관심과 배려, 지원이 되는 것이다.

실로 세계 속의 으뜸인 한글로 만들어지는 '주보' 속에는 믿음을 살지게 하는 신부님 강론, 여러 미사 안내, 건강한 청소년 교육, 가정성화, 교구와 각 본당 소식, 교구장님 일정 및 행사 안내, 각종 교육프로그램 소개 등 진정 필요하고 알찬 보물과 다름없는 내용들로 가득하다.

바라건대 우리 신자들이 '주보' 하나만이라도 제대로 관심을 갖고 보면서 신앙생생활을 하려 노력했으면 싶다. 그러면 분명히 영양가가 풍부한 신심생활을 할 수 있으리라고 믿는다.

누구를 위해서라기보다 자신들을 위해서, 그리고 알찬 내용의 주보週報를 만들어 내기 위해 수고하는 교구청의 관련된 사장 주교님, 신부님과 형제 자매님들의 정성어린 노력에 박수를 보내는 뜻에서라도 따사로운 애정(愛情)을 보여야 한다.

큰 스승님과 바담 풍 인생

난 바담 풍 인생(교직)으로 40년하고 6개월을 지냈다. 오로지 한 길 변고 없이, 실로 사랑이신 주님의 크신 은총! 이제는 '사회초등학교 3학년생. 명실 공히 가백(집지키는 백수, 가련한 백수)으로 안팎의 살이가 한참 모자라고 서툴기 그지없다. 겨우 찾은 바른 생활이라고는 여가생활 즐김과 글줄이나 끼적거리면서 배움 하나 있다면 '충·효·인성교육지도자' 과정에서 배우는 정도.

교육 현직에서는 초등학교를 빼고는 그 이상의 모든 교육기관에서 교육했다. 어찌 보면 참으로 행복한 기회와 감동, 빛나는 여정이었다. 그리고 나름대로는 혼신의 열정을 다해 교육에 매진한 과정이었다.

나만큼은 스스로 '애국애족정신'이 그 뉘 보다도 투철하고 '겸양의 미덕'을 갖춘 교육자로 자부해오며 살아온 게 사실. 왜냐하면 겨레의 스승이신 '도산(島山)' '안창호(安昌鎬)' 선생님께서 만드신 '흥사단(興士團)' 단우로서 나라사랑 정신을 뼈 속까지 길들였다. 또 '김신조 무장공비의 1.21청와대 습격사건' 1년 후 ROTC장교로 전방에서 필설로 다할 수 없는 고초 속에 얻은 '국가안보의식 강화'정신으로 다져진 제대로 된 교육자였기 때문이었다.

그러나 나는 나의 교육인생을 '바담 풍(風)' 인생이라 스스럼없이 말한다. 왜냐하면 결과적으로 내 자신이 가르친 헬 수 없는 제자 가운데 드러내지 않고도 위국 헌신하는 훌륭한 인재 없고, 갈수록 생명존중사상이 흐릿해져 가고, 더불어 살아가는 이웃사랑 정신이 희박해져가는 현실이, 적지 않은 교육자의 책임에서 자유롭지 못하다는 점에서 그러한 거다.

이를테면 못난 스승은 계속 '바담 풍(風)' 하면서 제자더러는 무조건 '바람 풍(風)' 하라는 모순된 교육의 결과가 빚은 어쩔 수 없는 현상의 하나라는 거.

이 모든 부조리한 현상의 밑바닥에는 30분 또는 1시간 남짓의 '큰스승' 가르침은 건성건성 듣고, '교회' 밖에 나가서는 전혀 다른 생활을 하는, 우리 사는 이 시대의 민낯이 대표적이다.

소망하는 것, 우리 가톨릭 신자부터가 큰 스승, 우리 주님의 가르침과 뜻에 따라 삶을 사는 거다. 한마디로 말해 언행일치, 바른 모습의 견지이다. 특히 미사봉헌성금 하나부터!

효행(孝行)은 천주(天主) 신앙으로부터

우리 사는 사회는 여전히 건강하다. 이건 순전히 가톨릭 신자로서 필자의 생각이다. 한 에피소드를 든다.

가수원에서 211번 버스를 타고 용문역 약속의 장소로 가는 중이었다. 중간 지점 정도의 버스 정류장에서 여러 사람들이 올라타는데 고3 아님, 대학 1,2년생 쯤 돼 보이는 청년이 운전기사님에게 "감사합니다."하는 것 아닌가. 놀라웠다. 내 동창생을 만나서! 실로 계면쩍은 일이지만 난 사실 운전기사님을 비롯한 이 사회 어둔 곳을 밝게 만드시는데 애쓰시는 분들에게 40여 년 전부터 장소 불문 어김없이 습관적으로 "감사합니다. 고맙습니다. 수고하십니다."라고 인사를 해오던 터였다. 근데 요즘 오히려 버스 기사님들이 "어서오세요. 감사합니다. 안녕히 가세요."해도 거의 무응답, 무대응, 무관심인 것이 일반이다. 누구나 생각해보아도 다 안다. 이게 오늘의 우리 사회의 모습이다. 근데 반갑게도 내 동창생이 그것도 미래가 청청한 청년이 인사를 하는 게 아닌가. 그리고는 내 뒤의 빈자리에 다소곳이 앉고.

마침 내 뒷주머니에 어느 문학지에 실릴 '인삿말'과 관련한 짧은 수필의 복사본이 있었다. 슬그머니 나는 뒷자리의 아름다운 친구에게 잠간 읽어보라고 건네줬다. 그리고 내가 내릴 즈음 다시 받으면서 바른 손 엄지손가락을 치켜들고 '젊은이 최고'라며 웃음으로 헤어졌다. 물론 그 친구도 해맑은 미소로 답했다. 어쩌면, 아니 필연적으로 내 삶의 마감 때까지 못 만날 것이 당연할, 이름도 주소도 챙기지 못한 그 심성 고운 젊은이와의 아쉬운 이별!

대체로 보고 느끼는 것과 같이 하나의 예를 들면, 버스든 지하철이든 어느 장소든 특히 이 땅의 많은 사람들은 '스마트 폰'을 부모님 이상, 하느님 이상으로 모시며 산다. 늘 그 '스마트폰 분'께 안부드리고, 열공하고, 기도드리고, 몸의 일부로 달고 사는 턱에 부모님께 들고 나는 인사는 물론이고 어른에게 자리 양보하는 예의 등에는 아예 관심도 없고 이런 것이 예의인지도 모르고 지내는 것 같은 착각을 같게 하는 게 현실. 살짝 실망스럽긴 해도 아직은.

제발 바라기는 이제 좀 스마트폰에 그만 기도드리고 십계명(十誡命)에 주님께서 이르신 대로 그 첫째 계명 한분이신 하느님을 흠숭하고, 넷째 계명 부모님을 공경하여라 라는 말씀대로 생활하는 것이다. 효행의 원천도 '으뜸의 가르침'에서 비롯되었음을 깨닫고.

- 아멘 -

〈평설〉

자성(自省)과 애타(愛他)로 참답게 사는 길

― 김선호 수필집 『속상해 하지 마시게』를 읽고

문학평론가 리 헌 석
(사) 문학사랑협의회 이사장

1. 무욕을 지향하는 삶의 지표

수필가 김선호 선생은 어학(語學)을 전공하고 교육계에서 30여 년 봉직한 학자이다. 한밭대학교 교수로 재임시부터 문학에 대한 높은 관심으로 문예창작 강의를 해왔으며, 현재는 명예교수로서 문예창작 강의에 전념하고 있다. 문학을 가르치며 배우는 교학상장(敎學相長)에 충실하여 수필(隨筆)집을 여러 권 발간한 후, 『시사문단』과 『서울문학인』의 신인상에 시(詩)가 당선되어 시와 수필 창작을 겸하고 있다.

선생과는 '반세기에 가까운 세월'을 '대전'이라는 공간에서 함께 살며, '문학'이라는 장르에서 교유해온 사이다. 필자가 대전문인협회 회장으로 봉사할 때 몇 번 만나 의기투합하였지만, 지기(知己)처럼 가깝게 된 것은 그의 시집 『말하자면 사랑은』의 출판기념회를 기획할 때 필자에게 '서평'을 부탁하면서부터이다. 행사에서 소임을 맡았기 때문에 그의 시집을 정독하게 되었고, 그의 문학세계에 매료되는 계기가 되었다.

선생은 충청남도 예산군 신암면 용궁리 789번지에서 태어나고 유년시절을 보낸다. 시집에서 몇 차례 보이는 '미르궁'은 '용궁'의 우리말 표현이며, '섬뫼'는 섬의 산이라는 표면적 의미가 아니라, '도산(島山)' 안창호 선생의 우리말 표기임을 알게 되었다. 그의 고향은 '추사고택'이 있는 용궁리이며, 추사(秋史) 김정희 선생의 후손이다. 그는 도산 안창호 선생의 애국정신을 선양하기 위해 조직된 '흥사단'의 단원이며 대전지역 회장을 역임한 지도자이다. 또한 가톨릭 신앙에 바탕하고 있는 애타심이나 봉사정신이 선생으로 하여금 '사랑을 하며, 사랑을 받으며 살아가는 참살이'를 지향하게 작용하고 있음도 확인한 바 있다.

정말로 감내키 어려운 까닭으로 미워할 수밖에 없는 상대가 있다 하면, 그보다 더욱 아름다운 노력으로 거둔 성공적인 삶의 본새를 보여줌이 멋스런 대응이랄 수 있다. 또는 그리 쉬운 일은 아니지만 절대자가 늘 가르쳐 주시는 사랑과 용서로 복수(復讐)하는 대응도 있고, 까닭이야 어떠하든 온갖 미움과 시샘도, 다툼과 반목도 없고, 남 탓도 없는 삶이 이른바 인간적인 삶이다. 무한한 용서와 화해, 격려와 배려가 넘쳐나는 아름다운 삶, 살맛나는 삶의 누리가 진정 우리가 살아가야 하는 참스런 삶의 누리다. 아름다운 삶 속에서 우리가 맹세코 견지해 나아가야 하는 또 하나의 반듯한 덕목은 무욕(無慾)이 아닐 수 없다.

기쁘고 즐겁게 사는 방법의 또 하나는, 늘 애타(愛他)하는 마음으로 남들이, 이웃이 잘되기를 바라고, 그리 되도록 도와주면서 축복해주는 삶일 것이다. 이러한 이타적인 삶, 애인하는 삶의 지속은 그 순정한 마음과 행위의 쓰임이 남을 위한 것에서 비롯되는 것일지라도 결국은 자신의 축복으로 메아리처럼 되돌아오는 것이다. 샘물도 지속적으로 퍼내야 맑은 물이 솟아오르듯이 그침 없이 이어지는 절대적인 선행, 아낌없는 베풂이 이웃도 살리고 자신을 행복하게 만들어 가는 즐거운 삶이 되는 것이다. 사실이 이러할진대 우리 어찌 기쁨의 원천, 참 행복의 비롯됨을 마다할 수 있으며, 저버릴 수 있겠는가! 마땅히 그리고 지속적으로 해야 할 참된 노릇이 아닐 수 없는 것이다.

—「사랑받기 위해」 일부

김선호 수필가는 진정으로 이웃을 사랑하기 위하여, 집착(執着)에서 벗어나 무욕(無慾)을 지향하라고 주장한다. 현실 생활의 경우, 완전히 '집착'에서 벗어나기는 어려운 일이다. 이보다 한 단계 더 나아가 '무욕'의 경지에 이르는 일은 더욱 지난(至難)한 일이다. 그럼에도 우리는 이러한 경지를 지향하면서 스스로 돌아보게 되고, 조금쯤 허정(虛靜)의 경지에 이르기 위해 정진하는 것이다. 집착은 모든 근심과 슬픔의 근원이기 때문에 버려야 할 명제이며, 욕심을 삼가는 데에서부터 무욕의 경지에 이르게 된다.

집착을 버리는 일이 '교언영색(巧言令色)'으로 이루어질 수 있는 것이라면 누구나 성인(聖人)이 되겠지만, 행동으로 실천하는 것이 핵심이어서 엄두를 내지 못하게 마련이다. 김선호 선생이 어느 단체의 '회장' 자리를 놓고 경선할 때 옆에서 지켜본 일이 있다. "전화만 할 것이 아니라, 선거권자들을 만나 대접하면서 선거운동을 해야 되지 않겠는가?" 지인들이 선생에게 권하였을 때, 선생은 "밥과 술을 대접하는 것이 선거관리규정에 어긋나는가? 아니면 정당한가?" 되물었다. 지인들이 "선거 때는 선거가 끝날 때까지 매일 저녁

향응을 베푸는 것이 수십 년의 관행이다."라고 대답하자, 그는 "규정에 어긋난다면 사양하겠다. 더럽게 당선되느니, 명예롭게 떨어지겠다."라며 오불관언(吾不關焉)으로 일관하였다.

그리하여 명예롭게 낙방한 그를 안타깝게 바라보기도 하고, 현실과 동떨어진 의기(義氣)에 찬탄의 박수를 보내기도 하였다. 현실을 살아가면서 일호(一毫)도 어긋나지 않게 살 수 있는 사람은 없을 터, 그러기에 바르게 살아가고자 자신을 다스리는 김선호 수필가의 지향에 고개를 숙이게 된다.

2. 교육자로서의 오롯한 자세

수필가 김선호 선생은 충남대학교에서 국어국문학을 전공하고, 건국대학교 대학원에서 국어학을 전공하여 문학박사 학위를 받는다. 대학시절에 학훈단 교육을 이수하여, 대한민국 육군 장교로 국가 보위에 살신성인한 후, 전역하여 후진을 양성하는데 힘쓴다. 대전여자상업고등학교 국어교사, 대덕대학교 교수, 한밭대학교 교수로 봉직하였으며, 현재 한밭대학교 명예교수로서 문예창작 특강반을 운영한다.

그는 교육자이기 전에 한 사람의 선량한 시민이기를 자처한다. 이는 선조(先祖)에 대한 예의이고 의무라고 생각한다. 〈실학과 금석학의 대가이시고 서필의 위격에 단연 으뜸이신 추사 김정희 선생의 후손〉이라는 자존심으로 일관한다. 이러한 자존심은 그를 '행복한 긍정주의자'로 자리하게 한다. 〈나는 참으로 행복한 존재다. 내 자신이 스스로 오고 싶어 온 이 땅, 이승은 아닐지라도 내가 자긍심을 갖고 활기찬 숨쉬기 운동을 열심히 할 수 있는 까닭을 알고,

한 세상 지내는 존재이니 참으로 슬기로운 삶을 사는, 실로 행복한 존재가 아닌가.〉 그리하여 젊은이들의 교육에 무한한 애정을 표하며, 이에 어긋나는 것에 대해서는 비판을 가하는 선지자적 자세를 취한다.

> 뱀장사에게도 있는 기본 양심이 오늘의 나라나 지자체를 이끄는 이들, 그리고 학자들에게서는 도무지 찾아볼 수 없다는 거다. 이런 비양심이 오늘의 이 나라를 엉망진창인 꼴로 만들어 놓은 것이다. 앞으로도 계속 이 비양심, 어거지, 떼거지를 써갈 것 같고 일말의 양심의 가책도 그들의 가슴엔 가지고 있지도 않은 것 같다는 생각을 떨칠 수 없는 것이 진솔한 심정이다.
>
> —「애들은 가라」 일부

시골 장터에 가면, 난장에서 약이나 기이한 물건을 파는 사람들을 만난다. 원숭이를 줄에 묶어 몇몇 가지 기예를 보이기도 하고, 뱀을 보여주면서 지나가는 사람들의 시선을 끈 다음에 성인용품을 판다. 이들이 파는 것은 대체로 '정력제' 종류였던 것 같다. 그 물건을 구매하는 사람들이 성인들이어서일까, 가장 자주 듣는 말이 "애들은 가라!"였다. 사지도 않을 애들 때문에 질펀하게 늘어놓아야 할 음담패설을 못 하기 때문이었을 수도 있다.

김선호 선생은 오늘날 교육현장에서 일어나고 있는 일들에 대한 염려를 수필「애들은 가라」에 담아내고 있다. 교육이념을 입법화하는 국회의원들의 무능과 당파성, 교육당국자들의 해바라기성 정책, 지방 교육청의 편향성, 이들이 자행하는 파행적 교육 정책의 원인을 그는 '비양심'에서 찾아낸다. 좀 차원이 다르기는 하지만, 난장에서 약을 파는 '돌팔이' 장수들도 '애들은 가라'며 비교육적(?)

현장에서 아이들을 격리시키려고 했다. 그런데 아이들을 가르치는 교사들이 학생들을 선동하여 이적(利敵) 행위에 앞장서도록 세뇌 교육까지 자행한다. 그는 이와 같은 교육현실을 비판하는 '양심적인 지성'을 견지한다. 주적(主敵)에 대한 비판보다 내부의 분란을 자초하는 행위에 대해서도 비판의 예봉을 세운다.

> 하늘 밑 너른 땅, 그 가운데 실로 빼어나고 아름다운 금수강산 터 대한나라, 만왕의 군왕께서 성령으로 내어준 자랑스러운 이 땅에 태어나고 존재한다는 것 자체가 은총 충만 아닌가. 하느님 모상대로 생겨난 그 자체가 숭고한 존재임에도 갖은 핍박 속에 고귀한 삶을 지옥 같이 살고 있는 동토에 태어나지 않고, 그런 곳에서 살지 않는 것 자체도 행복한 삶이고, 사람 잡는 살인귀에게 경애하는 어버이, 친애하는 지도자 동지, 어쩌고 저쩌고 하지 않음 또한 사람살이다운 삶이어서 좋은 것이다.
>
> —「참답게 살아가야 하는 까닭은」 일부

김선호 선생은 일제강점기 말에 태어나서 어린 시절에 6.25 남침에 따른 동족상잔을 경험한다. 아이들을 불러 모아 '김00 장군'에 대한 찬양 노래를 목이 터질 정도로 부르기도 하였고, 이웃의 어른들이 공산당의 몽둥이에 맞아 죽는 것을 보았으며, 때로는 머슴살이를 하던 공산당원이 죽창으로 주인을 찔러 죽였다는 소문도 듣고 자랐다. 이렇게 자란 세대들은 공산당에 대하여 본능적 적대감이 생성되게 마련이다.

그런데 일부 교육자들은 북한의 3대 세습, 인권 사각지대, 경제적 무능력, 국민들의 생활고 등에는 관대하거나 모르세로 일관하면서, 잘 살고 있는 대한민국의 실오라기 과오를 침소봉대하여 학생들과 국민들을 선동하기도 한다. 이를 목격한 그는 〈갖은 핍박 속에 고귀한 삶을 지옥 같이 살고 있는 동토(북한)에 태어나지 않고, 그런 곳에서 살지 않는 것 자체도 행복한 삶이고, 사람 잡는 살인귀에게 경애하는 어버이, 친애하는 지도자 동지, 어쩌고 저쩌고 하지 않음 또한 사람살이다운 삶이어서 좋은 것〉이라는 깨달음을 수필에 담아 독자들과 공유하고자 한다.

그리하여 그는 〈우리의 이 빼어난 참살이 역사와 문화유산을 속절없이 폄훼하고 과거사 바로잡는답시고 의도적인(?) 놀보 심보로 마구 망가뜨려 놓는 영락없는 망나니 같은 꼬락서니들이 설치어 대는 실로 부끄러운 현실〉을 비판하며, 참답게 살아가야 함을 강조한다. 좌고우면(左顧右眄)하는 여타의 지성과 달리, 김선호 교수는 '용기 있는 지성'을 지향한다. 광장에서 촛불을 들고 떼거지 탈법을 자행하는 사람들을 두려워하지 않고, 그들을 향하여 의연하게 비판하는 자세를 취한다. 이는 바로 '행동하는 지성'일 터이며, 이 시대의 '진정한 사표(師表)'일 터이다.

3. 가톨릭 신앙과 홍사단 정신

수필가 김선호 선생은 가톨릭 신앙이 독실한 분이다. 이웃을 사랑하고 감사하는 삶의 바탕으로 그는 가톨릭 신앙생활을 꼽는다. 또한 정의로운 판단의 원천이 가톨릭 신앙과 홍사단 정신이라고 밝힌다. 〈내 삶에 '가톨릭'과 '홍사단'이 없었다면 나는 이 어지러운 인간 시장에서 어찌 버터낼 수 있었을까〉를 생각한다. 또한 〈홍사단은 내 삶의 공기요, 필수 영양제이며, 단우들은 내 든든한 형제요 후견인이고 버팀목 같은 존재들이라는 사실〉을 주저 없이 밝힌다.

특히 홍사단 단원으로 봉사하고, 나아가 홍사단의 지도자로 역할하면서 그는 도산 안창호 선생을 따른다. 〈우리 겨레의 영원한 스승 '도산 안창호' 선생께서는 단말마(斷末魔)적으로 온갖 악행을 저질렀던 일제 때에 이 겨레에게 한결같은 언행으로 실천해 보이셨던 것이 '빙그레 웃는 얼굴, 훈훈한 마음'의 견지(堅持)이셨다. 얼음도 끝내 녹일 수 있는 훈훈한 마음과 그 미소는 삶의 누리를 건강하고 아름답게 만드는 창조주께서 인간에게 준 크나큰 은총의 선물〉이라고 의미를 부여한다. 도산 안창호 선생의 가르침을 따르는 그는 어수선한 세상에서도 꿋꿋이 자신을 지켜 나간다. 허물어져 가는 세상을 향하여 따뜻한 시선으로 충고하는 '깨어 있는 지사'로 자리하고 있다.

> 민주화의 진정한 자유와 평등 인권 등을 제대로 누릴 자격도 갖춤 없이 미처 깨어나지 못한 어정쩡한 미성숙한 존재들이 빚어낸 행태들도 하나의 까닭이겠다. 또한 양복에 갓을 쓴 것처럼 어색하기 이를 데 없는 자연스럽지 못한 자유라는 이름에 편승하여 무법, 탈법, 떼법 등을 부끄러움 없이 막무가내 자행해온 몰염치한 행태 때문이기도 하고. 아무튼 이런 유치 치졸한 의식과 행태들이 이 땅의 아름다운 미풍양속을 무너지게 만든 주된 원인이라고 해도 지나치지 않다 할 것이다.
>
> —「메아리 없는 작은 친절」 일부

그는 '동방예의지국'이라 불리던 우리나라의 아름다운 인정이 메말라 가고, 그리하여 저급한 나라가 되어가는 현실을 경계한다. 〈밤낮 없이 한 핏줄들이 서로 패를 지고 갈라 상대를 못 쓰러뜨려 안달복달이다. 도를 넘어도 한참 넘었다. 이러고도 이 사회와 나라가 그런 대로 굴러가는 것이 신기할 따름〉이라고 나라의 미래를 걱정한다.

그는 〈자연스럽지 못한 자유라는 이름에 편승하여 무법, 탈법, 떼법 등을 부끄러움 없이 막무가내 자행해온 몰염치한 행태〉에 절망한다. 오늘의 현실은, 자신의 자유를 핑계 삼아 법 조항이나 법 정신에 어긋나는 짓(무법)으로 다른 사람의 자유를 침해하는 일이 잦다. 공공시설이나 장소에서 법규에 어긋나는 짓(탈법)을 자행하면서 부끄러워할 줄 모르는 철면피들이 많다. 이런 것도 문제지만, 우리 대한민국을 망치는 쪽으로 몰고 가는 짓(떼법)은 법에 의하여 재판 받을 권리까지 무시하는 군중 재판 형식이어서 우리나라, 우리 겨레의 앞날을 걱정하게 한다.

이러할 때 자신의 일에 충실하면서 밝은 세상을 만들고자 노력하는 평범한 시민들을 만난다. 세상의 빛과 소금이 되는 사람들을 만나, 모두 같은 방향으로 걸어가기를 소망한다. 이 분들이 바로 망징패조(亡徵敗兆, 망하거나 패할 조짐)가 확실한 이 나라를 지키는 파수꾼임을 밝힌다.

> 남을 귀히 여기고 자신을 낮추는 마음, 이것이 바른 겸손이다. 사실 자신을 높이려 하면 할수록 손가락질로 비난 받는 대상이 될 뿐이고, 오히려 자신을 낮추면 낮출수록 높아지는 대상이 됨은 성서와 역사가 증명한다. 모름지기 성공하는 사람들의 대개는 한결같이 겸손한 삶의 태도를 견지했다. 이렇듯 겸손한 삶은 아름다운 내면, 그 덕성 때문에 비롯되는 것이다.
>
> —「속상해 하지 마시게, 여보시게」 일부

김선호 선생은 〈'아름답다는 것'은 그 자체로 누구나 선호하고 추구하는 명제이고 덕목이며 사물이고 정신〉이라고 주장하는 학자이다. 창조주께서 빚어 놓은 삼라만상 중에서도 〈사람들이 그분께서 으뜸으로 사랑하는 아름다운 존재들〉이라고 증언한다. 그리하여 〈남과 이웃 보살피기를 자신을 아끼기보다 더한 사람들, 소중한 목숨까지 내놓으면서 희생과 봉사, 헌신을 마다 않는 참으로 거룩한 의인(義人)들은 더욱 아름다운 존재들이다. 이들이 있어 우리 사는 이 누리가 사람 사는 세상답고, 천년, 만년, 억만년 세세 살맛나는 누리가 지속되는 까닭〉이라고 긍정적 세계관을 밝힌다.

이 중에서도 가장 소중한 덕목을 '겸손'으로 인식한다. 겸손한 사람들은 세상을 정화하는 역할을 한다. 사회의 독소가 되는 사람들은 〈앞에서는 웃음 짓고 뒤에서 갖은 험담과 모함, 폄훼와 참언을 일삼으며 온갖 갑질로 상대의 영육(靈肉)을 괴롭히는 인두겁의 행태〉를 보이는 것과 달리, 겸손한 사람들은 〈'고맙습니다, 감사합니다.' 를 달고 사는 반듯한 말과 행동거지, 순정한 표정의 대인 관계에서 비롯되는 아름다운 모습들〉을 보인다. 김선호 선생 역시 가톨릭 신앙과 홍사단 정신에 따라 이러한 일을 실천하고자 한다.

4. 문인으로서의 자부심과 열정

수필가 김선호 선생은 자신만의 주장이나 자신의 철학이 녹아 있는 글쓰기를 권한다. 철학자 소크라테스가 '너 자신을 알라'라고 한 말이나 사상가 노자가 '사람들을 가르치지 말라. 백해무익하다.' 고 한 말들은 자신들의 깊은 통찰에 의하여 생성된 어록이지만, 이러한 말을 앵무새처럼 인용하거나 자신의 얕은 지식을 자랑하려는 도구로 사용하는 것을 경계한다. 가급적이면 자신의 생각이나 철학을 담아야 한다고 주장한다. 남들이 말해놓은 것은 이미 진부한 것이고, 흘러간 것이어서 새로울 게 없다는 것이다.

그러나 자신의 생각이나 주장의 논거가 될 자료들을 인용하는 것은 필요할 터이다. 윗사람들이 부패하였는데도, 많은 사람들이 바르게 살고 있다면, '윗물이 맑아야 아랫물도 맑다'라는 말을 기계적으로 인용하는 것보다 '윗물은 썩었어도 아랫물은 맑다.'라는 변형 생성한 말이 한 발자국 더 나아간 표현이라는 예를 들고 있다. 동시에 그는 진실어린 글을 써야 하는 문인들이 허명에 집착하는 '흐름'을 경계한다.

> 호랑이가 죽어서 남긴 가죽은 분명히 쓸모가 있다. 그러나 허명뿐인 인생이 그 삶의 흔적을 죽어서까지 남기는 짓은 또 다른 허욕의 흔적일 뿐이다. 〈중략〉 우리는 '조개가 죽어서 남긴 껍질 하나' 그 무욕의 청빈한 흔적에서 죽살이의 미학을 배워야 한다. 죽어서까지 무엇인가 남기고 싶어 안달하고 그것을 기억해주기를 바라는 우리의 허욕이 얼마나 부질없는 짓인가를, 우리의 귀거래, 그 흔적이 어떠해야 하는가에 대한 미학을.
>
> —「조개껍데기가 전하는 진리의 소리」 일부

작가들이 좋은 작품을 창작하는 것은 문화 발전에 기여하는 일이다. 그러나 일부에서는 자신의 떳떳하지 못하였던 과거를 자서전이라는 이름으로 미화하기도 하고, 작은 일을 문집에 침소봉대하여 허욕을 드러내 보이는 일을 자행하는데, 선생은 이를 경계한다. 조개가 빈껍데기만 남겨놓고 떠나는 것처럼 문인들도 자신의 철학이 담긴 책을 남길 일이지, 허명에 연연할 일이 아니라는 주장이다. 그 논거로 그는 새무얼 스마일즈의 '인격론'의 일부를 인용하고 있다. 〈책은 나이든 사람에게는 가장 좋은 벗이 되고, 젊은 사람들에게는 가장 좋은 자극제가 된다.〉 면서 독서를 권면한다.

그는 독서의 의미를 다음과 같이 설파하고 있다. 〈책은 독심술(讀心術)을 익혀주는 훌륭한 교사인 셈이다. 참 좋은 책은 역사 이래의 훌륭한 인물들과 만나게 한다. 이 기막힌 존재는 시공을 초월한 그들의 늘 살아 있는 목소리를 통해 위대한 사상과 접할 수 있게 해주고, 참인물이 되는 길을 진지하게 안내해 준다. 이는 정녕 인류의 참다운 스승에 다름 아니다.〉 그러기에 그는 좋은 글을 쓰고, 좋은 책을 발간하는 것이 문인의 목적이어야 함을 주장한다. 그러면서 그 자신이 '밥 알갱이' 하나가 되어 인간을 비판하는 우의적(寓意的) 수필을 보여준다.

> 우리들 씨알의 숭고한 삶이 그대들의 혈육 안에서 그대들 건강한 삶 속에 함께 하는 것이 우리가 바라는 성공의 삶이다. 그대들을 사랑해 마지않는 우리가 그대들이 싫증낼 것을 잘 알면서도 미주알고주알 잔소리를 거듭하는 것은 오로지 그대들의 일용할 풍성한 양식이 되고, 나아가서는 그대들 육신의 튼실한 근간이 되는 피가 되고 살이 되고자 함이다. 하여 그대들의 생이 다하는 날까지 함께 하려는 소망일 뿐이다.
>
> ―「어느 밥 알갱이의 쓴 소리」 일부

이 글은 직설적으로 주장하지 않고, 독자들에게 비유적으로 음식의 소중함을 일깨우려는 배려의 산물이다. 또한 주장하는 글의 속성이 정서적 메마름에 빠질 수 있는데, 이를 극복하려는 의지의 소산이기도 하다. '밥 알갱이'를 무시하는 사람들에 대하여 그는 〈고픈 설움이 뭔지도 모르는 철딱서니 없는 것들은 가엾기 이를 데 없는 철부지들〉이라고 힐난한다. 음식의 맏형 격인 자신들을 〈설거지 물통 속에 처넣기나 하고, 음식물 쓰레기로나 냅다 버리는〉 일은 제대로 된 사람의 성정(性情)이 아니라고 비판한다.

이러한 비판은 '밥 알갱이'라는 소소한 존재에서 비롯하여, 사람살이의 크고 중요한 제재로 확장됨을 의미한다. '작은 일에 충실한 사람이 큰 일에도 충실한다.'는 격언은 이를 입증하는 논거로 작용한다. 그리하여 그는 〈분명 인생의 좋은 동반자로서, 슬기로운 삶의 안내자로서의 역할을 너무도 성실히 해오고 있는 변함없는 연인, 우리의 책은 마치 성자와 같은 존재라 할 수 있다.〉고 주장한다. 이를 환언하면, 문인들이 책을 쓰고 펴내는 일은 이처럼 무겁고 엄중한 의식을 지녀야 한다는 주장에 다름 아니다.

5. 세상을 비판하기와 사랑하기

수필가 김선호 선생은 지성인으로서 세상을 바르게 보고, 바르게 생각할 것을 스스로 다짐한다. 〈고등교육을 받은 이들이 제대로 '숨고르기'하면 올바른 이성으로 냉철한 판단, 결정을 내릴 수 있는 것들을 핏대를 세우며 분란을 일으키는 게 이제는 습관화〉가 되었다며 일부 지성인의 행태를 비판한다.

때로는 〈국가 안보의 사활이 걸린 온갖 정보들이 적 앞에서 무책임한 무뢰배들에 의해 공공연히 노출됐다. 뿐인가? 이른바 이 나라 최고 지성이라는 이들이 적의 신문에 대놓고 기고(寄稿)하여 나라를 욕되게 하고, 국정을 책임진다는 의원이라는 나리들이 적을 이롭게 할 수도 있는 짓이나 해서 양 쪽에서 망신당하는 몰염치한 짓. 어찌 보면 자신들의 입신을 위해 국가운명에는 개념치 않는 듯한 소탐대실일 수 있는 노릇에 스스로 앞장서는 지도자들의 처신〉을 강하게 지적한다.

> 요즘 대부분 시민들이 국회의원이 필요 없다고 하는 일명 '국해의원'. 꼭 그런 건 아니지만 아주 정치에 진절머리가 난 대다수 시민들은 차라리 정치란 게 없었으면 좋겠다고들 한다. 필자도 일부 동의한다. 해도 해도 너무하니까. 풍전등화 같은 국가의 현실은 내 알 바 아니라는 듯 자신들의 이해득실과 소속당의 당리당략에 휘둘리는 꼬락서니들을 보면 차라리 정치만 없어줘도 낫겠다는 생각이 나는 게 사실이니까.
>
> —「때문에 1」 일부

그는 〈조그마한 책임도 지지 않으려는 책임회피성 면모와 오로지 큰 권력만을 누려 보겠다는 용꿈 꾸다 미꾸라지로 남을, 실로 한심한 지도자들〉에 대하여 준열하게 성토한다. 이는 〈세계에서 국민수준이 제일 높은 국민을 우습게 아는 아주 오만한 행태〉이며, 이를 극복하는 것이 나라를 위해 필수불가결하다고 주장한다.

이렇게 지성인의 면모를 오롯이 지키려는 그도 사랑과 눈물을 보이는 정서적 문인임을 보여준다. 서정적 수필은 여러 편이 있지만, '그녀는 예뻤다' 시리즈 몇 편에서 보여주는 글은 공감을 불러오는 수작(秀作)이다.

〈사랑스럽기 이를 데 없는 그녀에게 우린 여지없이 반했고. 인기척 없는 빈집처럼 노상 고요하기만 한 우리 가정에 함박 웃음꽃을 피워놓았던 셋째 공주 같은 예쁜 소녀가 우리 곁을 떠났다. 우리 삶을 지탱해주는 산소 같은 그녀, 사랑스럽고 예쁜 그녀가 우리의 생활공간에 없는 그 적적함이란…. 이토록 그지없이 귀엽고 깜찍하고 예쁜 그녀의 존재는 어느새 우리 가족의 절대적인 사랑을 받는 존재로 자리하고 있던 터였다.〉라는 표현에서 '반려견'에 대한 그의 섬세한 인간미를 확인하게 된다.

수필가 김선호 선생의 수필집 『속상해 하지 마시게』를 통독하고 감상문을 작성하면서, 선생의 지성과 철학의 언저리만 그려낸 것 같다. 나아가 정서적 폭과 깊이에 제대로 근접하지 못한 채 구우일모(九牛一毛)를 찾아낸 것에 불과함을 고백하면서, 독자 제현들의 일독을 권한다. 그리하여 선생의 삶이 투영된 작품 감상에 동참할 것을 소망하며, 독서의 여로를 접는다.

속상해 하지 마시게
김선호 수필집

발 행 일 | 2018년 5월 15일
지 은 이 | 김선호
발 행 인 | 李憲錫
발 행 처 | 오늘의문학사
출판등록 | 제55호(1993년 6월 23일)
주 소 | 대전광역시 동구 대전로 867번길 52(한밭오피스텔 401호)
전화번호 | (042)624-2980
팩시밀리 | (042)628-2983
전자우편 | hs2980@hanmail.net
카 페 | cafe.daum.net/gljang(문학사랑 글짱들)
| cafe.daum.net/art-i-ma(아트매거진)

공 급 처 | 한국출판협동조합
주문전화 | (070)7119-1752
팩시밀리 | (031)944-8234~6

ISBN 978-89-5669-912-7
값 15,000원

* 이 책은 교보문고에서 E-Book(전자책)으로 제작하여 판매합니다.
* 잘못 제작된 책은 바꾸어 드립니다.
* 이 책은 대전문화재단 과 대전광역시 에서 사업비 일부를 지원받았습니다.